Begegnungen mit Klemens Maria Hofbauer

Otto Weiß

Begegnungen mit Klemens Maria Hofbauer

(1751–1820)

Verlag Friedrich Pustet
Regensburg

Bibliografische Information der Deutschen Nationalbibliothek

Die Deutsche Nationalbibliothek verzeichnet diese Publikation
in der Deutschen Nationalbibliografie;
detaillierte bibliografische Daten sind im Internet über
http://dnb.d-nb.de abrufbar.

www.pustet.de

ISBN 978-3-7917-2179-8

Umschlaggestaltung: Martin Veicht, Regensburg
Umschlagmotiv: Klemens Maria Hofbauer.
Ölgemälde aus Bachham, Oberbayern
Druck und Bindung: Friedrich Pustet, Regensburg
Printed in Germany 2009

Inhalt

Vorwort

Noch ein Buch über Klemens Hofbauer! Gibt es nicht schon genug Schriften über den „Stadtpatron von Wien"?

Gewiss. Erstaunlich, wer alles über den Priester Hofbauer geschrieben hat: einfache Seelsorger und Professoren, Volksschriftsteller und Politiker. Einige Namen: Sebastian Brunner, bissiger katholischer Journalist, Antiaufklärer, Antisemit und erbarmungsloser Richter über die Deutsche Klassik, zugleich ein Mann von großem sozialem Engagement; Martin Spahn, ein „moderner Katholik", der sich für größere Selbstständigkeit der deutschen Kirche einsetzte und später in nationale Fahrwasser geriet; Hermann Bahr, der Dichter und Vorkämpfer der „Wiener Moderne", Richard Kralik, der lange Zeit als österreichischer katholischer Literatur- und Kulturpapst galt, Ernst Karl Winter, konservativer Reformer, von dem der Satz stammt, der katholische Politiker müsse „rechts stehen und links denken", Eduard Winter, kritischer Historiker, der die Erforschung des Josephinismus in Österreich auf eine neue Grundlage stellte.

Und da sind die Redemptoristen, österreichische Historiker und Schriftsteller, die ihrem Mitbruder dicke Bände und lange Abhandlungen widmeten: Matthias Bauchinger, Abgeordneter zum Österreichischen Reichstag; Adolf Innerkofler, Verwandter eines Südtiroler Freiheitskämpfers und selbst lebenslang Kämpfer für ein freies Südtirol; Johannes Hofer, ein Urenkel des „Sandwirts", des großen Andreas Hofer, gelernter Historiker und Hofbauers unübertroffener Biograph, schließlich Eduard Hosp, erzkonservativ, doch immer um Objektivität bemüht, ein unermüdlicher, exakter Arbeiter, ständig in den Akten wühlend.

Da ist P. Władysław Szołdrski aus Polen, der 50 Jahre lang quer durch Europa gereist ist, um in kirchlichen und staatlichen Archiven Akten zu sammeln. Das Ergebnis: ein wahrhaft monumentales Quellenwerk, die „Monumenta Hofbaueriana", 15 Bände Archivmaterial! Von welchem katholischen Heiligen der Neuzeit liegt ein ähnliches Werk vor?

Zuletzt hat der langjährige Schweizer Redemptoristen-Provinzial und unermüdliche Seelsorger Josef Heinzmann, den

„Monumenta Hofbaueriana" folgend, ein gültiges Hofbauerbuch geschrieben, dem man die innere Nähe des Autors zu seinem Gegenstand anmerkt.

Wir wissen heute viel über den Priester und Menschen Hofbauer, sogar mehr als manche seiner Zeitgenossen, auch derer, die täglich mit ihm verkehrten. Wozu dann ein neues Buch über Hofbauer? Es scheint wirklich überflüssig, wenn … Ja, wenn es darum ginge, nur die allbekannten Daten und Ereignisse nochmals wiederzugeben. Gerade das möchte dieses Buch nicht. Es ist entstanden aus dem Bedürfnis heraus, nach fünfzigjähriger, immer wieder neuer Beschäftigung mit der Gestalt Hofbauers, mit seinen Freunden, mit seiner Zeit, einiges zurecht zu rücken, was noch immer durch seine Biographien geistert.

Es handelt sich um Verzeichnungen, die sich im Laufe von zweihundert Jahren eingeschlichen haben, entstanden auf dem Hintergrund von Zeitströmungen, von Ideen und Ideologien, die mit dem authentischen Hofbauer wenig zu tun haben. Jede Zeit formt sich so ein wenig ihre Vorbilder und Heiligen nach ihrem eigenen Bild. Hofbauer macht da keine Ausnahme.

Die Bemühungen, ihn zum von Rom sanktionierten Heiligen zu machen, setzten in der zweiten Hälfte des 19. Jahrhunderts ein. Sie endeten mit der Heiligsprechung vor hundert Jahren, im Jahre 1909. Als der Seligsprechungsprozess eingeleitet wurde, regierte Pius IX. in Rom, die Heiligsprechung nahm Pius X. vor. Beide Pius-Päpste stehen für eine Engführung in Theologie und Kirche, für die Zurückweisung von Aufklärung und Moderne. Hofbauer musste in dieses Schema passen. Wenn er heilig gesprochen werden sollte, musste er, wie ein moderner Kirchenhistoriker urteilte, „das damalige ultramontane Milieu und an seiner Spitze den Papst überzeugen". Die Vita Hofbauers musste „Pius IX. sozusagen auf den Leib geschrieben" werden (Schwedt, 451). Die an seiner Seligsprechung bastelten, angefangen von manchen Zeugen im Seligsprechungsprozess, taten alles, um diesem Ziel gerecht zu werden. Hofbauer wurde hochstilisiert zum „Überwinder der Aufklärung", zum „Vater der Gegenreformation im 19. Jahrhundert", ja man behauptete allen Ernstes, er habe die von Ignaz Heinrich von Wessenberg im Gefolge des Bischofs Johann Michael Sailer betriebene Gründung einer von Rom unabhängigen deutschen Nationalkirche verhindert. Alles aber, was in das vorgefasste Konzept nicht passte, wurde ausgeschieden, umgedeutet, verschwiegen.

Die Umformung Hofbauers zum führenden österreichischen Antiaufklärer blieb nicht die einzige Verzeichnung. Um seinen Ruhm zu mehren, hat in Österreich eine katholische Romantikbegeisterung unter Führung des Literaturhistorikers Richard von Kralik seit der Wende zum Zwanzigsten Jahrhundert aus Hofbauer wegen seiner Freundschaft zu bedeutenden Gestalten der Wiener Spätromantik einen „Literaturreformator", ja, den „Vater der Romantik" gemacht.

Einen besonderen – österreichischen – Akzent fügte ein Jünger Kraliks, der junge Ernst Karl Winter, hinzu. Auch für ihn war Hofbauer die „Verkörperung der Romantik", aber der „österreichischen Romantik", die er als „Synthese der romanischen mit der germanischen Romantik" oder der „Form" mit der „Kraft" verstand. Über Hofbauer schrieb er:

„Der heilige Klemens ist ein Typus, eine Standarte, eine Inkarnation, wie sie nur alle Jahrhunderte einmal vorkommt: der österreichische Mensch, wie er sein soll, zugleich der katholische, europäische Mensch, ernster Römer, kühner Germane, gläubiger Slawe in einem. Dieser Mensch, heimattreu und weltfroh zugleich, trägt die Menschheit in sich" (E. K. Winter, 437).

So großartig dies alles klingen mag, es handelt sich um eine grandiose Verzeichnung und ideologische Verzerrung, die dem historischen Hofbauer als Menschen seiner Zeit kaum gerecht wird. Andere Verzeichnungen ließen sich anschließen, etwa die Umstilisierung Hofbauers zum Kirchenpolitiker, zum Vorläufer der „Katholischen Aktion", zu dem, „was man heute einen Fundamentalisten nennen würde".

Es ist also an der Zeit, das wegzuräumen, was Jahrhunderte – meist in bester Absicht – an Schutt zusammen getragen haben. Ziel einer solchen „Entmythologisierung" ist ein besseres Kennenlernen Hofbauers.

Wien, im Sommer 2008 *Otto Weiß*

Einleitung

Beinahe zweihundert Jahre nach Hofbauers Tod, genau hundert Jahre nach seiner Heiligsprechung, ist es an der Zeit, dass sein Leben und Werk „historisiert“ wird. Versuchen wir also die Farbschichten abzutragen, die in zwei Jahrhunderten auf das Bild des „Apostels von Warschau“ und „Stadtpatrons von Wien“ Klemens Maria Hofbauer aufgetragen wurden. Vergessen wir dabei jedoch nicht, dass auch wir Gefahr laufen könnten, Probleme, Ideologien, Machtansprüche der Gegenwart in die Vergangenheit hineinzutragen und Traditionen zu erfinden, wo keine sind, mit anderen Worten, dass wir uns einen Klemens Hofbauer nach unserem Bild und Gleichnis formen. Maßgebend müssen immer die Quellen sein, auch wenn gilt, dass die Wirklichkeit, die uns in den Quellen begegnet, immer schon interpretierte Wirklichkeit ist. Aber vielleicht gilt ja auch, dass erst die interpretierte Wirklichkeit, die nicht bloße Faktizität bleibt, die ganze Wirklichkeit darstellt.

So sehr wir den Quellen verpflichtet sind – und in unserer Darstellung sollen bisher übersehene, vergessene oder unterschlagene Quellen zu Wort kommen –, so dürfen wir doch unseren ganz speziellen Blickpunkt haben. All unser Erkennen ist perspektivisch. Das gilt auch für unseren Blick auf Menschen, auf lebende Menschen wie auf Gestalten der Geschichte, auch auf Heilige. Und wie beim einzelnen Menschen der Blickpunkt, die Perspektive, sich wandelt, so gilt dies auch für die sich wandelnden Zeiten im Laufe der Geschichte. Jeder Mensch einer jeden Zeit sieht in der Vergangenheit zuerst das, was ihn anspricht, was ihn betroffen macht, was für ihn Gegenwartsbezug hat. Das alles ist legitim. So wird denn unser Blick auf Hofbauer vor allem das ins Auge fassen, was uns heute noch anspricht.

Dabei lassen wir manches, was oft schon beschrieben worden ist, beiseite. Ziel unserer Betrachtungen ist nicht, eine „Biographie“ Hofbauers zu erstellen. Wer eine solche lesen möchte, findet genügend Hinweise im Anmerkungsteil. Uns geht es darum, Blitzlichter auf Hofbauer zu werfen, auf seine Persönlichkeit, seine Zeit und seine Lebenswelt, aber auch aufzuzeigen, dass er ein Mensch war, der Konflikte nicht scheute, wenn es ihm nötig erschien.

Einen Schwerpunkt unserer Annäherung an Hofbauer bilden die Menschen, die in Hofbauers Nähe lebten. Wenigstens einige von ihnen werden im zweiten Teil des Buches vorgestellt. Geht es im ersten Teil darum, dass wir selbst auf verschiedenen Wegen die Begegnung mit Hofbauer suchen, stehen im zweiten Teil die Erfahrungen im Vordergrund, die Menschen seiner Zeit in der Begegnung mit ihm machten.

Wer waren sie? Woher kamen sie? Was ist aus ihnen geworden? Was bedeutete Hofbauer für sie, und was bedeuteten sie für ihn? Für unsere Suche nach dem originären Hofbauer, nicht nach dem in den Olymp entrückten Heiligen, ist die Bekanntschaft mit diesen Menschen wichtig. Denn das Sprichwort: „Sage mir, mit wem du umgehst, und ich sage dir, wer du bist!", mag doch wohl auch für Hofbauer gelten.

Für die Methode unserer Darstellung bedeutet all dies, dass wir nicht chronologisch vorgehen, sondern thematisch. Das hat den Vorteil, dass jemand, der sich für ein bestimmtes Thema interessiert, nicht alles von vorne bis zum Schluss durchzulesen braucht. Er kann unbeschwert ein bestimmtes Kapitel herausgreifen.

Damit jedoch auch jener Leser, der Hofbauer nicht oder kaum kennt, das Dargestellte zeitlich einzuordnen vermag, sei ein kurzer Abriss seines Lebens vorangestellt. Zusammen mit der Zeittafel am Schluss des Buches mag er das Zurechtfinden erleichtern.

Kurzer Lebenslauf Hofbauers

Kindheit und Jugend

Johann Hoffbauer – so der ursprüngliche Name – wurde am 26. Dezember 1751 in Tasswitz in Südmähren geboren. Sechzehnjährig begann er in Znaim eine Bäckerlehre. Sicher dürfte sein, dass er gerne Priester geworden wäre. Dieses Ziel rückte näher, als ihm sein Cousin Johann Martin Jahn beim Probst des Prämonstratenser-Klosters Klosterbruck die Erlaubnis verschaffte, die Klosterschule zu besuchen. Er beendete sie 1777, trat jedoch nicht in das Stift ein, sondern wanderte 1778 nach Rom, wo er sich durch die Gelübdeablegung einer Einsiedlergemeinschaft anschloss und den Namen Clemens annahm. Als Eremit kehrte er 1778 in seine Heimat zurück, baute sich in der Nähe des Wallfahrtsortes Mühlfraun eine Klause und nahm ein Leben als Einsiedler auf.

Über die folgenden Jahre wissen wir wenig. Sicher ist, dass Hofbauer als Eremit 1779/80 in Wien einen katechetischen Kurs besuchte und sich seinen Lebensunterhalt als Bäckergeselle verdiente, dass er dann das Studium der Philosophie und Theologie in Wien aufnahm und Wohltäter fand, die ihm dieses Studium ermöglichten, dass er seinen Freund, den um zehn Jahre jüngeren Studenten Thaddäus Hübl aus Böhmen, kennen lernte.

Eintritt in die Kongregation der Redemptoristen

Wahrscheinlich in das Jahr 1782 fällt Hofbauers erste Begegnung mit dem aus Bern stammenden Konvertiten und Exjesuiten Nikolaus Joseph Albert von Dießbach, der einen starken Einfluss auf ihn ausübte und ihn auf den Redemptoristenorden aufmerksam machte. Mit seinem Freund Hübl trat er drei Jahre später in Rom in diesen Orden ein. 1786 kehrten Hofbauer und Hübl, nachdem sie zu Priestern geweiht worden waren, nach dem Norden zurück und hielten sich ein Jahr in Wien zur Vervollständigung ihrer Studien auf.

Hofbauer wurde zum Oberen aller noch zu gründenden Niederlassungen nördlich der Alpen ernannt. Daher der Name „Transalpine Redemptoristen". Vom Generaloberen in Rom wurde ihm der Titel „Generalvikar" verliehen.

Seelsorger in Warschau

1787 machten sich Hofbauer und Hübl auf den Weiterweg. Wie die Quellen ausweisen, wollte sie die römische Propagandakongregation nach Weißrussland oder nach – dem damals schwedischen – Pommern schicken. Sie blieben in Warschau hängen. Die Deutschen in Warschau, vertreten durch die Bruderschaft von St. Benno, brauchten Seelsorger. Die beiden Redemptoristen kamen ihrer Bitte nach. So entstand im damals preußischen

Warschau das erste Ordenshaus der Redemptoristen außerhalb Italiens, das innerhalb von 20 Jahren an die 40 Mitglieder, nicht nur Deutsche, sondern auch Polen und emigrierte Franzosen, zählte. Eine Folge der raschen Zunahme war freilich, dass in dem recht armseligen Klostergebäude drei bis vier Patres in einem Zimmer leben mussten.

Ihre Tätigkeit ging in zwei Richtungen. Da war zunächst die erzieherische Arbeit in den von ihnen gegründeten und geleiteten Schulen. Zur Schultätigkeit kam die eigentliche Seelsorge an der Kirche St. Benno, die schnell zu einem religiösen Mittelpunkt weit über die deutsche Gemeinde hinaus wurde. Zu erwähnen ist auch die Laienorganisation oder Oblatenvereinigung, die Hofbauer in Warschau ins Leben rief, um den Glauben zu fördern und die Sittlichkeit zu heben.

Gründungen in Süddeutschland und der Schweiz – Ausweisung aus Warschau

Allerdings war die Warschauer Niederlassung nie ein förmliches Kloster. Ein solches zu errichten, war verboten. So versteht man, warum Hofbauer von Warschau aus immer wieder Gründungsreisen nach Süddeutschland und in die Schweiz unternahm. Einige Gründungen – Wollerau am Zürchersee, Jestetten, Triberg, Babenhausen – kamen zustande, wurden jedoch auf Grund der Zeitverhältnisse meist bald wieder aufgelöst. Schließlich fiel am 20. Juni 1808 auch die blühende Warschauer Gemeinde der Aufhebung durch Napoleon zum Opfer. Die nichtpolnischen Patres wurden in die Festung Küstrin transportiert und nach kurzer Haft in ihre Heimatorte ausgewiesen. Für Hofbauer galt Wien als seine Heimat. Dorthin reiste er mit dem Theologiestudenten Martin Stark und dem Bruder Matthias Widhalm.

Seelsorger in Wien

Hofbauer, inzwischen 57 Jahre alt, begann in Wien ganz von vorne. Zwar war sein Ziel von Anfang an die Errichtung eines Klosters, aber da dies von Staats wegen nicht möglich war, begab er sich auf Wartestellung. Von 1808 bis 1813 wirkte er an der italienischen Nationalkirche, der Minoritenkirche. Seit 1813 war er Schwesternbeichtvater und Kirchenrektor von St. Ursula. Er hatte weder eine Pfarrei noch sonst ein besonderes Kirchenamt. Dennoch war er alles andere als untätig, vielmehr entwickelte er eine fast unglaubliche seelsorgerische und karitative Aktivität. Er wirkte als Beichtvater, als Prediger, aber auch als Berater der Nuntien, und hatte noch genügend Zeit, Lebensmittel zu den Armen in den Vorstädten hinauszutragen und sich dem Apostolat an den Randexistenzen, Kranken, Sterbenden, Verzweifelten zu widmen. Darüber hinaus wurde Hofbauer zum Mittelpunkt verschiedener Kreise aus Akademikern, Studenten und Professoren, unter ihnen führende Gestalten der Wiener Spätromantik.

Tod – Seligsprechung – Heiligsprechung

Hofbauer starb am 15. März 1820 in Wien. Ein Fremder, der die Volksmenge bei der Beerdigungsfeier sah, sagte erstaunt: „Das muss aber ein sehr reicher Mann gewesen sein“. Der Philosoph Friedrich von Schlegel, der dies erzählt, fügt hinzu: „worin er denn auch, obgleich in einem andern Sinn, sehr recht gehabt hat“. Wenige Tage nach Hofbauers Tod wurde seine Kongregation, die Redemptoristen, in Österreich zugelassen. Über Hofbauer selbst berichteten nach seinem Tode Zeitungen und Zeitschriften. Obwohl er außer einigen Briefen nie etwas geschrieben hatte, blieb sein Andenken im historischen Gedächtnis haften.

1887 wurde Hofbauer von Papst Leo XIII. selig gesprochen. Vor hundert Jahren, am 20. Mai 1909, erfolgte die Heiligsprechung durch Papst Pius X. Seither hat seine Verehrung nicht abgenommen, sondern ist gewachsen. In Österreich, Deutschland und der Schweiz sind ihm zahlreiche Kirchen geweiht.

Ein problematischer Heiliger?

Richtig ist allerdings auch, dass er für nicht wenige Katholiken zum „problematischen Heiligen“ geworden ist, der zwar in allen größeren Darstellungen der Kirchengeschichte des 18. und 19. Jahrhunderts genannt, aber häufig schlecht benotet wird. So dürfte es an der Zeit sein, die neuralgischen Punkte dieses Heiligenlebens im Guten wie im weniger Guten möglichst objektiv zu beleuchten.

Teil I
Annäherungen

I. Zeit und Umwelt

„Überwinder der Aufklärung"?

So unterschiedlich die Biographien Hofbauers auch sein mögen, eines findet sich in fast allen wieder: Hofbauer wird gezeichnet als der „Überwinder der Aufklärung", als Bezwinger des österreichischen Staatskirchentums – des „Josephinismus" – und schließlich sogar als der Mann, der eine von Rom unabhängige deutsche Nationalkirche verhindert habe. Ganz abgesehen davon, dass dabei dem bescheidenen, unermüdlichen Leib- und Seelsorger Hofbauer eine politische und geistesgeschichtliche Rolle zugeschrieben wird, die er selbst weit von sich gewiesen hätte, sind all diese Aussagen schlicht falsch. Eines allerdings ist richtig: Sie waren angesichts der Engführung von Kirche und Theologie im 19. Jahrhundert von Nutzen, als es darum ging, Hofbauer die „Ehre der Altäre" zu verschaffen und so tauchen sie schon in dem Gutachten des Kurienkardinals Carl August Graf Reisach zur Eröffnung des Seligsprechungsprozesses Hofbauers aus dem Jahre 1866 auf. Mehr als hundert Jahre lang – bis auf den heutigen Tag – wurden dann diese Konstruktionen mit großem Eifer von Hofbauerbiographen nacherzählt, um seinen Ruhm zu mehren.

Ein Blick in die Quellen genügt, um solche stereotypen Urteile zu widerlegen. Tatsächlich hatte Hofbauer ein ambivalentes Verhältnis zur kirchlichen Aufklärung und zum Josephinismus. So sehr er in einem konservativen, von barocker Frömmigkeit geprägten Volkskatholizismus wurzelte, so war er doch offen für Impulse, die aus der josephinischen Reform kamen. Darauf wird zurückzukommen sein.

Doch die genannten Aussagen über Hofbauer sind nicht nur falsch. Sie sind völlig verfehlt, und zwar deswegen, weil in ihnen eine Wertung historischer Prozesse zum Ausdruck kommt, die sich nicht an der geschichtlichen Wirklichkeit orientiert, sondern Vorurteile in diese hineinträgt. Ganz im Stil päpstlicher Verlautbarungen des 19. Jahrhunderts – der Enzyklika „Mirari vos" Gregors XVI., des „Syllabus errorum" Pius' IX. – werden Aufklärung, Gedankenfreiheit und moderne Kultur als in sich schlecht und als Bedrohung von Glaube und Sitten verurteilt.

Die Biographen Hofbauers im 19. Jahrhundert waren nicht allein. Es galt als gut katholisch, so zu denken. Als dann der Kirchenhistoriker Sebastian Merkle 1909 – es war das Jahr, in dem Hofbauer heilig gesprochen wurde – die bisherige katholische Beurteilung des Aufklärungszeitalters als einseitig und falsch herausstellte und darauf hinwies, dass es auch eine durchaus positiv zu wertende „kirchliche Aufklärung" gegeben habe, stieß er auf entschiedenen Widerstand, der erst allmählich der besseren Einsicht wich. Vielfach jedoch wurden die alten Vorurteile unbesehen weiter tradiert.

Sebastian Brunner

Bei Hofbauer kam erschwerend hinzu, dass ausgerechnet einer seiner ersten Biographen wie kein anderer die katholische Aufklärung und die Kirchenreformen Kaiser Josephs II. verteufelt hat: der Wiener Priester, Publizist und Sozialreformer Sebastian Brunner. Mit bitterer Ironie und beißendem Sarkasmus hat Brunner „die theologische Dienerschaft am Hofe Josephs II." und die „Mysterien der Aufklärung in Österreich" gegeißelt. Doch die kurzweilige und geistreiche Polemik, die er dem Leser vorsetzt, ist mit Vorsicht zu genießen. Ein bunt schillernder Eintopf wird kredenzt, in den wahllos und ohne Unterschied Freimaurer, Illuminaten, Febronianer, kirchliche Aufklärer und Reformbischöfe geworfen werden.

Sebastian Brunner nun war es, der in seiner Biographie Hofbauer nach seinem Bild und Gleichnis zeichnete. Das war nicht in allem verkehrt. Dass der Sozialreformer Brunner, der 1848 angesichts der Not der armen „Proletarier" die reichen Katholiken an den Pranger gestellt hatte, Hofbauer als Vorbild uneigennütziger Nächstenliebe propagierte, traf zweifellos in die Mitte von dessen Wesen. Auch dass der Anti-Aufklärer Brunner in seiner Biographie Theologie und Kirche in Österreich um die Wende zum 19. Jahrhundert weithin von „Geistesdürre" und „abgeschmacktem Rationalismus" beherrscht sah, denen Hofbauer sich entgegengestellt habe, mag nicht völlig falsch sein. Nur war das nicht der ganze Hofbauer, und es gab eben nicht nur die „Geistesdürre" im katholischen Wien. Und selbst „aufgeklärte Theologen" waren nicht immer von ihr befallen. Schließlich stellt sich die Frage: War Hofbauer selbst wirklich nur ein „Antiaufklärer", „in mancher Hinsicht engherzig, ein wenig reaktionär sogar", wie Josef Ratzinger geschrieben hat (J. Ratzinger, *Glaube und Zukunft*, München 1970, 119), war er das, „was man heute einen Fundamentalisten nennen würde" – so sein Biograph Kornelius Fleischmann – oder gab es vielleicht auch den „Aufklärer" Hofbauer?

Um solche Fragen wirklich beantworten zu können, sei in den folgenden Abschnitten versucht, die Ideologien, Vorurteile und Verurteilungen, die die Biographen Hofbauers bis heute weiter erzählen, einmal bei Seite zu lassen und auf Grund der neuesten Forschungen aufzuzeigen, was es wirklich mit der josephinischen Reform und der Aufklärung in der österreichischen Kirche auf sich hatte. Kann sein, dass dann auch das Bild, das wir von Hofbauer haben, der historischen Wirklichkeit eher gerecht wird.

Das Zeitalter Hofbauers – Anbruch einer neuen Zeit

Die Biographen Hofbauers machen fast alle den gleichen Fehler: Sie urteilen von heute her. Die Zeit, in die Hofbauer hinein geboren wurde, die Epoche, in der er wirkte und lebte, kennen sie entweder gar nicht oder nur schablonenhaft. Es dürfte daher an der Zeit sein, wenigstens holzschnittartig einiges in Erinnerung zu rufen, was die historische Forschung über diese Zeit zu Tage gefördert hat.

Eine „Sattelzeit“

Die Zeit, in der Hofbauer lebte, war eine bewegte Zeit, eine Zeit, wie es nur wenige gab. Wer sich mit ihr befasst, versteht, dass manche Historiker das Mittelalter erst im 18. Jahrhundert enden lassen. Er versteht, dass die heutige Geschichtsschreibung im Beginn des 19. Jahrhunderts eine „Sattelzeit“ (Reinhart Koselleck) sieht, womit eine Epoche gemeint ist, in der überkommene Sichtweisen und Verstehenshorizonte, angeblich unverrückbare Wahrheiten, Richtlinien, Dogmen, Strukturen, die durch Jahrhunderte maßgeblich waren, durch neue Paradigmen, neue Welterklärungen abgelöst werden, nicht ohne heftige Konflikte auszulösen.

Eine Zeit des Umbruchs war die Wende vom 18. zum 19. Jahrhundert: gesellschaftlich, politisch, religiös. Industrialisierung und Nationalstaatsdenken kündeten sich an. Der „rationale Trend“, die neuzeitliche, „moderne“ Berufung auf das denkende Subjekt, auf das allein Gott und sonst niemandem verpflichtete Gewissen erreichten in der Aufklärung und im Appell Kants an die Menschen, die selbstverschuldete Unmündigkeit aufzugeben und die Vernunft zu gebrauchen, ihren Höhepunkt.

Zwar war die entscheidende Frage der deutschen Aufklärung im Unterschied zur radikalen antichristlichen Aufklärung eines Voltaire noch immer die Frage nach Gott, doch die kirchlich gebundene Religion hörte auf, alleinige Norm der Lebenswelt zu sein, und nicht selten rückte schon bald neben den alten Glauben mit seinen Riten und Gebräuchen ein quasi-religiöser Glaube an die Nation, die sich mit „heiligen“ Symbolen, Fahnen, Denkmälern, Bekenntnissen und Eiden umgab. Ein Pluralismus von Wertvorstellungen begann allmählich die bis dahin maßgebliche christlich-religiöse Seins-, Staats und Gesellschaftsordnung und die aus ihr fließenden Verhaltensnormen abzulösen. Säkularisierung, Dechristianisierung und Entkirchlichung setzten ein.

Französische Revolution und Napoleonische Wirren

Die Französische Revolution – die popularisierte Aufgipfelung der Aufklärung – kündete mit Flammenzeichen den Anbruch des neuen Zeitalters. Das Bürgertum kam zum Zug und übernahm die geistige Führung, sodass das 19. Jahrhundert zum spezifisch bürgerlichen Jahrhundert wurde. Nicht mehr allein Herkommen und Stand bestimmten den Lebensweg eines Menschen. Gefragt waren Eignung, Leistung und Initiativfreudigkeit. Aber die Revolution hatte ein doppeltes Gesicht. Im Namen von Aufklärung, Vernunft und Freiheit wurden die schrecklichsten Gräuel verübt und der aufgeklärte Glaube, dass das Wissen um das Gute selbstverständlich das gute Tun hervorbringe, wurde ad absurdum geführt. In den der Revolution folgenden napoleonischen Kriegen wurde Europa zum großen Heerlager, die alte Ordnung der Europäischen Staaten zerbrach. Der Papst geriet in Gefangenschaft und mit dem tausendjährigen Heiligen Römischen Reich deutscher Nation endete die alte mächtige Reichskirche.

Die Romantik

Es folgte die Reaktion mit all ihren Erscheinungsformen, die als „Romantik" in die Geschichtsbücher einging – verstanden nicht nur als literarische Bewegung, sondern als ein antirationalistisches neues Lebensgefühl, das sich auf Kultur, Kunst, Wissenschaft und Philosophie und das Begreifen von Gesellschaft, Staat und Kirche auswirkte. Nicht mehr das Licht, die Helligkeit des Tages und des Denkens wurden gerühmt, sondern genau so und noch mehr das Dunkel, die Nacht, das Weiblich-Erdhafte.

Der Phase der Frühromantik, die gekennzeichnet war durch das Hervortreten der Subjektivität und des persönlichen Empfindens wie durch die positive Bewertung des Irrationalen, der „Nachtseiten des Lebens", der Phantasie, des Traumes und der Mystik folgte in einer zweiten Phase, ohne dass das bisher Genannte an Bedeutung verlor, eine neue Hinwendung zum Objektiven.

Dies wird sichtbar in den philosophischen Systemen des deutschen Idealismus, in der von Herder stammenden Geltendmachung des Geistes der Völker und ihrer geschichtlichen Berufung, in der Aufwertung des Lebendig-Organischen, der Neubewertung der Geschichte, einschließlich der Geschichte der Religionen und der Mythen entfernter östlicher Völker, schließlich in einer neuen Hinwendung zur Institution Kirche, und zwar zur katholischen, die angesichts der „Zerrissenheit" und Gebrochenheit menschlichen Daseins Halt und Geborgenheit vermittelte.

Revolution und Krieg hatten noch im letzten Winkel Europas die Bedrohtheit und Gebrochenheit menschlicher Existenz erfahrbar gemacht. Der aufgeklärte Glaube an Vervollkommnung durch Erziehung und Bildung war zerbrochen. Geborgenheit bot die Religion, die auch das Unbegreifliche als göttliche Fügung zu deuten suchte. Und es war die katholische Kirche, die als sicherer Fels im Strudel des um sich greifenden Individualismus und Liberalismus wieder gefragt war, auch bei den Gebildeten, wie die Rückkehr oder die Konversion führender Männer der Politik und des Geisteslebens zum Katholizismus beweist.

Romantiker in Wien

Einige von ihnen werden uns im Leben Hofbauers begegnen. So der Philosoph und Orientalist Friedrich von Schlegel. Schlegel lehnte die Aufklärung nicht einfach ab wie etwa der Münchner Romantiker-Philosoph Franz von Baader, der nur von „Aufkläricht" – wohl einer Art Kehricht – sprach. Schlegel bejahte das „Streben nach einer streng wissenschaftlichen Methode", war jedoch überzeugt, dass in Theologie und Glaube die „moderne Denkweise" nicht ausreicht. Religiöse Erkenntnis ist für ihn vor allem Begegnung mit dem in der Geschichte sich offenbarenden Gott, ist Leben und Liebe. In der von Klemens Hofbauer ins Leben gerufenen Wiener Romantikerzeitschrift „Oelzweige" – sie wird uns noch begegnen – schrieb er:

„Die Vernunft kennt und hat und gibt nur einen verneinenden Begriff oder Nichtbegriff von Gott. Die Liebe allein hingegen führt zu einer positiven, oder um es nicht in abstrakter, sondern in lebendiger Sprache zu sagen, zu einer lebendigen Erkenntnis Gottes und der Fülle des Lebens und der Liebe in ihm" (Schlegel, in: *Oelzweige* I, 1819, 429).

Auch ein anderer berühmter Konvertit spielte im Leben Hofbauers eine Rolle: Adam Müller, Vordenker einer politischen Romantik und bedeutender Staatstheoretiker, der seine Leitideen für den Aufbau von Staat und Gesellschaft aus mittelalterlichen Vorgaben nahm und gegen den modernen Subjektivismus und die Isolierung des Einzelnen den organisch-lebendigen Aufbau von Staat und Gesellschaft und die ständische Ordnung stellte. Adam Müller war es auch, der das Christentum als die Kraft pries, die alle Bereiche des Lebens, der Wissenschaft und Kunst in sich zu vereinen im Stande war.

Männer wie Schlegel und Müller waren nicht die einzigen, die für eine kirchliche Erneuerung standen. An verschiedensten Orten machten religiöse Erneuerungsbewegungen von sich reden. Gruppiert um Gestalten wie den späteren Kardinal Pietro Ostini in Rom und die um ihn versammelten deutschen Künstler, um den Grafen Friedrich Leopold zu Stolberg und die Fürstin Gallitzin, um Lammennais und Lacordaire, um Johann Michael Sailer, waren sie sich, so unterschiedlich sie sonst auch sein mochten, einig in der Bemühung, den Glauben zu fördern, indem sie das überkommene Glaubensgut mit der neuen Zeit und ihren Idealen zu versöhnen trachteten.

Ganz allgemein aber wird man feststellen können: Religion und Kirche bestimmten im beginnenden 19. Jahrhundert trotz Aufklärung, Säkularisierung und beginnender „Entchristianisierung", die nur bei einer dünnen intellektuellen Führungsschicht voll griffen, nach wie vor Leben und Handeln der Bevölkerung, auch wenn vielfach eine Art „praktische Säkularisierung" um sich griff. Für breite Bevölkerungsschichten war nicht der „Unglaube" das Problem, wohl aber das Ausbrechen aus einem althergebrachten staatlichen, kirchlichen und gesellschaftlichen Rollenverständnis.

Nach diesem allgemeinen Überblick nehmen wir in den nächsten Abschnitten die religiöse und kirchliche Situation in Österreich zur Zeit Hofbauers ins Visier. Nur wenn wir sie kennen, werden wir Hofbauer verstehen.

Die „Frömmigkeit" der Habsburger

Bekanntlich hatte die Kirche als sichtbare Gemeinschaft, als Institution und Rechtsinstitut, im Kirchenbild der Reformatoren keinen Platz. Aber da es eben ganz ohne rechtliche Strukturen nicht ging, übertrug die Reformation all diese Äußerlichkeiten dem Staat, oder genauer dem jeweiligen Landesherrn. Dem konnte dies nur recht sein. Seit uralten Zeiten, in denen der

Herrscher zugleich oberster Richter und Priester war, bemühten sich die Mächtigen, sich die Religion unterzuordnen. Jetzt bildete sich in protestantischen, aber auch in katholischen Territorien der „Regalismus", das neuzeitliche Staatskirchentum aus. Kirche war für die aufgeklärten absolutistischen Fürsten der Neuzeit eine Staatsanstalt zur Befriedigung der religiösen und moralischen Bedürfnisse der Untertanen. Dass die katholische Kirche gegen diese Entwicklung Sturm lief und sie seit dem beginnenden 19. Jahrhundert durch ihre Konkordatspolitik in den Griff zu bekommen suchte, ist verständlich. Doch die römischen Kirchenpolitiker waren Pragmatiker. Solange das Staatskirchentum den Interessen Roms nicht zuwider lief, ließ man es gewähren. In Österreich mehr denn anderswo.

Eine barocke Religion

Auch in Österreich herrschte der Staat über die Kirche und zwar schon vor Joseph II. und vor Maria Theresia. Weltlicher und geistlicher Besitz, weltliche und geistliche Gewalt waren seit dem Mittelalter mit einander verwoben. Doch das österreichische Staatskirchentum wurde von Rom geduldet, ja gefördert, zumal das Herrscherhaus mit Hilfe des Jesuitenordens die Gegenreformation mit aller Härte durchführte. Protestanten, die nicht zum alten katholischen Bekenntnis zurückkehren wollten, wurden gnadenlos verfolgt und des Landes verwiesen.

Das Bemühen der Habsburger, die „katholische Religion" zur Identitätssicherung des Staates zu fördern, ein Bemühen, das mit einer besonderen göttlichen Berufung des Herrscherhauses begründet wurde, stand hinter der hoch gelobten „Pietas austriaca", die sich im Barockzeitalter besonders durch die Förderung „katholischer Frömmigkeit" manifestierte (Hollerweger, 28 f.). Vortridentinische „barocke" Frömmigkeitsformen wurden mit Unterstützung des Herrscherhauses zu neuer Blüte erweckt.

Die Verehrung Marias und die Anbetung des Altarsakramentes wurden offiziell von Staats wegen gefördert, zweifellos ohne auf Widerstand zu stoßen. Denn die barocke Frömmigkeit entsprach dem Lebensgefühl der Österreicher und war tief im Volk verwurzelt. Prozessionen, Wallfahrten, Verehrung heiliger Gräber und die Feste zahlloser wundertätiger „Bauernheiliger" beherrschten den

Alltag. Allein in Wien gab es um die Mitte des 18. Jahrhunderts etwa 150 Bruderschaften mit Tausenden von Mitgliedern. Auch die von Frankreich ausgehende Herz-Jesu-Verehrung fand schließlich bei der Bevölkerung begeisterte Aufnahme, nicht zuletzt im katholisch-konservativen „heiligen Land Tirol", das sich noch im Jahr 1796 angesichts der heranrückenden Truppen Napoleons feierlich dem Heiligsten Herzen Jesu angelobte.

Ruf nach Reformen

Solange Kirche und Staat gemeinsame Interessen verfolgten, kam es wegen des Anspruchs der Herrscher, Schirmherren der Kirche zu sein, nicht zu Problemen mit Rom. Dies änderte sich, als im 18. Jahrhundert auch in Österreich das religiöse Leben, vor allem in den Klöstern und reichen Stiften, einen Niedergang erlebte und das Herrscherhaus, vertreten durch Kaiserin Maria Theresia sich – zunächst in enger Abstimmung mit Rom – an die Spitze derer gestellt hatte, die sich um eine Reform mühten.

Anlass zur Reform war ausgerechnet die Feststellung, dass immer noch zahlreiche Protestanten heimlich in Österreich wohnten. Man schloss daraus, dass die Reformen des Konzils von Trient weithin nicht zum Tragen gekommen waren. Das Volk, so stellte man weiter fest, war fromm, aber seine Frömmigkeit erschien weit mehr heidnisch als christlich. Die Ursache dafür fand man in der geringen Zahl der Seelsorger und der unüberschaubaren Größe der Diözesen und Pfarreien. Bischöfe und Herrscherhaus suchten gemeinsam eine Lösung. Sie trugen in den Jahren 1752 bis 1756 das Problem in Rom vor. Rom ging teilweise auf die Reformvorschläge ein. So wurde ein Teil der an die 150 Feiertage – etwa die bäuerlichen „Hagelfeiertage" – gestrichen. Das gesamte Reformprogramm scheiterte jedoch zunächst, nicht wegen seiner Inhalte, sondern weil über seine Organisation und Finanzierung keine Einigkeit erzielt werden konnte. Haupthindernis war, dass in Österreich die Seelsorge häufig in den Händen von Klöstern und reichen Stiften lag, die der Jurisdiktion der Bischöfe entzogen waren. Rom war durchaus bereit, dem Staat entgegen zu kommen, wollte aber die Vorrechte der Klöster nicht beschneiden.

In der Folge hat dann der Staat unter Führung von Maria Theresia, in Übereinstimmung mit rührigen Reformbischöfen, die Initiative ergriffen und Reformen sowohl hinsichtlich der Diözesan- und Pfarrstrukturen wie der Ausbildung der Seelsorger und der Religiosität des Volkes in Angriff genommen.

Josephinismus und kirchliche Aufklärung in Österreich – die Grundlagen

Die geistigen Grundlagen für den österreichischen Reformkatholizismus, den so genannten Josephinismus – benannt nach Kaiser Joseph II., den Sohn Maria Theresias – boten drei Strömungen.

Der Febronianismus

Da war zunächst der *Febronianismus,* der seine Wurzeln in Frankreich und in der gallikanischen Betonung der Selbstständigkeit der Landeskirchen hatte. Im Anschluss an gallikanische und jansenistische Autoren sprachen sich auch deutsche Kanonisten gegen „kuriale Übergriffe“ und für eine größere Selbstständigkeit der Ortskirche aus. Desgleichen der Trierer Weihbischof Nikolaus von Hontheim, der sich im Gefolge von Gottfried Wilhelm Leibniz um eine Wiedervereinigung der Protestanten mit den Katholiken mühte, ein Ziel, das er von den „Ultramontanen“ bedroht sah, die dem Papst eine uneingeschränkte Macht zuerkennen würden. Unter dem Pseudonym „Justinus Febronius“ legte er 1763 in einem vielbeachteten lateinischen Werk dar, was nach seiner Meinung zu tun sei, um die „ultramontanen“ Hemmnisse für eine Wiedervereinigung der Christen zu beseitigen. Die deutschen geistlichen Reichsfürsten griffen die Gedanken Hontheims bereitwillig auf. Desgleichen die weltlichen Herrscher, angeführt von den Habsburgern, die ihre Staatskirchenhoheit bestätigt sahen.

Die kirchliche Aufklärung

Die zweite Strömung, die in deutschen Landen um die Mitte des 18. Jahrhunderts virulent wurde, war die katholische oder *kirchliche Aufklärung*, die ähnlich wie die evangelische Theologie Gedanken der deutschen Aufklärung übernahm, die keineswegs die Radikalität der westeuropäischen Aufklärung aufwies.

Träger einer frühen Aufklärung in den katholischen Territorien des süddeutsch-österreichischen Raumes, wo das Bildungswesen in den Händen kirchlicher Orden lag, waren die „alten Orden" der Prämonstratenser, der Benediktiner und Augustinerchorherren. Von jansenistisch beeinflussten französischen Benediktiner- und Augustinerklöstern gingen Anregungen zur kritischen Wissenschaftlichkeit aus. Bereits 1683 besuchte der berühmte Mauriner-Gelehrte Jean Mabillon bayerische und österreichische Benediktinerstifte. Im Kloster Melk an der Donau fand er im Archivar Bernard Pez einen gelehrigen Schüler. Auch aus Italien kamen Anregungen zu einem „aufgeklärten" Katholizismus. Einfallstor der Gedanken Ludovico Antonio Muratoris, der ganz im Sinne des Konzils von Trient zum Gebrauch des Denkens auch in Angelegenheiten der Religion aufforderte, war die Benediktineruniversität in Salzburg.

In einer zweiten Phase der kirchlichen Aufklärung drang dann das Gedankengut eines Christian Wolff und Gottfried Wilhelm Leibniz auch zu den süddeutschen und österreichischen Reformkatholiken vor, ja wurde selbst von den Jesuiten übernommen. In Österreich gipfelte diese Strömung im Denken des Mathematikers, Theologen und Philosophen Bernard Bolzano, dessen philosophische Entwürfe weit über die Mitte des 19. Jahrhunderts hinaus wirksam waren. Zuvor schon hatte sich bei einigen österreichischen Universitätslehrern die kirchliche Aufklärung radikalisiert. Man war aufgeschlossen für die protestantische Theologie und wollte der Vernunft ihr Recht zukommen lassen.

Der Jansenismus

Die dritte Strömung, die in den Josephinismus einmündete, war der *Jansenismus*, der nicht nur mit dem Febronianismus von Frankreich her nach Österreich kam und unterschwellig die österreichische kirchliche Aufklärung, etwa über die Kontakte der alten Orden mit ihren französischen Mitbrüdern, von Anfang an befruchtete, sondern auch direkt – eine Folge der österreichischen Herrschaft über die Niederlande – von der jansenistischen Utrechter Kirche aus auf Österreich Einfluss nahm. Führende Jansenisten in Österreich waren etwa der Wiener Augustinerprälat und Beichtvater Maria Theresias Ignaz Müller, der Theologe Melchior Blarer und der Herausgeber der „Wienerischen Kirchenzeitung" Mark Anton Wittola, mit dem auch Hofbauer zu tun bekam. Aber auch der große Wiener Reformbischof Kardinal Christoph Anton von Miggazzi ist in diesem Zusammenhang zu nennen.

Bei all dem sei nicht vergessen, dass der Spätjansenismus in Österreich mit der ursprünglichen Lehre des Löwener Professors Cornelius Jansenius nicht viel mehr als den Namen gemein hatte. Bekanntlich ging es bei den Auseinandersetzungen um Cornelius Jansenius vordergründig um einen Gnadenstreit – damit um ein zentrales Thema, das so alt ist wie die Theologie selbst. Diskutiert wurde die Frage: Wie verhält sich die Gnade zum menschlichen Tun? Jansenius sprach sich für den Primat der Gnade aus. Faktisch kam es dann jedoch bei seinen Anhängern in der Seelsorge zu einem ethischen Rigorismus, der das Ideal des tugendhaften Handelns zur Norm machte. In der Folgezeit verband sich der Jansenismus mit dem französischen Staatskirchentum, dem Gallikanismus, und wandte sich zugleich in aller Schärfe gegen den Orden, der nicht nur in der Gnadenlehre und in der Seelsorgspraxis entgegengesetzte Positionen vertrat, sondern auch als Vertreter des Papsttums und seiner universalen Herrschaftsansprüche galt: die Jesuiten.

Damit aber war die theologische Ebene verlassen. Es kam zu einer Polarisierung zwischen zwei Katholizismen, von denen sich jeder um die Erneuerung von Kirche und theologischer Lehre bemühte. Auf der einen Seite stand die Gesellschaft Jesu mit ihrem Kirchenbild und ihrer Spiritualität. Deren Hauptmerkmale waren im Gefolge des Konzils von Trient das Streben nach Geschlossenheit und Einheitlichkeit in der Lehre, nach einer zentralistischen Ausrichtung nach Rom in der Kirchenstruktur.

Auf der anderen Seite stand eine Vielfalt von Gruppierungen, von „modernen" Reformgruppen und religiösen Orden, die alle eines gemeinsam hatten, die Hinwendung zum Menschen, zum Gewissen und die neuzeitliche Betonung der Subjektivität. Dazu kam die Pflege einer innerlichen, ja mystischen Frömmigkeit und die Beschäftigung mit den modernen Wissenschaften, das heißt den Naturwissenschaften und der quellenkritischen Geschichtswissenschaft, sowie das Bekenntnis zu einem „raisonablen“ (vernünftigen) Katholizismus.

Als dann der Jansenismus nach Österreich gelangte, kam er vor allem als Sachwalter dieses Katholizismus. Den Schritt zur radikalen kirchlichen Aufklärung haben die österreichischen „Jansenisten“ jedoch nicht vollzogen.

Die josephinischen Reformen

Mit Hilfe der genannten Strömungen führten Maria Theresia und ihr Sohn Joseph II. ihre „aufklärerischen“ Reformen in der Kirche durch. Deren Hauptziel lag auf kirchenorganisatorischem und frömmigkeitspraktischem Gebiet. Barocke Auswüchse in der Frömmigkeit wurden beschnitten. Der Seelsorge wurde eine zentrale Bedeutung zugewiesen, die Diözesanverfassung wurde neu reguliert, kleinere übersichtliche Pfarreien wurden geschaffen. Die josephinische Kirchenreform war es auch, welche die Pastoral als Lehrfach entdeckte; und auch die Betonung der Katechetik in der Ausbildung der Priester war ein Kind des Josephinismus und seiner Reformen.

Alles in allem stimmt die heutige Forschung darin überein, dass der Josephinismus aufs Ganze gesehen eine begrüßenswerte Reformbewegung in der österreichischen Kirche darstellte, auch wenn der aufgeklärte absolute Herrscher Joseph II. die Reform von Staats wegen durchführte, was jedoch ihre Unterstützung durch zahlreiche Bischöfe und katholische Universitätsprofessoren nicht ausschloss.

Die grundsätzliche Rehabilitierung des Josephinismus sollte dennoch nicht dazu führen, dass seine Schattenseiten übersehen werden. Sicher ist, dass Joseph II., der wie seine Mutter Maria Theresia ein frommer Mensch war, in seinen Gottesdienstreformen häufig vergaß, dass der Mensch nicht nur Vernunft ist, dass Glaube mehr ist als sittliches tugendhaftes Verhalten und dass Frömmigkeit sich verleiblichen will.

Und was die einzelnen „Reformmaßnahmen“ betrifft, darf man fragen: War es wirklich nötig, dass derartig viele „unnütze“ Klöster aufgehoben wurden, einschließlich des in Österreich weit verbreiteten Eremiteninstituts, was auch Hofbauer zu spüren bekam? War es nötig, dass mit Hofdekret vom 11. März 1781 der Kaiser nicht nur die Volksmission, sondern selbst das Wort „Missionare“ verbot? War es nötig, dass der Kaiser in die Gestaltung der Liturgie und der religiösen Feiern eingriff – durch das Verbot der Orchestermessen, durch die Einführung eines mehrfach verwendbaren Sarges, dessen Unterseite sich aufklappen ließ, wenn er ins Grab gesenkt wurde, durch die höchstkaiserlichen Anordnungen hinsichtlich der Verwendung von Kerzen und Blumenschmuck… „Des Heiligen Römischen Reiches Erzsakristan“ nannte ihn bekanntlich Friedrich II. von Preußen.

Zweifellos ging all dies zu weit – doch selbst da wird beim Blick auf die historische Wirklichkeit manches verständlich. Warum etwa kam der Kaiser dazu, die Anzahl der Kerzen auf dem Altar vorzuschreiben? Der Anlass war ein Brand in einer Wiener Kirche im Jahre 1781, entfacht durch Hunderte von Kerzen.

II. Die Wurzeln

Heimat und Jugend

Hofbauer stammte aus Tasswitz, einem kleinen Dorf im südlichen Mähren, unweit des Flusses Thaya, der die Grenze zu Niederösterreich bildet. Er kam aus einem Dorf, in dem bis vor wenigen Jahrzehnten wie in den umliegenden Orten Deutsch gesprochen wurde, wovon noch heute die Stifternamen an den Glasfenstern der kleinen Tasswitzer Kirche Zeugnis geben, die an dem Platz errichtet wurde, wo einst Hofbauers Geburtshaus stand. Gewiss, man sprach Dialekt, und der unterschied sich offenbar ein wenig von dem in Wien gesprochenen Deutsch. Von Hofbauer jedenfalls hieß es später, er spreche einen schrecklichen Dialekt, ja, ein „polnisches" Deutsch. Hochdeutsch zu sprechen sei ihm nicht sonderlich gelungen, sagten seine Freunde, der Arzt Johann Emanuel Veith und der Philosoph Anton Günther. Hat er also „driben" statt „drüben" gesagt? Oder hat er einen Dialekt gesprochen, wie er heute noch unweit von seinem Heimatort in der Gegend von Hollabrunn in Niederösterreich üblich ist, ein Dialekt, der sich durch den lang gezogenen Laut „a" auszeichnet? Mag sein.

Er selbst empfand sich als Deutscher. „Ich bin der erste deutsche Redemptorist", hat er gesagt. Solche Aussagen waren damals selbstverständlich. Der moderne „österreichische Mensch" war in einer Zeit, in der der Kaiser oder die Kaiserin aller Deutschen in der Wiener Hofburg residierten, noch nicht erfunden. Gegen die Tschechen oder die Böhmen, wie man damals sagte, oder gegen andere Volksgruppen im Vielvölkerstaat, war das nicht gerichtet, schon deswegen, weil Hofbauers Vater höchstwahrscheinlich ein echter Böhme war, also ein Tscheche. Und damit sind wir bei Hofbauers Familie angekommen.

Die Familie

Die Familie Steer – so war der Mädchenname seiner Mutter Maria – war nicht gerade reich, aber auch nicht arm, ja, man wird sagen dürfen, sie gehörte zu den Honoratioren im Dorf. Hofbauers

Großvater, der Metzgermeister, oder wie man in Österreich sagt, der Fleischhauermeister Paul Steer, versah das Amt eines Dorfrichters. Als Maria Steer im Alter von 20 Jahren heiratete, konnte ihr der Vater ein mittleres Bauerngut mit Äckern und Wiesen, einem Weinberg und einem Stück Wald übergeben. Auch den in der Familie ausgeübten Beruf des Dorfmetzgers konnte er weitergeben, denn der von Maria 1736 zum Ehemann Erwählte übte auch das Fleischerhandwerk aus.

Er stammte aus Mährisch-Budwitz und hieß Pawel Dvořák. Tschechisch war seine Muttersprache. Noch bevor er in das deutschsprachige Tasswitz kam, hatte er seinen Namen in „Paul Hoffbauer" eingedeutscht. Zwölf Kinder gingen aus der Ehe hervor, von denen jedoch, wie dies damals häufig der Fall war, sieben in frühester Kindheit starben. Klemens Hofbauer war das neunte Kind. Er wurde am 26. Dezember 1751 geboren und noch am gleichen Tag getauft. Sein Taufname war nicht der damals in Böhmen und Österreich unübliche Name Klemens. Den nahm er erst später an. Hofbauers Taufname war Johannes Evangelist.

Drei ältere Brüder Hofbauers verließen schon früh das Vaterhaus. Karl ging zum Militär und ließ sich später als Metzger in Temeswar nieder. Die beiden anderen, Hermann und Lorenz, wohnten in der Nähe von Tasswitz. Wie es scheint, blieb Hofbauer mit ihnen eng verbunden. Anton Priesching, ein Sohn seiner Schwester Barbara, war Novize in Warschau, kehrte jedoch nach der Auflösung des Warschauer Klosters wieder in seine Heimat zurück. Franz Xaver Hoffbauer, der Sohn seines Bruders Lorenz, der sich in dem östlich von Tasswitz gelegenen Bratelsbrunn angesiedelt hatte, folgte ihm für sein ganzes Leben ins Kloster. Er gehörte zu den ersten Redemptoristen, die sich 1841 in Altötting in Bayern niederließen.

Daheim bei der Mutter

Am 27. Juli 1758, als Hofbauer sechs Jahre alt war, starb sein Vater. Bekannt ist die Szene am Feldkreuz, wie Hofbauers Mutter mit Blick auf den Gekreuzigten zu dem Jungen sagte: „Von jetzt an ist der dein Vater!" Seiner Mutter blieb der Junge jetzt noch enger verbunden. Stets hat er voll Achtung von ihr gesprochen. Was er sei, verdanke er ihr.

Hofbauers Mutter brachte sich nur mit Mühe und Not durch. 1865 übergab sie ihr Anwesen der ältesten Tochter Barbara, deren Mann Andreas Priesching auch die väterliche Metzgerei übernahm. Der Junge, der noch bei ihr wohnte, wollte Priester werden. Doch woher sollte sie das Geld nehmen, um ihren Sonn Johannes studieren zu lassen? Und der wollte seine Mutter nicht allein lassen. Sie brauchte ihn und so blieb er bei ihr bis zu seinem fünfzehnten Lebensjahr. Manche Biographen nehmen allerdings an, dass er zeitweilig bei den Verwandten seines Vaters wohnte und dort Tschechisch lernte.

Über dieses „verborgene Leben" in Tasswitz gibt es keine direkten Quellen. Indirekte Quellen gibt es sehr wohl. Der junge Hofbauer hat sich in diesen Jahren manches angeeignet, was für ihn später von Nutzen war. So dürfte er das Stricken gelernt haben. Noch in hohem Alter hat er seine Strümpfe selber gestrickt. Er lernte die Bauernarbeit von Grund auf kennen. Wir wissen, dass er als Generalvikar seines Ordens in Jestetten Kartoffeln und Gemüse anbaute. Und gekocht hat er dort auch für seine Mitbrüder.

Bäckerlehrling und Gymnasiast

Die direkten Quellen beginnen, wenn auch spärlich, zu sprudeln mit dem Jahr 1767. Da findet sich im Zunftbuch der Znaimer Bäcker ein Eintrag, in dem es heißt:

„Anno 1767 den 31 Martzii ist bey einem Ehr Samm weißbecken Handwerk der König. Kreys Statt Znaym deß Meister Frantz Dobsch sein lehr Bubb nach volenter Brobzeit ordentlich aufgedungen worden. Sein Nohm ist Joannis Hofbauer von Taßwitz".

Hofbauer wurde als Lehrling von Franz Dobsch in die Znaimer Bäckerzunft aufgenommen. Das wenige, was wir aus seiner Lehrzeit wissen, zeigt, dass der junge Mann bei seinem Meister wie bei dem Bäckergesellen namens Nachtigall recht beliebt war. Außergewöhnliche Zeichen der Frömmigkeit werden nicht berichtet, wohl aber wird die Sangesfreude des Bäckerlehrlings hervorgehoben. In dem ältesten Sohn des Meisters fand er einen Gleichgesinnten, der ihm „das Singen nach Noten" beibrachte.

Aus dem Rahmen des Üblichen fiel, dass Hofbauer nach seiner Lehrzeit 18-jährig mit dem Bäckergesellen Peter Kunzmann – er wurde später Redemptoristenbruder – eine Wallfahrt nach Rom unternahm. Es war seine erste Romreise, der bis 1803 zahlreiche weitere folgten. Zurückgekehrt, arbeitete er als Geselle in der Klosterbäckerei des nahen Prämonstratenserklosters Klosterbruck. Mag sein, dass sein alter Wunsch, Priester und vielleicht Prämonstratenser zu werden, ihn dazu veranlasste, auch wenn kaum ein Weg vom Bäckergesellen zum Priestertum führte. Dies änderte sich, als Hofbauer 1773 im Alter von 21 Jahren durch Vermittlung seines Vetters Johann Jahn die Möglichkeit erhielt, das Klostergymnasium zu besuchen. Vier Jahre später, also 1777, hatte er das Gymnasialstudium abgeschlossen.

Länger dauerte dieses Studium nicht. Es ist daher unsinnig, wenn manche Biographen behaupten, Hofbauer habe nie eine vollständige Schulbildung erhalten. Was damals nötig war, hatte er wie seine Mitschüler in vier Jahren gelernt. Wie gut er es gelernt hatte, davon legen die zahlreichen von ihm verfassten lateinischen Briefe und sonstigen Dokumente Zeugnis ab. Hofbauer schrieb ein gutes und flüssiges Latein.

Doch wie sollte es weitergehen? Die Biographen haben herumgerätselt, warum Hofbauer nach Abschluss seiner Gymnasialstudien nicht weiter studiert hat. In ein Priesterseminar jedenfalls konnte er noch nicht eintreten, da er zuvor an einer Universität die vorgeschriebenen zwei Jahre Philosophie hätte absolvieren müssen. Dazu fehlte ihm das Geld. Was am nächsten lag und was wohl ursprünglich seine Absicht war, in das Stift Klosterbruck einzutreten, das wollte er nicht. Mit Recht hat schon sein Biograph Johannes Hofer 1922 vermutet, dass er während der Gymnasialstudien Einblick in das wenig klösterliche Leben der Stiftsherren bekommen hatte. Zu seinen jungen Freunden in Wien hat er später offen vom Niedergang der Klöster gesprochen, besonders von einem Kloster, das er sehr gut gekannt habe. Die Mönche in diesem Kloster hätten ausgelassen gelebt, gegessen, getrunken und gespielt.

Doch was immer der Grund gewesen sein mag, sicher ist, dass für Hofbauer zunächst das Ziel, das Priestertum, wieder in weite Ferne rückte. Für die folgenden Jahre wurde er Pilger und Eremit.

Glückselig, wenn ich sterben könnt'
aus reiner Lieb' zu Gott!

Über die religiöse Entwicklung des jungen Johannes Hofbauer ist wenig überliefert. Das Wenige, das wir wissen, legt jedoch nahe, dass er im barocken Volkskatholizismus aufwuchs, der ihm von seiner frommen Mutter vermittelt wurde. Dass er zur Belohnung am Freitag und Samstag fasten durfte, war kaum im Sinne der josephinischen Reformen. Seine Tätigkeit als Eremit erst recht nicht. Dennoch fehlen direkte Quellen, die darüber hinaus Aufschluss über seine Religiosität in Jugendjahren geben.

Barocke Frömmigkeit

Doch es gibt indirekte Quellen. Auch wenn man sich hüten sollte, Hofbauers spätere Frömmigkeit allein auf den Barockkatholizismus festzulegen, so zeigen doch die Formen, in denen seine Religiosität zum Ausdruck kam, dass er von diesem Katholizismus von Jugend an geprägt worden war. So wenn er bis in seine späten Lebensjahre Heiligenbilder austeilte und Rosenkränze segnete oder wenn er seiner Freude über den Zulauf des Volkes an Wallfahrtsorten, besonders an Marienwallfahrtsorten, Ausdruck gab. Es ist eine Frömmigkeit, in der der himmlische Hofstaat, die Heiligen, angeführt von der Jungfrau Maria – Abbild des Hofstaats absoluter Fürsten – eine wichtige Rolle spielen.

Bereits Hofbauers erster Biograph Friedrich Poesl betonte 1842 einen hervorstechenden Zug dieser Frömmigkeit: die Verehrung eines typischen Barockheiligen, des heiligen Josef. „Zum heiligen Josef", schreibt P. Poesl, „hatte er eine besondere Andacht. Nach dem Beispiele der heiligen Theresia von Avila empfahl er, ihn bei jedem Unternehmen besonders anzurufen". Er selbst hat dies nicht nur getan, er zeigte auch seine Verehrung des Heiligen dadurch, dass er in Warschau eine Schwesterngemeinschaft ins Leben rufen wollte, die sich Josefsschwestern nennen sollten. In Warschau spielte in den religiösen Feiern, die die Redemptoristen in ihrer Kirche St. Benno abhielten, nach der Gottesmutter ihr Bräutigam Josef eine Hauptrolle, gefolgt von dem „böhmischen Heiligen" Johannes

Nepomuk, dessen Verehrung zweifellos auf Hofbauer zurückging.

Andere Heilige, die Hofbauer verehrte, waren die Eltern Mariens, Joachim und Anna, ferner Judas Thaddäus, Jakob der Ältere, dessen Statue sich bei den Ursulinen in Wien befand, Aloisius Gonzaga und Stanisław Kostka – alles Heilige, die damals im Volk hoch im Kurs standen. Etwas aus dem Rahmen fällt jedoch Hofbaues Verehrung für den heiligen Athanasius, in dem er offensichtlich einen unerschrockenen Kämpfer für die Wahrheit sah, sowie für Katharina von Siena, eine Frau, die auch dem Papst unerschrocken die Wahrheit sagte.

Gottes Lob mit Leib und Seele

Auch die religiösen Lieder, die Hofbauer selber sang oder anderen beibrachte, sind typische Lieder des Barock, allen voran sein Lieblingslied „Alles meinem Gott zu Ehren“, in dessen ursprünglichem, bis in die Mitte des 20. Jahrhunderts gesungenem Text der ganze himmlische Hofstaat Lob und Ehre erfährt. Dass gleiche gilt von den Marienliedern, die Hofbauer zu singen pflegte. Die Emotionalität barocker Frömmigkeit, unberührt von aufgeklärtem Puritanismus, klingt schließlich aus einem Lied, welches Hofbauer zu singen anfing, wenn er in Weinried bei Babenhausen im Beichtstuhl saß und gerade niemand zum Beichten da war:

Glückselig, wenn ich sterben könnt'
aus reiner Lieb' zu Gott!
Ach wär' mir doch das Glück vergönnt
der eitlen Lieb zum Spott,
Dann sollt' dies meine Grabschrift sein:
Hier liegt der, den die Liebespein
Zu einer Leich gemacht,
Er ist vor Lieb verschmacht.
(*Spicilegium Historicum CSSR* 39, 1991, 97).

Schließlich sei an das deutsche Liederbuch erinnert, das die Redemptoristen in Warschau, aber auch anderswo, benützten. Die dort gesammelten Lieder wurden im Barock in Wien gesungen.

Sie stammten fast alle aus dem damaligen – von Kaiser Joseph II. eingeführten – „Wiener Gesangbuch", und manche finden sich heute noch im Wiener Diözesanteil des Gesangbuchs der deutschsprachigen Diözesen. Neben den Liedern zu Ehren Jesu Christi, darunter zahlreichen Gesängen, die das Leiden des Herrn betrachten, und einem Lobpreis auf das „Heiligste Herz Jesu" enthält das Liederbuch zahlreiche Gesänge, die die Gottesmutter preisen und ihre Freuden, aber auch ihre Leiden besingen.

Doch es waren nicht nur die Gesänge, die Hofbauers Nähe zum barocken Lebensgefühl zum Ausdruck bringen. Was auffällt, ist sein Bemühen, den Gottesdienst zu einem Fest für alle Sinne zu machen. Dazu gehörten Orchestermusik und Kirchenchor, Blumenschmuck und Kerzen. Das Volk werde nicht nur durch das Wort angesprochen, sagte er in Warschau, zum Hören müsse das Sehen kommen.

Und das Volk strömte herbei, um ein beeindruckendes religiöses Schauspiel zu erleben. Etwa an Fronleichnam. In der Kirche und auf dem Platz davor brannten Hunderte von Kerzen. Überall bunte Blumenpracht. Zwölf Ministranten trugen die Weihrauchfässer. Kinder in goldbestickten weißen Kleidern streuten Blüten vor dem Heiligen Sakrament.

Das war alles andere als die nüchterne Aufklärung, wie sie Joseph II. propagierte. Aber es bewirkte, dass die deutsche Kirche St. Benno die Gottesdienstbesucher nicht fassen konnte, und es waren nicht nur die Deutschen, die kamen, sondern auch die Polen. Unter den Deutschen aber waren viele Protestanten.

Dass Hofbauer persönlich hinter all dem stand und dass er überall, wo er hinkam den Gottesdienst zum Fest machen wollte, verrät ein Bericht über seinen Besuch in einem Wirtshaus in Triberg im Schwarzwald, als die Redemptoristen 1805 dabei waren, die dortige Wallfahrtskirche zu übernehmen, jedoch noch auf die bischöfliche Bestätigung warten mussten. Ein aufgeklärter Nachbarpfarrer schrieb empört ans Ordinariat:

„Der so hoch gepriesene Vater Hofbauer hat bei seiner letzten Abreise von Triberg im öffentlichen Wirtshause wiederholt gesagt: Prachtvolle Gottesdienste, prachtvolle Gottesdienste wollen wir halten, wenn wir hier bestätigt werden, so prachtvolle Gottesdienste, dass sich jedermann darüber verwundern wird!!!" (*Monumenta Hofbaueriana* IV, 105).

Kehren wir zum Musikliebhaber Hofbauer zurück. Er hat seine barocke österreichische Frömmigkeit zusammen mit seiner Musikliebe für die Seelsorge fruchtbar gemacht. In Warschau tat er alles, um den Gottesdienst festlich zu gestalten, und wie noch heute in Wien selbst die kleinsten Pfarreien zu Orchestermessen einladen, so war dies auch für Hofbauer selbstverständlich. Die Redemptoristen-Kirche St. Benno in Warschau besaß einen eigenen Kirchenchor und ein Orchester, die der Redemptorist Carl Jestershein leitete. An den Hochfesten umfassten Orchester und Chor, verstärkt durch berühmte Musiker der Stadt, bis zu 50 Personen. Und alle spielten, ohne ein Honorar zu bekommen. Dass sie an den Sonntagen im Kloster ein Frühstück erhielten, war ihnen Lohn genug.

Hofbauer ließ es sich nicht nehmen, sich persönlich um Partituren und Instrumente zu kümmern. Aufgeführt wurden bei den Messen, Vespern und Andachten Werke von Karl Philipp Emanuel Bach, Ludwig van Beethoven, Joseph Haydn, Georg Friedrich Händel, Wolfgang Amadeus Mozart und Joseph Weigl. Der polnische Komponist Joseph Elsner, der Lehrer von Frédérik Chopin, widmete den Warschauer Redemptoristen und ihrem Chorleiter Jestershein eigene Kompositionen. Ungewöhnlich war, dass auch Konzerte mit nichtreligiöser Musik stattfanden. Gespielt wurden Ouvertüren, Sinfonien, Märsche, Lieder …

Doch all dies war nur eine Seite der Musikliebe Hofbauers. Er hatte in seiner Kirche eine „immerwährende Mission“ eingerichtet, täglich fanden Predigten auf Deutsch und Polnisch statt, täglich wurden mehrere Heilige Messen gefeiert. Aber nur die „Dienstbotenmesse“ um fünf Uhr morgens war eine stille Messe. Bei allen anderen Gottesdiensten wurden religiöse Lieder aus Hofbauers Liederbuch gesungen.

Kritik von Seiten der staatlichen oder kirchlichen Behörden kam nicht, wohl aber vom Generaloberen im fernen Königreich Neapel. Dort hatten sich einige junge Warschauer Mitbrüder beschwert, ihr Oberer vernachlässige in seinem Seelsorgseifer die Sammlung und Innerlichkeit. Bezeichnender Weise waren es Franzosen, die Hofbauer allesamt ein wenig vom Jansenismus infiziert betrachtete. Der Generalobere ergriff ihre Partei und ersuchte Hofbauer, die Gesänge bleiben zu lassen.

Der antwortete in aller Schärfe: Anders als in den westlichen und südlichen Ländern gehöre der Gesang untrennbar zu den „Völkern des Nordens". Seit alters würden nationale Heldengesänge und auch die christliche Glaubenslehre in Versen und Rhythmen weiter tradiert. Der Volksgesang bei der Messe gründe auf der Freude am Singen. Die Gesänge der Gläubigen, die das heilige Opfer mit den in ihre Muttersprache übersetzten liturgischen Texten begleiten, erfreuten nicht nur das Ohr, sondern bewegten das Herz zu Gott. Das gleiche gelte von den Musikinstrumenten. Mit Italien, wo die Gottesdienstbesucher sich während der Messe wie in einem Konzertsaal benehmen und die Musiker beklatschen oder auszischen, könne man all das nicht vergleichen. Auf keinen Fall dürfe der Kirchengesang in den nördlichen Ländern beschränkt werden.

Vetter Jahn

Hofbauer wurde von klein auf durch den von den Habsburgern geförderten österreichischen Barockkatholizismus geprägt. Doch auch der aufgeklärte josephinische Katholizismus war ihm nicht völlig fremd. Er lernte ihn schon in früher Jugend kennen, vielleicht schon bei seinem Heimatpfarrer, vor allem aber in seiner nächsten Verwandtschaft. Hofbauer hatte nämlich einen berühmten Vetter, der sich später als Orientalist einen Namen machte. Er gilt heute als einer der führenden katholischen Exegeten seiner Zeit. Hofbauers Biographen jedoch haben ihn bis in die jüngste Zeit mit scheelem Auge betrachtet und meist nicht viel Gutes an ihm gelassen.

Eine steile Laufbahn

Die Rede ist von Johann Martin Jahn, der am 18. Juni 1750 in Tasswitz geboren wurde. Seine Mutter und Hofbauers Mutter waren Schwestern. Sein Vater Michael Jahn, ein wohlhabender Bauer, war Hofbauers Taufpate. Auch wenn es darüber keine schriftlichen Aufzeichnungen gibt, so geht man kaum fehl in der Annahme, dass die Vettern von frühester Kindheit an in enger Beziehung standen.

Gemeinsam drückten sie die Schulbank in der Dorfschule, und da beide schon sehr früh den Wunsch verspürten, Priester zu werden, gab ihnen der Dorfpfarrer, ein Prämonstratenser aus dem nahen Stift Klosterbruck, einen vorbereitenden Lateinunterricht. Doch dann trennten sich ihre Wege. Johann Jahn besuchte das Stiftsgymnasium Klosterbruck. Johann Hofbauer wäre ihm gerne gefolgt, aber der Tod seines Vaters im Jahre 1758 hatte dies unmöglich gemacht.

Vetter Jahn rückte indessen dem Priestertum immer näher. Nach Abschluss seiner Gymnasialstudien und einem Philosophiestudium in Olmütz trat er 1772 als Novize in das Stift Klosterbruck ein. Mit Eifer widmete sich der hochbegabte Student dem Theologiestudium. Sein Fachgebiet waren die „orientalischen Sprachen". Am 9. Juli 1775 feierte er in seiner Heimat Tasswitz seine erste Heilige Messe. Der Bäckergeselle Hofbauer dürfte unter den geladenen Gästen gewesen sein.

Im Stift Klosterbruck wurde Jahn zunächst „Professor" am Stiftsgymnasium und war schon bald stellvertretender Direktor des Gymnasiums. Jetzt führte seine Karriereleiter steil nach oben. 1782 erwarb er in Olmütz das Doktordiplom. Doch der Druck der Arbeit wurde von streng kirchlichen Kreisen verhindert. In seiner Dissertation hatte er sich für staatskirchliche und „jansenistische" Vorstellungen ausgesprochen.

Zwei Jahre später, am 29. Juli 1784, wurde das Stift Klosterbruck, eines der reichsten österreichischen Klöster, im Zuge der Reformen Kaiser Josephs II. aufgehoben. Das Klostervermögen in Höhe von 1.400.065 Gulden wurde eingezogen. Johann Jahn, obwohl selbst Mitglied des Stifts, hatte die Aufhebung wie diejenige anderer Klöster begrüßt. In einem Brief an den bekannten holländischen jansenistischen Theologen und Organisator kirchlicher Reformpläne in Österreich, Graf Gabriel Dupac de Bellegarde, schrieb er damals, er würde sicher auch für die Aufhebung stimmen, wenn er die beklagenswerten Zustände in den österreichischen Stiften mit ihren unfähigen Vorstehern kennen würde. Und tatsächlich war es kein Geheimnis, dass damals in vielen reichen Stiften nicht gerade ein klösterliches

Leben zu Hause war. Von Trunksucht, ständigem Kartenspiel und dergleichen ist die Rede. Allgemein wurde über die Laster der „Möncherei“ geklagt.

Ein umstrittener Gelehrter

Nach der Klosteraufhebung bewarb sich Jahn in Olmütz um einen Lehrstuhl in Moraltheologie. Doch die kirchenkritischen Ansichten, die er in seiner Dissertation geäußert hatte, waren nicht vergessen. Sein Gesuch wurde abgewiesen.

Nachdem er zunächst ohne Beschäftigung geblieben war, wurde Jahn 1787 Professor für Exegese des Alten Testamentes in Olmütz. 1789 wurde er als Professor für Biblische Hermeneutik, biblische Archäologie und orientalische Sprachen nach Wien berufen, eine Stelle, die er bis 1806 innehatte. Während dieser Zeit entfaltete er eine rege wissenschaftliche und schriftstellerische Tätigkeit. Zahlreiche mehrbändige Werke in deutscher und lateinischer Sprache, die zum Teil bis ins 20. Jahrhundert hinein als Lehrbücher verwendet wurden, legen davon Zeugnis ab.

So sehr er unter Gelehrten über Österreich hinaus Beachtung fand, so sehr wuchs die Kritik an seinen Ansichten in manchen kirchlichen Kreisen. Ja, man nannte ihn einen „Ketzer und Jugendverführer“. Richtig an all dem ist, dass sich Jahn in seinen Veröffentlichungen nicht von Zensur und Selbstzensur leiten ließ, sondern sich zuerst der Wissenschaft verpflichtet wusste. Insofern muss er als „kirchlicher Aufklärer“ gelten. Dass er sich ausdrücklich zu dem nordböhmischen Aufklärer Karl Heinrich Seibt bekannte, zeigt deutlich seine Gesinnung.

Dabei hatte er jedoch immer auch die traditionelle kirchliche Lehre im Auge. Zu einer Zeit, wo protestantische Exegeten wie Gottfried Eichhorn und Johann Philipp Gabler bereits zwischen theologischen Aussagen und deren Darstellung in Mythen und Bildern, etwa im Schöpfungsbericht, unterschieden, übernahm er nicht unbesehen deren Ansichten, vielmehr ging es ihm stets darum, die überkommene Lehre und die neuen wissenschaftlichen Erkenntnisse mit einander in Einklang zu bringen. Wenn er freilich auf Grund seiner wissenschaftlichen Forschungen zu dem Ergebnis kam, dass die traditionelle Auffassung falsch sei, so stand er auch dazu. So bestritt er die Historizität der Bücher

Hiob, Jonas, Judith und Tobias. Es handle sich bei ihnen nicht um historische Berichte, sondern um „Lehrgedichte".

Vor allem diese Behauptung war es, welche die kirchliche Zensur auf den Plan rief. Jahn wurde vor eine Untersuchungskommission gerufen, die ihn zu einer Revision seiner Auffassungen verpflichtete. Er suchte dieser Anordnung nachzukommen, so gut es ging. Mehr noch, er hielt sich nun in seinen Veröffentlichungen auffallend zurück. Doch das reichte seinen Anklägern nicht. Immerhin fanden sie eine elegante Lösung, um den kritischen Theologen zum Schweigen zu bringen. Er wurde 1806 zum Kanoniker bei St. Stephan ernannt. Durch die neue Aufgabe war er gezwungen, seine Professur niederzulegen. Jahn lebte in Wien bis zu seinem Tod im Jahre 1816. Vier seiner Werke wurden auf den Index der verbotenen Bücher gesetzt.

„Das ist nicht mehr katholisch"

Doch kommen wir auf Hofbauer zurück. Denn so verschieden die Lebenswege der beiden Vettern verliefen, es fehlte nicht an Berührungspunkten. Entscheidend wurde vor allem, dass Jahn, nachdem er 1772 Novize in Klosterbruck geworden war, beim Probst des Klosters erreichte, dass sein 21 Jahre alter Vetter Hofbauer, der als Bäckergeselle im Kloster Dienst tat, diese Aufgabe mit der eines Schülers am Klostergymnasium vertauschen durfte. Freilich nicht umsonst. Denn Hofbauer musste als Gegenleistung in seiner freien Zeit als Hausdiener arbeiten.

Spätestens seit 1776 gehörte Jahn zu Hofbauers Lehrern am Gymnasium in Klosterbruck. Und hier mag es gewesen sein, dass der junge Hofbauer jenen bekannten Satz aussprach, der in keiner Biographie fehlen durfte, aber von den Biographen in die Zeit verlegt wurde, da er in Wien an der Universität studierte. Hofbauer habe die Vorlesung eines Professors gestört mit den Worten: „Herr Professor, was Sie da sagen, ist nicht mehr katholisch!" Nun gibt es jedoch glaubhafte Hinweise, dass diese Äußerung nicht an der Universität fiel, sondern am Gymnasium in Klosterbruck, und dass der Professor kein anderer war als der „Gymnasialprofessor" Jahn. Ein schriftliches Zeugnis hierüber stammt von einem Mann, der sowohl Jahn wie auch Hofbauer persönlich gut kannte, von dem Wiener Burgkaplan und späteren Redemptoristen Joseph Reymann (handschriftlicher Eintrag Reymanns zu Poesl, 76; Exemplar im Archiv der Redemptoristen in Wien).

Zu all dem passt recht gut der Bericht, dass Hofbauer während seiner Gymnasialzeit seinen Vetter ermahnt habe, nicht nur zu studieren, sondern auch zu beten. Und dazu passt auch die Erzählung, Hofbauer und der „Professor" hätten sich, als sie beide alt waren, in Wien getroffen. Der alte Professor habe zu Hofbauer gesagt: „Du hast damals Recht gehabt". Wir kennen inzwischen die Namen der Theologieprofessoren Hofbauers. Keiner von diesen lebte in Hofbauers Wiener Jahren noch in Wien. Wohl aber Johann Martin Jahn. So haben also die beiden Vettern in alten Tagen wieder zusammen gefunden.

Zwei Sätze Hofbauers kommen einem bei all dem in den Sinn, die sein erster Biograph Poesl überliefert hat. Der eine lautet: „Man muss demütig sein. Sonst kommt einem das Wort Gottes wie eine Fabel vor!" Vielleicht eine Anspielung auf jene Theologen, die weiter gingen als Jahn und nicht nur um die Einkleidung des Gotteswortes in Mythen und Sagen wussten, sondern das Wort Gottes selbst über Bord warfen. Und da ist ein zweiter Satz, den Hofbauer zu einem Studenten sagte, der allzu viel grübelte: „Beten Sie! Das Licht muss von innen kommen". Licht und Erleuchtung hatte die Aufklärung versprochen. Hofbauer hat dies nicht einfach als verkehrt abgetan. Aber er hat darum gewusst, dass heller als das Licht des Verstandes das Licht des Glaubens leuchtet.

Pilger und Einsiedler

Bis heute sind sich die Biographen Hofbauers nicht einig darüber, wie oft Hofbauer in den Jahren nach dem Abschluss seiner Gymnasialstudien nach Rom pilgerte und was es mit seinem zurückgezogenen Leben als Einsiedler in Rom und in Quintiliolo bei Tivoli auf sich hatte. Versuchen wir dennoch, den Darstellungen von Eduard Hosp, Fabriciano Ferrero und Josef Heinzmann folgend, Ordnung in die scheinbar sich widersprechenden Angaben der Quellen zu bringen.

Einsiedler in Quintiliolo und Mühlfraun

Sicher dürfte sein, dass Hofbauer sich sofort nach dem Abschluss seiner Gymnasialstudien 1777 auf den Weg nach Rom machte. Über das, was dann geschah und darüber, ob er allein oder in Begleitung war, herrscht bei den Biographen keine Übereinstimmung. Wahrscheinlich ist, dass er in Rom Kontakt zu einem Eremiteninstitut aufnahm und anschließend in der Nähe Roms – vielleicht bereits in Quintiliolo – eine Art Noviziat machte, das er 1778 mit Ablegung der Ordensgelübde abschloss. Dabei nahm er den Namen „Clemens“ an. Anschließend kehrte er im Eremitenhabit in seine Heimat zurück.

Zurückgekehrt baute er sich mit Hilfe seines Bruders Hermann auf einem Grundstück, das ihm und seiner Schwester Barbara gehörte, im Walde bei Mühlfraun, zwischen Tasswitz und Znaim, eine Einsiedelei. Mühlfraun, am Ufer der Thaya gelegen, war ein Wallfahrtsort zum gegeißelten Heiland. Die barocke Wallfahrtskirche war erst 1776 neu errichtet und vom Propst Gregor Lambek von Klosterbruck eingeweiht worden. Das Leben, das Hofbauer hier führte, hatte denn auch viel mit barocker Frömmigkeit zu tun. So wird berichtet, dass der Einsiedler Hofbauer – wie dies auch andere Eremiten taten – ein schweres Kreuz auf seinen Schultern schleppte. Dass er dabei nicht stehen blieb, sondern auch aktiv als Laienseelsorger wirken wollte, beweist die Tatsache, dass er Ende 1779 Mühlfraun verließ, um in Wien einen katechetischen Kurs zu besuchen.

Erneuter Eintritt ins „Institut der Eremiten“?

Über die folgenden Lebensjahre stimmen Hofbauers Biographen in der Feststellung überein, dass er 1780 das Philosophiestudium an der Universität Wien beginnen konnte. Den Ereignissen, die dies ermöglichten und all dem, was nachfolgte, sei ein eigener Abschnitt gewidmet. Merkwürdig ist nun allerdings, dass eine Reihe von Zeugen beim Seligsprechungsprozess mit Berufung auf Hofbauer aussagten, der Bischof von Tivoli, Barnaba Chiaramonte, der spätere Papst Pius VII. (1800–1823), habe ihn – und auch Peter Kunzmann, der ihn begleitete – in das Institut der Eremiten aufgenommen. Sie seien Einsiedler in Quintiliolo bei

Tivoli geworden. Hofbauer sei jedoch bald nach Wien zurückgekehrt, während Kunzmann in Quintiliolo blieb. Das alles kann frühestens 1783 gewesen sein, denn Chiaramonte wurde erst Ende 1782 Bischof.

Es würde bedeuten: Der Student Hofbauer reiste inmitten seiner Studien (wie viele andere Studenten während der Ferien, die von Ende August bis Anfang November dauerten) wieder einmal nach Italien und trat erneut in ein Eremiteninstitut ein. Man fragt sich, warum er dies tat? Die Erklärung könnte darin liegen, dass 1782 das „Institut der Eremiten" in Österreich von Joseph II. aufgehoben worden war. Hofbauer wollte jedoch Eremit bleiben und schloss sich deswegen an eine in Italien noch bestehende Eremitenvereinigung an.

Das Noviziat seines Lebens

Wie immer dem war – wann, wo und wie lange Hofbauer als Eremit lebte – entscheidend ist die Tatsache, dass er mehrere Jahre als Einsiedler verbrachte. Die Biographen Hofbauers, insbesondere Josef Heinzmann, haben mit Recht herausgestellt, dass diese Jahre für ihn „das Noviziat seines Lebens" darstellten. Zweifellos sind in diesen „Brachjahren" in ihm religiöse Grundhaltungen gereift, die ihn durch sein ganzes Leben begleiteten.

Vor allem eines dürfte in diesen Jahren gewachsen sein: Hofbauer, ein von Natur aus eher extravertierter, ganz dem praktischen Leben zugewandter „politischer Mensch", lernte in dieser Zeit die Stille und das Gebet schätzen. Bei all seiner Aktivität, die sein späteres Leben auszeichnete, fand er für das Gebet immer Zeit. Seine Predigten, so heißt es, habe er niemals schriftlich fixiert, aber er habe sie eine Woche lang durchmeditiert und durchgebetet. Wenn er später in Wien auf dem Weg zu einem Kranken war, betete er den Rosenkranz und nahm den Kranken, den er besuchen wollte, in das Gebet hinein.

Noch zu Lebzeiten Hofbauers hat Johann Emanuel Veith in einer Erzählung in der Zeitschrift „Oelzweige" darauf Bezug genommen. Er erzählt von einem am Leben verzweifelnden, an seiner Schuld schwer tragenden armen Sünder, der plötzlich „einen alten Ordensgeistlichen auf dem Fußsteige neben der Straße einherwandern“ sieht. Deutlich erkennt man den Rosenkranz betenden Hofbauer.

„Der ging so flink daher
Und betet einen Psalter“.

Da denkt sich der arme Sünder:

„Du frommer froher Alter
Du trägst gewiß nicht schwer!“

Die Erzählung fährt fort: „Der Priester grüßte den Trübseligen so leutselig und so holdselig, dass sein freundlicher Blick ihm in die Seele drang, wie der Abendsonnenschein durch die Gewitterwolken“. Und es gelang ihm, dem Verzweifelnden wieder Mut zu geben (J. E. Veith, *Der Stein vom Herzen. Eine Erzählung,* in: *Oelzweige* 1, 1819, 157–164).

Studium an der Wiener Universität

Hofbauer kam schließlich doch zum Studium der Theologie und das kam so: Er war, wie wir sahen, nach Wien gekommen, um einen katechetischen Kurs zu besuchen. Seinen Lebensunterhalt verdiente er als Bäckergeselle bei dem Bäckermeister Weyrig, der den tüchtigen Gesellen so sehr schätzte, dass er ihm seine Tochter zur Frau geben und ihm die Bäckerei vererben wollte. Hofbauer freilich träumte noch immer vom Priestertum. Fast täglich übernahm er Ministrantendienste, meist in der Kirche St. Salvator, die heute den Altkatholiken gehört, oder auch im Stephansdom.

Drei Wohltäterinnen und zwei Freunde

Eines Tages nun – es regnete in Strömen – trat Hofbauer nach dem Gottesdienst aus dem Dom, als er dort drei Damen stehen sah, die offensichtlich der Regen am Weitergehen hinderte. Er bot sich an, ihnen ein Fuhrwerk zu besorgen, es stellte sich heraus, dass sie den gleichen Weg hatten, sie baten ihn einzusteigen. Man kam ins

Gespräch, Hofbauer offenbarte seinen Wunsch, Priester zu werden, und die drei Damen – es waren die Geschwister von Maul – erklärten sich bereit, für seine Studienkosten aufzukommen.

Aus Hofbauers Studienzeit ist wenig bekannt. Sicher ist, dass zwei Freundschaften fürs Leben entstanden. Offenbar reichte das Geld, das er von seinen Wohltäterinnen erhielt, nicht aus. Und wie auch heute noch Studenten eifrig die Zettel auf den Anschlagtafeln in der Uni studieren, auf denen alle möglichen Tätigkeiten angeboten werden, so war es damals schon. Abschreibe-Arbeiten waren es vor allem. Auch ein gewisser Freiherr von Penkler suchte auf einer Anschlagtafel beim Dom einen Abschreiber. Der Student Hofbauer ging zu ihm, und er fand nicht nur Arbeit, sondern auch einen Mann, der für sein Leben von großer Bedeutung wurde, vor allem durch die Rolle, die er im damaligen Wiener Katholizismus spielte. Und als Zugabe fand er einen um zehn Jahre jüngeren Freund, der wie er als Schreiber zu Penkler gekommen war: Taddäus Hübl aus Böhmen. Wir werden beiden noch öfter begegnen. Jetzt aber wenden wir uns den Vorlesungen zu, die Hofbauer hörte.

Er hat Tag und Nacht gelernt

Wenn Hofbauer später sagte: „Ich habe nichts gelernt", so war das nur die halbe Wahrheit. Von den in Österreich vorgeschriebenen theologischen Jahren hat er in der Tat nur einen Bruchteil absolviert. Ihm ging es bei seinem fortgeschrittenen Alter darum, möglichst bald in der Seelsorge arbeiten zu können. Eine wissenschaftliche Laufbahn wie sein Vetter Jahn hat er nie angestrebt.

Hofbauer hat das Studium dennoch ernst genommen. Wie sehr, das hat er später so beschrieben:

„Ich musste alle Augenblicke für die Studien verwenden. Sogar die Nächte opferte ich für diese Zwecke auf. Wollte mich der Schlaf überfallen, so nahm ich das Licht in die eine Hand, in die andere das Buch, und ging im Zimmer auf und ab, um den Schlaf zu überwinden und so Zeit zu gewinnen" (*Monumenta Hofbaueriana* XI, 54).

Zunächst musste er die vorgeschriebenen Vorlesungen in Philosophie hören. Diese dauerten gewöhnlich drei Jahre, konnten aber bei den Theologen auf zwei Jahre beschränkt werden. Der damalige Philosophie-Unterricht hatte jedoch mit Philosophie im eigentlichen Sinn nur wenig zu tun. Er diente der Vorbereitung auf alle Fakultäten und entsprach in etwa den heutigen letzten Klassen des Gymnasiums. Dementsprechend waren die „Philosophiestudenten" meist 14 bis 17 Jahre alt und häufig an allem interessiert, nur nicht an den Vorlesungen. Lehrstoff war Mathematik, Experimentalphysik, Hydromechanik und Architektur, Dinge, mit denen Hofbauer später wenig zu tun hatte.

Geht man davon aus, dass Hofbauer im November 1780 mit dem Philosophiestudium anfing, kann man den Beginn seines Theologiestudiums auf den November 1782 ansetzen. Es sei denn, dass sein Philosophiestudium auf ein einziges Jahr beschränkt war. Leider wissen wir nicht genau, welche Professoren er gehört hat. Während in den philosophischen Kursen noch immer ehemalige Jesuiten unterrichteten, waren diese in der Theologie nach 1773 meist durch Jansenisten ersetzt worden, und gerade, während Hofbauer in Wien studierte, erreichte der Einfluss des antijesuitischen und antikasuistischen Jansenismus an der Universität seinen Höhepunkt.

Jansenistische und sonstige Professoren

Zu den bekanntesten unter den „jansenistischen" Professoren gehörte der äußerst kritische Kirchenhistoriker Ferdinand Stöger, ferner der bekannte Moraltheologe Wenzel Schanza, der allerdings erst im Frühjahr 1884 zu lesen begann, sowie der Pastoraltheologe Franz Giftschütz, der bis weit ins 19. Jahrhundert hinein in Österreich und darüber hinaus die erste Autorität in Fragen der Seelsorge darstellte. In seinem „Leitfaden der Pastoraltheologie" (Wien 1785) forderte Giftschütz vom Seelsorger ein hohes Maß an Bildung und Tugend, aber auch an Herzensgüte. Jansenistische Einflüsse zeigen sich in der Ablehnung der Kasuistik und einer gewissen Strenge im Bußsakrament (Verschiebung der Lossprechung). In der Frage der „öfteren Kommunion", die später für Hofbauer so wichtig wurde, rückte Giftschütz jedoch bereits vom strengen Jansenismus ab. Nicht zwar als Jansenist, jedoch als überzeugter Aufklärer dürfte der Exjesuit Joseph

Julian Monsperger anzusprechen sein, der seine Vorlesungen zur Einführung ins Alte Testament dazu benützte, seinen ehemaligen Orden lächerlich zu machen.

Wenn allerdings manche Biographen Hofbauers den Eindruck erwecken, dass während seiner Studien nur radikale Aufklärer oder Jansenisten an der Wiener Universität Theologie lehrten, so ist dies nicht richtig. Auch ihrer Tradition verpflichtete Dominikaner und Augustiner gehörten zu den Universitätslehrern, wenngleich auch sie nicht ohne gewisse Kontakte zu den Jansenisten waren und als gemäßigte Aufklärer gelten können. Allerdings dürfte Hofbauer den aus Bergamo stammenden bekannten Dogmatiker Pietro Maria Gazzaniga nicht mehr gehört haben, da er Wien 1782 verließ, wohl aber den ebenfalls Dogmatik lehrenden Augustinereremiten und späteren Bischof von Como und Pavia Giuseppe Bertieri.

Lieber der Dominikaner Koffler als der Benediktiner Rautenstrauch

Auch wenn Hofbauer später nie über einzelne seiner Professoren geklagt hat, so dürfte er doch kaum mit allem einverstanden gewesen sein, was sie dozierten. Ein Zeuge im Seligsprechungsprozess sagte, die Vorlesungen hätten „ihn angeekelt", weil sie „ganz unchristlich, unkatholisch, rationalistisch waren", eine Aussage, die wie viele Zeugnisse beim Seligsprechungsprozess mit Vorsicht aufzunehmen ist. Auf jeden Fall ist die hier zum Ausdruck kommende Verallgemeinerung falsch. Hofbauers Biograph Hosp, dem man gewiss nicht aufklärerische Tendenzen vorwerfen kann, betont, Hofbauer habe an der Universität eine gediegene theologische Ausbildung erfahren. Seine gute Kenntnis der Heiligen Schrift führt er auf seinen Lehrer Joseph Koffler zurück, bei dem er Exegese des Neuen Testamentes gehört habe. Koffler, der aus Wien stammte, war Prior des Wiener Dominikanerklosters und Professor für Biblische Hermeneutik.

Wenn Hofbauer nachgesagt wurde, er sei ein vorzüglicher Kenner der Kirchenväter gewesen, mögen diese Kenntnisse ebenfalls hier durch die Vorlesungen des Klosterneuburger Chorherrn Daniel Tobenz grundgelegt worden sein. An der Ordenslehranstalt in Warschau hat er später neben Universalgeschichte und Kirchengeschichte Dogmatik gelehrt, vielleicht gründend auf den Vorlesungen Bertieris.

Wenig entsprochen haben dürfte ihm jedoch der Fakultätsdirektor Franz Stephan Rautenstrauch. Der Benediktiner und Abt des böhmischen Klosters Břevnov-Braunau, der als der Erfinder des Fachs „Pastoraltheologie" gilt, ließ sich regelmäßig aus Utrecht jansenistische Literatur kommen und empfahl den Dogmatikern klassische jansenistische Werke. Den Thomismus, den die Dominikanertheologen an der Universität vertraten, nannte er „barbarisch".

Kaum in die Pläne Hofbauers passte die seit 1782 von Rautenstrauch in seiner Funktion als leitender Beamter der Studienhofkommission betriebene Neuordnung und Neuorientierung des Theologiestudiums, die sich in den kaiserlichen Dekreten des Jahres 1783 niederschlug. Darin wurde festgelegt, dass alle Priesteramtskandidaten staatliche Generalseminare besuchen müssten. Darüber hinaus war eine Verlängerung des Theologiestudiums auf sechs Jahre vorgesehen. Verständlich, dass der inzwischen 33 Jahre alte Hofbauer davon wenig begeistert war.

Er suchte eine andere Lösung. Wie wahrscheinlich schon in den Vorjahren pilgerte er im Herbst 1784 nach Abschluss des Studienjahres nach Rom, dieses Mal in Begleitung seines jungen Freundes Thaddäus Hübl.

Eintritt bei den Redemptoristen in Rom

Was dann folgte, wird nur verständlich, wenn man zurückblättert in das Jahr 1782. Es war das Jahr, in dem Papst Pius VI. – zu einer Zeit, da die Eingriffe Kaiser Josephs II. in kirchliche Angelegenheiten ihren Höhepunkt erreichten – höchstpersönlich nach Wien reiste, um sich mit dem Kaiser zu treffen. Es muss ein Ereignis gewesen sein, das die Menschen in der Kaiserstadt zutiefst bewegte. Bis heute hat es sich in das historische Gedächtnis mancher Wiener eingeschrieben, und so kann es geschehen, dass ein Fremder, der die Kirche von Maria Brunn vor den Toren Wiens besucht, gefragt wird, ob er denn nicht wisse, welche Bedeutung diese Kirche habe. Hier hätten sich einmal ein Papst und ein Kaiser getroffen.

Nikolaus Joseph Albert von Dießbach und die Redemptoristen

Auch für Hofbauer war das Jahr 1782 ein wichtiges Jahr und dies hatte mit dem Papstbesuch zu tun, wenn auch nur indirekt. Denn die Vorbereitungen für diesen Besuch führten einen Mann nach Wien, der für Hofbauers weiteren Lebensweg von entscheidender Bedeutung wurde: Nikolaus Joseph Albert von Dießbach. Wir werden an anderer Stelle ausführlich über ihn berichten. Hofbauer wurde Dießbach durch Baron von Penkler vorgestellt. Er war von ihm tief beeindruckt.

Dießbach war Exjesuit und wünschte nichts sehnlicher als die Wiedererrichtung des Jesuitenordens. Hofbauer erfuhr von ihm, dass er in Italien den Gründer eines jungen Ordens kennen gelernt hätte, der an die Stelle der aufgehobenen Jesuiten treten könnte. Der Mann war Alfonso de Liguori, seine Gründung war die Kongregation der Redemptoristen.

Hofbauer war von Dießbach begeistert wie von keinem Menschen sonst, dem er begegnet war. Neben ihm wollte er begraben sein. Später schrieb er über ihn: „Ich habe ihn äußerst gut gekannt und war mit ihm durch ein einzigartiges Freundschaftsband verbunden". Er nannte ihn einen „äußerst gelehrten und heiligen Mann" (*Monumenta Hofbaueriana* VIII, 124).

Zweifellos hat Dießbach dem Wiener Studenten von Alfons von Liguori und den Redemptoristen in Italien erzählt. Hofbauer schreibt später:

„Er kannte unseren ehrwürdigen Vater (Liguori) sehr gut und hat ihn wie kein anderer verehrt. Immer wieder hat er mir – allein wie in Gegenwart anderer – versichert, dass Gott nach der Unterdrückung der Gesellschaft Jesu Liguori erweckt habe, damit er wie eine Mauer den Feinden der Kirche zum Schutze der reinen Lehre und des Heiligen Stuhles Widerstand leiste" (*Monumenta Hofbaueriana,* VIII. 77).

Man kann sich vorstellen, dass Hofbauer seither den Orden kennen lernen wollte, der von Dießbach so sehr gelobt worden war. Sicher machte ihn dieser auch mit den Werken Liguoris bekannt, für deren Verbreitung er an allen Orten, wo er hinkam, warb. Einige von ihnen waren bereits ins Deutsche übersetzt, so die

„Besuchungen des Allerheiligsten Altarsakramentes", deren erste deutsche Auflage 1757 erschien, oder die „Erwägungen über das Leiden Jesu Christi", die 1776 bereits in der vierten Auflage erschienen waren.

Beim ersten Glockenklang

Kehren wir zur Romreise Hofbauers und Hübls im Herbst 1784 zurück. Die beiden Studenten waren Ende September in Rom angekommen. Eigentlich hätten sie ja ihr Quartier bei einer der vielen Organisationen nehmen müssen, die sich um die Pilger kümmerten, etwa bei der Erzbruderschaft der Deutschen und Flamen im „Camposanto". Sie aber ließen sich in der Nähe der Kirche Maria Maggiore nieder, wo weit und breit kein Pilgerhaus stand, möglicherweise bei den Marianerpatres, deren Generalprokurator aus Böhmen stammte. Santa Maria Maggiore lag damals am Stadtrand. Dahinter dehnten sich über den Esquilin hinweg weite Weingärten aus. Einzelne Kirchen standen dort, so gegenüber der heute noch bestehenden Kirche San Eusebio das kleine Kirchlein San Giuliano, das 1883 abgebrochen wurde, um der Piazza Vittorio Emanuele II. Platz zu machen. Bei der Kirche befand sich das römische Kloster der Redemptoristen.

Nun findet sich seit 1844 in den Biographien Hofbauers eine Erzählung des Wiener Uhrmachers Kaspar Kaufmann aus dem Jahre 1831, die dieser als Kind von Hofbauer erfahren haben will. Danach hätten Hofbauer und Hübl beschlossen, in die Kirche zu gehen, deren Glocken am frühesten läuten und so seien sie ganz zufällig auf die Kirche San Giuliano und das Kloster der ihnen bis dahin völlig unbekannten Redemptoristen gestoßen.

Doch wie immer das mit dem frühen Glockenläuten gewesen sein mag, völlig zufällig war der Weg der beiden zu den Redemptoristen nicht. Dagegen spricht der Umstand, dass sie sich in der Nähe des Klosters, fernab von den üblichen Pilgerhäusern, einquartiert hatten. Und so dürfte Hofbauer von Anfang an die Absicht gehabt haben, die Redemptoristen näher kennen zu lernen, wobei bereits der Gedanke an einen möglichen Eintritt mitgespielt haben mag.

Dies wird durch zwei von einander unabhängige Quellen bestätigt. So schreibt Antonio Tannoia, der erste Biograph Liguoris: „Diese beiden hatten sich, angeregt durch das Beispiel der Unsrigen zum Eintritt entschlossen, vor allem aber weil der Gründer der Kongregation Monsignor Liguori durch seine Heiligkeit und seine Lehre sich in Deutschland Ansehen erworben hatte". Und Zacharias Werner dichtete im Nachruf auf Hofbauer:

„Zu der Zeit als du nur Pilgram
Noch nicht Glied des Priesterthumes
Kamst nach Rom, war neu fundiret
Dorten des Erlöserbundes
Orden, den du solltest zieren!
‚Komm!' riefst du, ‚laß auf uns suchen
Dieses Bundes Haus!' – Dein stiller
Bruder kam. Des Hauses Stufen –
Jesus überschritt sie mit euch!
Drinnen standet ihr, und Kunde
Gab man euch der neuen Stiftung,
Die im Namen war verbunden
Des Erlösers Jesu Christi …"
(Zacharias Werner, in: *Oelzweige* 2, 1820, 273–292).

Die gut bezeugte Überraschung Hübls über den Entschluss Hofbauers zum sofortigen Eintritt steht dem nicht entgegen, da Hübl offensichtlich im Unterschied zu Hofbauer nicht gleich an einen Klostereintritt gedacht hatte und sich nun überrumpelt fühlte.

Zwei „Nordländer" werden Redemptoristen

Doch wie auch immer die beiden Rompilger in das kleine römische Redemptoristenkloster gefunden hatten, sie wurden dort freundlich aufgenommen und als sie schließlich – Hübl allerdings mit einem Tag Verzögerung – um Aufnahme in den Orden baten, bekamen sie sogleich die Zusage.

Das war nicht selbstverständlich. Das junge neapolitanische Gewächs der Redemptoristen, das damals – wir kommen darauf zurück –, in zwei Zweige, einen neapolitanischen und einen römischen gespalten war, war in seinen Anfängen ganz auf den Mezzogiorno, auf den Süden Italiens, ausgerichtet. So haben denn nicht wenige Patres in Neapel, den greisen Gründer Liguori ausgenommen, sich über die Aufnahme der beiden „Nordländer" durch die römischen Redemptoristen lustig gemacht.

Diese freilich hatten ihre Gründe. Die Aufnahme von Nichtitalienern steigerte das Ansehen des römischen Ordenszweiges. Auch die römische Kurie schätzte jene Gemeinschaften, die eine „auswärtige Mission" übernahmen. Die beiden „Deutschen" kamen da gerade recht. Bereits am 24. Oktober 1784 konnten sie ihr Noviziat beginnen. Es dauerte kaum fünf Monate. Später hat sich Hofbauer, wenn er an diese Zeit dachte, vor allem daran erinnert, dass er ständig unter Hunger litt. Einmal soll er sogar ohne Erlaubnis Trauben gegessen haben. Kein Verständnis hatte er dafür, dass seine jungen italienischen Mitnovizen nach einem Ausflug ihre verschwitzten Kleider wechselten. Da hätte er auf seinen langen Pilgerreisen viel zu tun gehabt, meinte er.

Am 19. März 1785 wurden die beiden „Deutschen" zu den Gelübden zugelassen. Bereits zehn Tage später sollen sie im Dom von Alatri zu Priestern geweiht worden sein. Viel Zeit zum Einleben in den Orden blieb nicht. Anfang Oktober 1785 machten sie sich auf den Weg nach Norden.

Wie mehrere Quellen bezeugen, wurde Hofbauer bereits vor seiner Abreise aus Rom vom Oberen des römischen Ordenszweiges P. de Paola zum Generalvikar für alle „transalpinen" Gebiete ernannt. Als solcher hatte er de facto die Vollmachten eines Generaloberen: Ihm, der selber erst eingetreten war, stand es zu, ohne vorhergehende Rücksprache mit der Ordensleitung in Rom Klöster zu gründen und Mitglieder in den Orden aufzunehmen. Und dies auf Lebenszeit.

III. Der Mensch und Priester Klemens Hofbauer

Profil eines Heiligen

Was fiel den Zeitgenossen und Biographen Hofbauers auf? Folgen wir ihren Schilderungen und versuchen, ausgehend von der Beschreibung seines Äußeren, fortschreitend zu der seines Charakters, uns seiner Persönlichkeit anzunähern. Da heißt es:

„Die äußere Erscheinung des Mannes hatte mit Ausnahme des stechenden Auges nichts Auffälliges. Schlicht und einfach, den dreieckichten Hut auf dem Kopfe, in einem groben schwarzen Rocke, den ein Gürtel zusammenhielt, mit kurzen Beinkleidern und groben wollenen Strümpfen, die er selber strickte, ging er einher" (Joseph Wolff, in: SENGELMANN, 7–10).

„Hofbauer war mittlerer Größe und von kräftigem Körperbau. Besonders ausgebildet waren seine Brust und Schultern. Der Hals war etwas kurz, der Kopf rund. Die Augen hatte er immer halb geschlossen … und wenn er sie öffnete, so war es, als ob ein Glanz, einem Blitze gleich, daraus hervorgehe … Im Sommer trug er einen Mantel von schwarzem Zeug mit steifem Kragen, um den Leib etwas umgeschlagen, um den Rosenkranz, den er in der Hand hielt und betete, nicht sehen zu lassen. Im Winter trug er einen Mantel von blauem Tuch" (Josepha Biringer, Aussage beim Seligsprechungsprozess 1873. *Monumenta Hofbaueriana* XI, 172).

„Seine unzarten Schuhe mit dicken Sohlen, seine etwas vorgebeugte Haltung, seine breitkrempiger abgetragener Filzhut, dazu seine immer freundlich herzlich wohlwollende Miene, sein argloses Lächeln, seine sanfte süße Stimme, hatten sicher nichts Ehrfurcht Gebietendes" (Franz Stoll, Aussage beim Seligsprechungsprozess 1864. *Monumenta Hofbaueriana* XII, 60).

„P. Hofbauer interessiert mich sehr. Er ist einer der gescheitesten Männer, die ich je gesehen, und dabei voll von hübschen Kenntnissen aller Art und schönen Gesinnungen. Ich möchte nur wissen, ob er nicht einer der neuen Jesuiten sei? Ein Jesuit im Geist ist er gewiss. Ich möch-

te nur halb so pfiffig sein wie er, so käme ich besser durch die Welt." (Johann Georg Müller an seinen Bruder Johannes von Müller, 16. Februar 1803, in: Eduard Haug, *Der Briefwechsel der Brüder J. Gg. Müller und Johann von Müller, Frauenfeld 1893,* 345).

„Nach Wien zurückgekehrt sammelte er, obwohl er ein Mann von geringer Bildung, aber von kräftigem Charakter war, und andere an sich zu fesseln wusste, mehrere junge Leute um sich, die er zu seinem Zwecke bearbeitete" (*Katholische Monatsschrift 2,* 1827, 115).

„Was aber dem liebevollen und scharf blickenden, ja wahrlich mit einem Seherblick begabten Manne an literarischer und moderner Bildung abging, das ersetzte er reichlich durch seine schlichte Herzlichkeit und durch die unmittelbare Geistesmacht, die er über sehr viele, sehr verschiedenartige, mitunter höchst ausgezeichnete Menschen übte ... Ohne Pathos, ohne Ostentation, ein Freund der Jugend, ein Kenner der Herzen, den Niemand zu täuschen vermochte, dem Frohsinn nichts weniger als abgeneigt, obwohl in stetiger Kontemplation lebend dabei doch so praktisch, dass er unter seinem alten Mantel täglich Töpfe mit Suppe und anderen Nahrungsmitteln zu entfernt wohnenden Kranken trug, bot er ein Gesamtbild dar, welches am meisten an den eigentümlichsten, humoristischen Heiligen der späteren Jahrhunderte, nämlich St. Philippus Neri, zu erinnern geeignet war" (Johann Emanuel Veith, in: Brunner 1858, 270 f., 275 f.).

„Da schritt er hindurch durch den erschauernden Kreis der Bereuenden und Spätbekehrten, der unerfüllten Dichter und Literaten, der reaktionären Publizisten, der jüdischen Konvertiten, der bezaubernd schönen und bezaubernd morbiden Frauen aus Österreichs müdem Adel – ein alter Kleriker, der sich bäuerisch einfach trug, auf schwerem untersetztem Körper und starkem Nacken ein dunkler Rundschädel, die dunklen Augen mönchisch gesenkt, segnend, zuweilen scherzend. Ein Menschenkenner von feinster Witterung für gebrochene und schwankende Seelen" (Karl Richard Ganzer, *Der Heilige Hofbauer. Träger der Gegenreformation im 19. Jahrhundert,* Hamburg 1939, 46 f.).

Ein „Kraftgenie"

So unterschiedlich diese Zeugnisse sein mögen, sie vermitteln einen anschaulichen Eindruck. Hofbauer war zweifellos ein Original, der schon allein wegen seiner ursprünglichen Natürlichkeit nicht nur auf einfache Menschen, sondern auch auf komplizierte Intellektuelle, auf Philosophen und Schriftsteller eine starke Anziehungskraft ausübte.

Eine starke Persönlichkeit …

Was aber war das Einmalige, das Besondere an diesem Priester mit dem kräftigen Körper, dem vollen, runden Gesicht, der sanften Stimme und den feinen, lebhaften Händen? Eines vor allem fiel denen auf, die ihm begegneten. Alle reden sie von seinem feurigen Blick, von den kleinen, halbgeschlossenen Augen, aus denen plötzlich Blitze schießen konnten. Sie glaubten, dass er ihnen in die Seele blicke.

Dieser Blick verriet eine starke Persönlichkeit. Und die hatte Hofbauer. Mit zäher Ausdauer gelang es ihm, allen Widerständen zum Trotz das durchzusetzen, was er sich vorgenommen hatte. Nicht zuletzt gilt dies für seine ständigen Bemühungen, die staatliche Genehmigung seines Ordens in den Ländern des Nordens zu erreichen. Vor allem in Österreich und in seiner Stadt Wien. Und es gelang ihm. Alle möglichen Klöster wurden aufgehoben. Die Redemptoristen jedoch wurden von Kaiser Franz I. eingeführt, wenige Wochen nach Hofbauers Tod. Man versteht, dass Zacharias Werner auf Hofbauer ein Wort anwandte, das in der Zeit der Romantik ein hohes Lob bedeutete. Für ihn war Hofbauer ein „Kraftgenie". Und er gab noch eins drauf, als er sagte, er habe nur drei wirklich große Persönlichkeiten gekannt: Goethe, Napoleon und Hofbauer.

… mit menschlichen Zügen

Dennoch, Hofbauer war kein Übermensch. Seine Freunde stimmen darüber überein: Er war ein Mann von großer Einfachheit, von äußerster Geradheit und Ehrlichkeit. Selbst die Wiener Polizei, die ihn ständig beobachtete und viel über seine ultramontane Wühlarbeit zu berichten wusste, kam zu dem Ergebnis: Hofbauer sei „ein gutmütiger religiöser Fanatiker, sehr de bonne foi, welcher, um der Sitten-Verderbnis abzuhelfen, den Glauben an die positive Religion, an die Offenbarung Jesu Christi herzustellen und wieder lebendig zu machen, zum großen Zweck hat".

Zu seinen Eigenschaften gehörte ferner eine gute Portion Humor, der manchmal an Sarkasmus grenzte. Freundlich sei er gewesen und fröhlich. Er verstand es, die Menschen spannend zu unterhalten, vor allem, wenn er von seinen vielen Reisen erzählte, was er gerne tat. Auch scheute er sich nicht, sich seiner Kontakte und Verbindungen zu rühmen. Fern war ihm jedoch jede Schmeichelei. Dem Abt Ignaz Speckle von Sankt Peter im Schwarzwald sagte er 1805 bei der ersten Begegnung, er sei der einzige Prälat, der gut auf ihn und die Redemptoristen zu sprechen sei. Manchmal freilich scheint seine Geschwätzigkeit zu weit gegangen zu sein. Friedrich Schlegel jedenfalls hat sich 1819 wegen seiner Redseligkeit von ihm zurückgezogen. Hofbauer hatte weiter erzählt, was ihm im Vertrauen berichtet worden war.

Noch eine Eigenschaft Hofbauers sticht hervor, die ihn sympathisch macht, da sie alles andere als Übermenschentum verrät. Hinter seinem bäuerlich derben Wesen verbarg sich eine tiefe Empfindsamkeit, sodass ihn seelische Erschütterungen Tage lang aufs Krankenbett werfen konnten.

Erschütternd sind seine Briefe, als er von dem plötzlichen Tod seines Freundes, des „liebsten Pater Hübl", erfuhr. Damals schrieb er:

„Der Todesfall meines ersten Gefährten nach Norden, P. Hübl, hat mich etwas aus der Fassung gebracht, darum schrieb ich nur selten. In der Zeit der Betrachtung vor den Füßen des Gekreuzigten scheint man zu allem entschlossen zu seyn, aber sobald als der Herr uns sein Kreuz auflegen will, so ist man ungeschickt, selbes zu tragen. Ein solcher alter Esel bin ich …" (*Monumenta Hofbaueriana* VI, 59).

Wie hielt er es mit dem Alkohol?

Und noch in einer anderen Hinsicht zeigt Hofbauer, dass er kein Übermensch war. Auf das damals weit verbreitete „Laster" des Schnupfens hat auch er nicht verzichtet. Und wie hielt er es mit dem Alkohol? Kornelius Fleischmann will in seiner Biographie wissen, Hofbauer habe nie in seinem Leben Alkohol getrunken. Das ist so nicht richtig. Wir wissen mit Sicherheit, dass er als guter Wiener in seinen letzten Lebensjahren fast täglich ein oder zwei

Gläschen Wein trank, weil dies seiner Gesundheit förderlich war. Und wie war es in den Jahren zuvor? Bis zu seinem vierzigsten Lebensjahr habe er nie Alkohol getrunken, sagte er selbst einem Mitbruder, und das, obwohl seine Familie einen Weinberg besaß. Später jedenfalls hat er sehr wohl das eine oder andere Gläschen nicht verschmäht, wie eine bis heute erhaltene Rechnung für die Zeit vom 1. bis 4. Oktober 1804 aus einem Gasthaus in Triberg im Schwarzwald über die „Zech für die Hochwürden H. Pater Hofbauer und Johannes (= Sabelli)" beweist. Danach haben die beiden regelmäßig zum Mittag- und Abendessen einen gehörigen Schluck Rot- und Weißwein getrunken und auch ein Gläschen Schwarzwälder Kirschwasser war ihnen willkommen (Dudel, *Klemens Hofbauer*, 94 f.).

Und auch einem anderen Brauch der Wiener seiner Zeit hat er gehuldigt. Nicht nur Mozarts Frau Constanze, auch Hofbauer begab sich nach Baden bei Wien, um sich im dortigen Bad auszukurieren.

Das ist leider mein Fehler

Noch eine Eigenschaft Hofbauers muss zur Sprache kommen, die ihn nicht gerade sympathisch macht und unter der er wohl selber am meisten zu leiden hatte. Diejenigen, die täglich mit ihm zusammen lebten, stimmen darüber überein: Hofbauer ließ sich nicht selten zu ungezügelten Wutausbrüchen hinreißen. Pater Joseph Srna, der als Klosterkandidat in Wien bei ihm wohnte, nannte ihn „von Natur aus lebhaft und reizbar". Zacharias Werner war der Ansicht, „dass Hofbauer zuweilen ein Wesen hat, das man in seinem herrlichen Grunde kennen muss, um nicht abgeschreckt zu werden". So verschiedene Menschen wie Joseph Wolff und Joseph Passerat wussten um seinen „heftigen Charakter".

Schlimmer noch war, dass sich mit dieser Eigenschaft bisweilen eine andere verband: Hofbauer konnte rechthaberisch und stur sein, auch als Oberer in Warschau. Darüber beklagten sich der feinfühlige Pater Passerat und seine französischen Mitbrüder bei der Ordensleitung: Hofbauer kenne nur eine Ordensregel, seinen eigenen Willen. „Alle müssen sich nach der Ansicht Hofbauers richten, vor dem wir zittern", schrieb Passerat 1807. Und noch viele Jahre später stellte er rückblickend fest: „Pater Hofbauer regierte alles. Es war keine Ordnung. Er war zu heftig" (*Monumenta Hofbaueriana* XIV, 141).

Szenen aus dem Leben eines lebhaften Heiligen

So sind denn auch einige Beispiele überliefert, die Hofbauers „Heftigkeit" illustrieren. Hier zwei Szenen, eine aus seiner Jugend, eine andere aus seinem Alter:

Hofbauer ist noch Eremit, Bäckergeselle oder Student. Wieder einmal pilgert er nach Rom. Zwei Studenten schließen sich an. Doch nicht nur sie. Ein 18-jähriges Mädchen, Klara Kurzmann, bittet, er möge sie mitnehmen. Sie wolle in Rom bei deutschen Schwestern ins Kloster eintreten. Hofbauer rät ihr, Männerkleider anzuziehen, um nicht aufzufallen. Alles geht gut, bis man nach Rom kommt. Nicht einmal die beiden Studenten erkennen die Verkleidung. Dann steht Hofbauer mit seiner Begleiterin vor der Klosterpforte der deutschen Schwestern. Er bringe eine Kandidatin, sagt er. Doch das Mädchen schämt sich plötzlich wegen ihrer Verkleidung und besteht auf ihrer Männerrolle. Hofbauer unterdrückt mit Mühe seine Wut und zieht mit seiner Begleiterin ab, die er nun wieder zurückbringen muss. In Kärnten geht ihnen das Geld aus. Es bleibe nichts anderes übrig, als zu betteln, sagt Hofbauer. Das Mädchen weigert sich. Da packt Hofbauer die Wut, er nimmt seinen Spazierstock und will sie verprügeln. Sie entkommt. Er muss allein nach Wien zurückkehren.

Vierzig Jahre später. Hofbauer lebt in seiner Wohnung in Wien zusammen mit den jungen Mitbrüdern Pater Martin Stark und Pater Johannes Sabelli. Sie sind anderer Ansicht als er. Er versucht sie umzustimmen. Sie bleiben bei ihrer Ansicht. Wieder einmal packt ihn die Wut. „Macht, was ihr wollt!", sagt er, „bei euch halte ich es nicht mehr aus!" Er geht zum Kleiderschrank, holt seine wenigen Habseligkeiten heraus, verschnürt sie zu einem Bündel. „Ich geh nach Amerika", sagt er – von den Missionen in Amerika und Kanada träumte er immer – und verlässt das Haus. In der Mariahilferkirche macht er Rast, er betet, er bereut, aber nicht völlig. Er kann doch als Oberer seinen Fehler nicht eingestehen. Er verlässt die Kirche und geht weiter auf der Straße, die nach Linz führt. Er betet, dass seine Mitbrüder doch kommen möchten und ihn um Umkehr bäten. Er betet lange, aber sie kommen nicht. Er geht weiter. Da endlich – er hat die Stadt schon lange hinter sich gelassen – hört er ein Keuchen. Sabelli und Stark stehen hinter ihm. Sie geben ihm Recht und er ist froh, dass er umkehren kann.

Ich müsste mir selbst die Hand küssen

Es waren nicht die einzigen Entgleisungen im Leben Hofbauers. Joseph Wolff berichtet, dass er wegen der geringsten Anlässe in heftigen Zorn ausbrach. So sei einer seiner jungen Mitbrüder – vielleicht P. Sabelli – einmal nicht gleich gekommen, als er ihn rief. Da habe er ein Glas genommen, das in der Nähe stand, und habe es auf den Boden geworfen, dass es in tausend Scherben zersprang.

Als ihn einmal die Polizei an der Grenze aufhielt und er sich rechtfertigen musste, weil er ohne Genehmigung seinen kleinen Neffen nach Polen zum Studieren mitgenommen hatte, machte er ungebremst seiner Verärgerung Luft. Im Polizeiprotokoll ist zu lesen, Hofbauer habe „unanständige Reden gegen die österreichische Regierung ausgestoßen".

Offensichtlich haben seine Mitbrüder und Schüler nicht den Mut gefunden, Hofbauer auf seinen Fehler aufmerksam zu machen, außer dem demütigen, allzeit sanften Johannes Madlener. Ihm sagte er:

„Ja, das ist leider mein Fehler, aber ich danke Gott dafür, dass ich ihn habe, denn hätte ich ihn nicht, ich wäre versucht, wir selbst die Hand zu küssen aus Respekt vor mir" (*Monumenta Hofbaueriana* XV, 21).

Der Prediger und Beichtvater

Er muss originell gewesen sein, wie zahlreiche Polizeiakten beweisen, die in einem Punkt übereinstimmen: Seine Predigten widersprachen allen Regeln der Rhetorik und wirkten gerade deshalb.

Der auferstandene Abraham a Sancta Clara

Hofbauer auf der Kanzel der kleinen Kirche St. Ursula in Wien, die Arme auf die Kanzelbrüstung gelegt, den Kopf tief über den Kanzelrand gebeugt, dann und wann sich selbst unterbrechend mit den Worten „A propos, da fällt mir noch etwas ein" – offensichtlich ein merkwürdiger Prediger. Ein Kirchenbesucher meinte: „Er predigt in einem gräulich polnischen Dialekt äußerst populär". Die österreichische Staatspolizei war der Ansicht:

„Er ist der auferstandene Pater Abraham a Sancta Clara, hat eine sehr gemeine Art zu predigen, ist ein Prediger, wie zu den bigottesten Zeiten gepredigt worden, ist ein Prediger für den ganz gemeinen Pöbel … Seine aus der niederen Volksklasse genommenen Beispiele, Gleichnisse und Ausdrücke sind für gebildete Zuhörer nicht passend" (*Monumenta Hofbaueriana* XIII, 39).

Und doch schrieb die hoch gebildete Sophie Schlosser, Frau des mit Goethe verwandten Frankfurter Politikers Johann Friedrich Schlosser, in ihrem Wiener Tagebuch:

„Er predigt ganz dogmatisch und im höchsten Grade einfach, so dass auch ein Kind es begreifen konnte, und doch war die höchste Weisheit darin enthalten. Dabei hat er in Vortrag und Miene eine so rührende Gutmütigkeit, dass man ihn lieb gewinnen muß" (Sophie Johanna Schlosser, Wiener Tagebuch 1814/15, Leipzig 1922, *Monumenta Hofbaueriana* XII, 269).

Dass hinter der ungeschliffenen Form ein Mensch mit Einfühlungsvermögen und einer feinen Psychologie stand, beweisen einzelne überlieferte Bruchstücke aus Hofbauers Predigten, so wenn er einmal sagte:

„Wenn ein Kind fällt, so bleibt es eine Weile liegen, verweilt auf dem Platz, wo es gefallen ist, weint und schreit, und schlägt auch wohl den Fleck; hingegen ein Erwachsener wird aufstehen und weitergehen" (Werner, *Ausgewählte Predigten* I, 15).

„Wie das Wasser diesen Stein umhüllt …“

Einfühlungsvermögen zeichnete auch den Beichtvater und Seelenführer Hofbauer aus. Während seiner Wiener Zeit ging er auch im kältesten Winter schon um vier Uhr morgens hinaus in die Vorstadt zu den Mechitaristen-Patres, wo er drei Stunden im Beichtstuhl saß. Von dort begab er sich in die Kirche der Ursulinen. Dort war sein Beichtstuhl bereits umlagert. Und als er nach Hause kam, warteten die Menschen vor seiner Wohnung, um bei ihm ihr Herz auszuschütten.

Seine Zusprüche, so wird berichtet, seien kurz gewesen, ernst und gütig, und hätten einen unvergesslichen Eindruck hinterlassen. Vor allem ein Satz, den er häufig wiederholte, blieb den Beichtenden in Erinnerung: „Nur Mut! Gott lenkt alles!“

Originell war der Anschauungsunterricht, den er bisweilen mit seinem Beichtzuspruch verband. Neben seinen Beichtstuhl stellte er einen Eimer voll Wasser. Wenn nun ein Beichtkind etwas Schweres auf dem Herzen hatte, nahm er einen Stein und ließ ihn ins Wasser fallen. „So wie das Wasser diesen Stein ganz umhüllt“, sagte er dem Beichtenden, „so umhüllt dich mit all deiner Schuld die Liebe des Erlösers!“

Einfache Menschen und Adlige, Künstler und Professoren, Politiker und Bischöfe waren seine Beichtkinder: der Philosoph und Orientalist Friedrich von Schlegel und seine Gattin Dorothea, der Staatsrechtler Adam Müller, der Dichter Zacharias Werner, der hohe Staatsbeamte Josef Anton von Pilat, der Domkapitular Laurenz Greif, Erzieher des späteren Kardinals Schwarzenberg, der Priesterphilosoph Anton Günther.

Der Leib- und Seelsorger

Hofbauers Einfühlungsvermögen zeigte sich nicht nur in seinen Predigten. Wie oft fand er für Menschen, die, enttäuscht von der Kirche, von keinem Priester etwas wissen wollten, das erlösende Wort!

Er hatte ein Gespür für Menschen, die am Leben verzweifelten. Als eine Frau, die durch die Geldentwertung ihr Vermögen verloren hat, sich in einen reißenden Fluss stürzen will, ruft er sie an, hebt eine Handvoll Staub vom Boden auf und sagt ihr: „Was ist das ganze Geld der Welt? Eine Handvoll Staub. Und deswegen wollen Sie das Leben wegwerfen.“ Die Frau lässt sich überzeugen und gewinnt wieder Lebensmut.

Und die Geschichte wiederholt sich, als Hofbauer einem schwerkranken jungen Schauspieler begegnet. Er bietet ihm eine Prise Schnupftabak an. Er begleitet ihn, dem die Last seines Lebens wie ein Stein auf dem Herzen liegt, nach Hause. Er brauche keine Angst zu haben, sagt Hofbauer, er wolle ihm nicht die Beichte abnehmen. Er wolle sich nur mit ihm unterhalten, und so erzählt er – wie es heißt, bei einem Glas Wein – von seinen Erfahrungen in der Seelsorge, worauf der andere zu sprechen beginnt und so nach und nach sein ganzes Leben erzählt, Gutes und Schlimmes …, bis Hofbauer ihn unterbricht und sagt: „So, jetzt haben Sie schon gebeichtet!“ Er gibt ihm die Lossprechung, und der andere ist getröstet (*Monumenta Hofbaueriana* XI, 50; Veith, *Der Stein vom Herzen*, in: *Oelzweige* 1, 1819, 157–164).

Schon den ersten Biographen fiel auf, dass Hofbauer immer den ganzen Menschen im Blick hatte. Er vertröstete die Notleidenden nicht auf das Jenseits. Er half an Ort und Stelle, ohne fromme Worte zu machen. Es machte ihm nichts aus, bei den Reichen für seine Armen zu betteln. Der Schwester, die sich beim Eintritt ins Kloster keine Klosterschuhe leisten konnte, besorgte er passende Schuhe, dem Künstler, der seine Bilder nicht los brachte, half er mit Geld aus der Verlegenheit, für die Studenten, die sich bei ihm zum Gebet und Gespräch trafen, hatte er immer etwas Essbares in seinem Schrank, und fast täglich sah man ihn, wie er unter seinem weiten Mantel Brot und Suppe zu den Armen und Kranken in ihren Elendsquartieren in den Vorstädten hinaustrug.

Hofbauer war Leib- und Seelsorger, oder besser Lebenssorger, auch ohne große Sozialprogramme, die es damals noch nicht gab. Sebastian Brunner schreibt mit Recht:

„Er gab ebenso gern das zeitliche Brot für den Leib als die Nahrung für den Geist zum ewigen Leben … Die Armen waren seine Freunde. Das sagte er nicht in leeren Worten, sondern er bezeugte es mit der ganzen Tat seines Lebens …“ (Brunner 1858, 171, 201 f.).

Der „Ökumeniker"

Die Biographen sind sich inzwischen einig: Es war nicht die Kirchenpolitik, es war nicht bloß „katholische Aktion", was Hofbauer umtrieb. Es war der Drang, die eigene tröstliche Glaubenserfahrung weiterzugeben.

Verliebt in die katholische Kirche …

Ein Mensch ohne Glauben war nach seiner Überzeugung wie ein Fisch ohne Wasser. Von sich selbst sagte er einmal: „Ich bin stolz, ich bin eitel, ich habe nichts gelernt, aber eines bin ich: durch und durch katholisch". Oft wiederholte er den Satz des Kirchenvaters Cyprian von Karthago: „Wer die Kirche nicht zur Mutter hat, kann Gott nicht zum Vater haben". Ein anderes Mal äußerte er: „O könnte ich die Gnade haben, alle Irrgläubigen und Ungläubigen zu bekehren. Auf meinen Armen und Schultern würde ich sie in die heilige katholische Kirche hineintragen".

Verständlich, dass Hofbauers Freunde später seine konservative, romtreue Haltung hervorhoben. So schrieb der Privatsekretär Metternichs Joseph Anton von Pilat, ein ehemaliger Freimaurer, der durch Hofbauer wieder zum Glauben gefunden hatte:

„Er pflanzte die größte Liebe und Verehrung der Kirche, des Statthalters Christi und jeder kirchlichen Autorität tief in unsere Herzen ein … Durch den bloßen Umgang mit ihm wurde man schon ganz römisch-katholisch, denn er lebte ganz mit der heiligen katholischen Kirche, und er selbst trug die tiefste Verehrung gegen den Heiligen Vater" (Hosp 1951, 196 f.).

Bedenklich wird es jedoch, wenn aus solchen Sätzen gefolgert wurde, Hofbauer sei der „Vater der katholischen Gegenreformation im 19. Jahrhundert", er sei der Begründer des Ultramontanismus in Österreich und ein furchtloser Kämpfer für die „Rekatholisierung der Welt" (Kralik 1921), ja, er sei, wie noch 1988 sein Biograph Fleischmann betonte, ein „Glaubenskämpfer mit einem inquisitorischen Zug" und „Intoleranz gegenüber anderem Bekenntnis" gewesen.

Die Quellen sprechen eine andere Sprache. Sie geben einem 1983 erschienenen Artikel über die Spiritualität Hofbauers aus der Feder des bekannten französischen Moraltheologen Louis Vereecke Recht, in dem zu lesen ist:

„*Die Spiritualität des heiligen Klemens ist eine ökumenische Spiritualität. So wichtig ihm bei den Katholiken ein klarer eindeutiger Glaube war, so sehr achtete er den Glauben der andern. Dies war es auch, was seine Beziehung zu den Protestanten auszeichnete. Solche, die von ihrem Glauben überzeugt waren, wollte er nicht davon abbringen. Nur dort, wo jemand zum Katholizismus konvertieren wollte, jedoch durch lächerliche Vorurteile an diesem Schritt gehindert wurde, half er diese Hindernisse auszuräumen. Alles anderes überließ er der Gnade Gottes* (Vereecke 1983, 123).

Diese Sätze lesen sich wie ein Kommentar zu den Ausführungen des Philosophen Johann Heinrich Loewe, der 1879 schrieb:

„Die Klarheit, mit der Hoffbauer das Wesen des Christentums durchdrang, die Liebe, die den Grundton seines Lebens bildete, hatten bei ihm auch eine großartige Freiheit in der Auffassung und Behandlung religiöser Fragen zur Folge“.

So habe er zu einer Dame, die katholisch werden wollte, aber sich nicht entschließen konnte, die Heiligen anzurufen, gesagt: „Wenn Sie die Heiligen nicht anrufen wollen, so lassen Sie es bleiben“. Einer anderen habe er auf den Einwand: „Ich glaube nicht an den Papst“, erwidert: „Auch ich glaube nicht an den Papst“. Gewiss, Hofbauer habe die „Dürre und Leblosigkeit“ in der „Lehre und Übung“ der Religion in seiner Zeit tief empfunden. Aber deswegen habe er nicht eine Rückkehr zu alten religiösen Formen und Formeln verlangt, sondern er habe ganz im Gegenteil gefordert, dass das Evangelium völlig neu verkündet werden solle und zwar so,

„dass zwar der Lehrinhalt immerdar der gleiche, unwandelbare bleiben müsse, dass aber die Schale, in der er gereicht werde, nach Zeit und

Umständen verschieden sein könne, und dass eine neue Zeit mitunter neuer Formen bedürfe" (LOEWE, 76).

Gottes Heilswillen reicht weit über die Kirchenmauern hinaus

Nirgends zeigte sich Hofbauers geistige Weite mehr als in seinem Verhältnis zu den Menschen anderer Konfessionen, denen er mit Herzlichkeit und Verständnis begegnete. Johann Emanuel Veith meint, er sei gelehrten und gebildeten Protestanten stets mit „großer Zärtlichkeit" entgegen gekommen. Sebastian Brunner berichtet, Hofbauer habe wegen seiner „heiteren kerngesunden Frömmigkeit" bei den deutschen Protestanten in Warschau in hoher Achtung gestanden. Sie seien in seine Gottesdienste gekommen, weil ihm „weder fanatische Düsterheit, noch ranzige Salbung, noch süßliches Gewisper" zueigen war.

Und was seine Ansicht über das ewige Heil der Nichtkatholiken anlangt, so war er überzeugt, dass Gottes Heilswille nicht an den Mauern der römischen Kirche endet. Einer seiner Freunde berichtet, auf die Frage, ob nur die Menschen in der katholischen Kirche selig würden, habe er geantwortet:

„Wer sich unschuldig befindet, wird nicht verdammt werden. Gott verdammt keinen, der unschuldig ist. ... Gott erleuchtet jeden Menschen, der in die Welt kommt, sagt der hl. Johannes in seinem Evangelium, und der hl. Paulus sagt uns ganz klar und deutlich, dass es Gottes Wille ist, dass ein jeder selig werde und zur Wahrheit gelange ... Nein, nein, wiederholte der Diener Gottes, Gott verdammt niemanden ohne seine Schuld" (Bartholomäus Pajalich, *Monumenta Hofbaueriana* XII, 172).

Und dann gibt es die Unterhaltung Hofbauers mit dem protestantischen Verleger Friedrich Perthes, dem Schwiegersohn von Matthias Claudius. Dessen Bericht gipfelt in den Sätzen:

„Hoffbauer sah mich, während ich sprach, fest aber ruhig an, fasste mich dann an der Hand und sagte: Auch ich nehme eine unsichtbare Kirche an, ich werde für Sie beten, dass Sie nicht in Versuchung fallen ..."

Perthes fährt fort:

„Wir sprachen nun über die Reformation und Hoffbauer sagte: Seitdem ich in Polen war, die religiösen Zustände der Katholiken und in Deutschland die der Protestanten habe vergleichen können, ist es mir gewiss geworden, dass der Abfall von der Kirche eingetreten ist, weil die Deutschen das Bedürfnis haben, fromm zu sein. Nicht durch Ketzer und Philosophen, sondern durch Menschen, die wirklich nach einer Religion für das Herz verlangten, ist die Reformation verbreitet und erhalten. Ich habe das in Rom dem Papste und den Kardinälen gesagt, aber sie haben mir nicht geglaubt und halten fest daran, dass Feindschaft gegen die Religion es sei, welche die Reformation bewirkt habe" (Perthes II, 140 f.).

Wie schwer haben sich doch die Hofbauerbiographen mit diesen Sätzen getan! Er konnte es nicht gesagt haben, weil er es nicht gesagt haben durfte. So schreibt Richard Kralik 1922:

„Hofbauers Worte, die er unmöglich in diesem Sinn gemeint haben kann, würden eine völlige Rechtfertigung Luthers und der mit ihm abgefallenen Deutschen bedeuten. Sie müssen …, weil sie unmöglich so gesagt worden sein können, aus einem kritischen Lebensbild des Heiligen für immer verschwinden …" (Kralik 1922, 795).

Schon der Redemptorist und Historiker Johannes Hofer war zur gleichen Zeit anderer Ansicht. Er hielt die Worte in der Schrift „Der heilige Klemens Hofbauer und die Wiedervereinigung im Glauben" für authentisch (Hofer 1923, 384 f.).

Die Juden …, die Freidenker …

Es wäre noch einzugehen auf Hofbauers Verhältnis zu den Juden. Hier nur einige Stichpunkte. Die Biographien sprechen von den vielen Bekehrungen, die er unter den Juden bewirkt habe, wie immer dies zu bewerten sein mag. Antisemitismus kann Hofbauer jedenfalls nicht vorgeworfen werden. Aber auch der Vorwurf eines nationalsozialistischen Autors, er habe mit Vorliebe unter den Juden seine Freunde gesucht (Ganzer 45, 71), ist so nicht zu halten. Schließlich wurde kritisiert, dass er in Warschau und Polen überhaupt kein Gespür für die Mystik der jüdischen Chasidim gezeigt habe (Ida Friederike Görres). Doch dürfte ein solcher Vorwurf zu sehr aus unserem heutigen Verständnis kommen. Hofbauer war ein Kind seiner Zeit.

Wie verhielt sich Hofbauer schließlich zu den Freigeistern, den Freimaurern? Dazu findet sich eine sprechende Episode. Der angesehene Freimaurer, Atheist und Arzt Dr. Joseph Barth, Professor der Anatomie an der Wiener Universität, war todkrank. Hofbauer besuchte ihn, wie er das immer tat, wenn er glaubte, ein Kranker bedürfe seiner Hilfe. Doch er merkt sofort: Bekehren kann ich den nicht. Und so entwickelt sich ein recht amüsantes Gespräch, getragen von gegenseitiger Achtung. „Ein echter Apostelkopf", bemerkt der Arzt mit Blick auf Hofbauers Schädel. Hofbauer gibt schlagfertig zurück: „Ein echter Sokrateskopf". Dabei bleibt es. Hofbauer achtet die Überzeugung des andern. Man geht im Frieden, ja, „in einer Art von Freundschaft" auseinander (Veith, *Monumenta Hofbaueriana* XI, 37).

Deutlich zeigt die Begegnung mit dem sterbenskranken Freidenker, dass es zu kurz greift, Hofbauer Intoleranz zuzuschreiben, so verkehrt es andererseits wäre, seine Glaubensüberzeugung in Frage zu stellen. Hofbauer hatte für sein eigenes Leben und seinen eigenen Glauben eine klare Linie gefunden, aber gerade darum achtete er auch die Überzeugung Andersgläubiger, was nicht aus-, sondern einschließt, dass er die Toleranz, die er überzeugten Protestanten entgegenbrachte, gegenüber „liberalen Katholiken", freilich auch gegenüber denen, die er mit unbelehrbarem Starrsinn für solche hielt, nicht aufzubringen vermochte.

Er achtete es, wenn er merkte, dass einer ehrlich suchte. Da wollte er sich nicht aufdrängen. „Lasst ihn in Ruhe!", mahnte er einmal seine jungen Freunde, als sie einem Neuankömmling, der ein begeisterter Schüler von Bernard Bolzano war, mit Gewalt ihr Verständnis des katholischen Glaubens beibringen wollten. Hier finden wir Haltungen, die bei aller Zeitgebundenheit sicher auch heute noch Gültigkeit besitzen, was jedoch nicht heißt, dass wir den berechtigten Argwohn gegenüber allzu „felsenfesten Überzeugungen" aufgeben müssten.

Der „Aufklärer"

Wie stand Hofbauer zum Josephinismus und zur Aufklärung?

In einer theologischen Diplomarbeit aus dem Jahr 1995 finden sich bemerkenswerte Feststellungen. Anders als die meisten Biographen zeichnet die Arbeit Hofbauer nicht als den neuen Ritter Georg, der der dreiköpfigen Hydra Jansenismus-Josephinismus-Aufklärung den Garaus machte. Der Autor stellt vielmehr fest, in Hofbauer hätten Aufklärung und Romantik, objektive Vernunft und subjektives Gefühl, zu einer überzeugenden Einheit gefunden. Dies sei der Grund, warum führende Gestalten der Wiener Romantik seine Nähe suchten. Wie diesen Romantikern sei es ihm um eine „Synthese von Vernunft und Gefühl" gegangen. Als deren Freund und Beichtvater habe er sie jedoch über bloß ästhetische Ziele hinaus weiter geführt (Döker, 60–68).

Ein gerüttelt Maß von „common sense"

Das Neue an diesen Ausführungen ist nicht die Behauptung, dass Hofbauer manches mit den Wiener Romantikern gemeinsam hatte. Darüber wussten seine Biographen seit eh und je vieles zu berichten. Es ist die Aussage, dass Hofbauer zum mindesten genau so stark der Aufklärung verpflichtet war wie der Romantik.

Aber entspricht dies der historischen Wirklichkeit? War der einfache Seelsorger, der von sich selber sagte: „Ich habe nichts gelernt", war der Mann, der für prachtvolle Gottesdienste schwärmte, zu Marienwallfahrtsorten pilgerte und Heiligenbildchen austeilte, auch ein Aufklärer?

Eine erste Antwort auf diese Frage geben die Zeitgenossen. Eines fällt auf: Hofbauer wird als ein Mann geschildert, der zwar – abgesehen von einer profunden Kenntnis der Kirchengeschichte und der Kirchenväter – kein großer Büchergelehrter war, der jedoch ein „pfiffiger Mann" war und über einen scharfen Verstand, ein klares Urteil und ein gerüttelt Maß von „common sense" verfügte.

Auf den ersten Blick erkannte er „das Falsche, Überspannte und Pseudomystische in religiösen Büchern" (*Monumenta Hofbaueriana* XI, 33). Mystizismus oder parapsychologische Praktiken in seiner Umgebung duldete er nicht. In aller Schärfe wandte er sich gegen die Anschauungen des „Geistersehers" Emanuel Swedenborg, der auch in Österreich Anhänger hatte.

Klug im Umgang mit den Mitmenschen

Im Umgang mit seinen Mitmenschen, so wird berichtet, habe es Hofbauer verstanden, „einen jeden nach seiner individuellen Weise zu behandeln". Kronzeuge hierfür ist Johann Emanuel Veith. Er erzählt, wie er einmal mit Hofbauer eine arme Familie besuchte. In der Wohnstube befand sich ein wenig geschmackvoller Hausaltar mit noch „abscheulicheren" Bildern. Als Hofbauer merkte, dass Veith seinem Abscheu Luft machen wollte, flüsterte er ihm zu: „Sei still! Lass ihnen ihre Freude!" (*Monumenta Hofbaueriana* XI, 35).

Ein feines Gespür hatte Hofbauer für Menschen, die psychisch angeschlagen waren. Er war bemüht, ihnen über ihre Probleme und Komplexe hinwegzuhelfen, mitunter auch mit einem Scherz. Einer seiner jungen Mitbrüder kam beim Lesen der heiligen Messe zu keinem Ende. Nach der Kommunion kratzte und schabte er Minuten lang mit seiner Patene auf dem darunter liegenden Tuche, dem „Korporale", damit ja kein Bröselchen der heiligen Hostie verloren gehe. Hofbauer kam in die Kirche, sah ihm einige Zeit zu, dann ging er vor zum Altar und flüsterte ihm ins Ohr: „Joseph, lass den Engeln auch noch was übrig!" Er beließ es nicht dabei. Er war der Ansicht, man könne dem jungen Mann am besten aus seinen Ängsten helfen, wenn man ihm eine verantwortungsvolle Aufgabe anvertraue. So schickte er ihn als Oberen auf eine Missionsstation in Rumänien.

Derselbe Hofbauer verstand es jedoch auch, „mit bejahrten und distinguierten Herren" der gehobenen Gesellschaft umzugehen. Zeitweilig kam er fast jeden Abend in Begleitung der jungen Patres, die bei ihm wohnten, zur Familie Schlegel und nahm an den „Abendgesellschaften" teil, die Dorothea Schlegel in ihrem Salon veranstaltete. Joseph von Eichendorff, der ihn bei einer solchen Veranstaltung traf, berichtet, dass er in ihm einen Gesprächspartner fand, der mit ihm „lustig polnisch" redete. Eichendorff berichtet auch, dass er eine Torte mitgebracht habe, die „er heimlich hinstellte", sicher ein Geschenk, das ihm die

Schwester seines Beichtvaters Schmid, die Bäckerin Gussl, mitgegeben hatte, bei der er regelmäßig am Freitag und Samstag zum Essen geladen war (*Monumenta Hofbaueriana* XI, 172).

Doch so sehr Hofbauer auf die verschiedensten Menschen einging, so nahm er dennoch gegenüber berühmten geistigen Größen kein Blatt vor den Mund, wenn er meinte, dass ihre Ansichten dem gesunden Menschenverstand widersprachen. Da konnte er bisweilen sogar „satirisch" werden. Friedrich von Schlegel und Zacharias Werner mussten dies erfahren.

Ein anderer Satz, den Hofbauer häufig wiederholte, machte einen tiefen Eindruck auf Veith. Noch in hohem Alter hat er sich an ihn erinnert. „Die Menschen", habe Hofbauer gesagt, „wollen alle für vernünftig gelten". Aber sie würden sich wehren, wenn man sie zur Vernunft erziehe. Sie seien zu bequem, um selbst zu denken. „Dem, der sie vernünftig machen will, werden sie zu Feinden!" Das klingt nun fast schon wie die Aussage eines „Aufklärers" (Weiss 2001, 43).

Und ein weiteres Wort Hofbauers geht in diese Richtung. Er war skeptisch, wenn seine Mitbrüder in Warschau die Pflege der Frömmigkeit mehr schätzten als die täglich anfallenden Arbeiten im Dienst des Nächsten. Von den Neapolitanern äußerte er missbilligend, dass diejenigen unter ihnen, „die sich auf die Tugend verlegen, nur auf diese bedacht sind, ohne weiter zu denken" (Weiss 2001, 205).

Lehrer und Katechet

War Hofbauer also ein „Aufklärer"? Dass er klug und vernünftig war, machte ihn gewiss noch nicht zum Aufklärer. Doch es gab darüber hinaus in seinem Leben und Wirken so manches, was recht gut in die Zeit des Josephinismus und der Aufklärung passte.

Ein geborener Katechet

Da war vor allem sein Engagement als Erzieher, schon seit seiner Jugend. Der junge Hofbauer war Eremit. Doch er war kein menschenscheuer „Waldbruder", der sich aus Angst vor den Anforderungen des Lebens in die Einsamkeit geflüchtet hatte.

Das hätte nicht zu ihm gepasst. Er soll schon als Eremit gepredigt haben, schreiben seine Biographen. Mag sein. Sicher jedoch hat er in seinem nahen Heimatort beim Gottesdienst ministriert und in der Kirche mitgeholfen. Das war eine Aufgabe der Eremiten. Doch nicht die einzige. Die Waldbrüder wirkten als Katecheten und Lehrer. Das zum mindesten wollte auch Hofbauer, wenn ihm schon das Priestertum verwehrt schien.

So begab er sich im Herbst 1779 als Eremit, gekleidet in eine braune Kutte, nach Wien und belegte 1780 einen katechetischen Kurs in der „kaiserlich-königlichen Normalschule" bei St. Anna. Den Lebensunterhalt verdiente er sich als Bäckergeselle. Leiter des Kurses war Joseph Anton Gall, Schüler von Ignaz von Felbiger, der als Schulreformer in der Zeit des aufgeklärten Absolutismus das österreichische Schulwesen organisiert hatte, um dem Volk eine gediegene Erziehung zukommen zu lassen.

Gall, von 1788 bis 1807 Bischof von Linz, war ein integrer, bescheidener Seelsorger, doch er war Josephiner und kirchlicher Aufklärer. Sebastian Brunner brandmarkte ihn als einen der rührigsten Vertreter der „theologischen Dienerschaft" Josephs II. Und tatsächlich dürfte er sich wie kaum ein anderer österreichischer Bischof für die Kirchenreform des Kaisers eingesetzt haben. Ja, Gall gilt als die „Symbolfigur des Reformkatholizismus josephinischer Prägung". In Wort und Schrift wandte er sich gegen abergläubische Gebräuche und sprach sich für eine Verinnerlichung der Religion aus. Er hob die Bedeutung des Bischofsamtes – auch gegenüber den Ansprüchen Roms – hervor und betonte die Wichtigkeit von Predigt und Katechese.

Hofbauer hat sich niemals wegwerfend über Gall geäußert, wohl aber hat er sich stets für die Katechese stark gemacht. Mehr noch. Er besuchte 1786 ein zweites Mal einen katechetischen Kurs bei St. Anna, diesmal zusammen mit seinem Freund Hübl. Die beiden Neupriester weilten damals in Wien, um die Möglichkeit einer seelsorgerischen Tätigkeit in Österreich auszuloten.

Ein begnadeter Erzieher

Was Hofbauer und seine Mitbrüder wenige Jahre später in Warschau ins Leben riefen, passte recht gut zu einer aufgeklärten Volkserziehung. 1788 übernahmen sie die Gebäude und die Kirche der in Auflösung begriffenen deutschen St. Benno-Bruderschaft. Angetreten, um Schule und Waisenhaus der Bruderschaft wieder zum Leben zu erwecken, entfalteten sie in kurzer Zeit eine vielfältige sozial-karitative und erzieherische Tätigkeit, die an die Armen- und Waisenfürsorge August Hermann Franckes in Halle erinnert und wie diese Anerkennung von Seiten der den Patres sonst wenig geneigten – preußisch-protestantischen – staatlichen Behörden erfuhr.

Und wenn von den religiösen Ordensgemeinschaften des 19. Jahrhunderts gesagt wurde, sie wollten sich nicht aus der Welt zurückziehen, sondern in die Gesellschaft hinein wirken und sie durch ihren sozialen und erzieherischen Dienst an Kranken und Armen, an Schülern und Jugendlichen mitgestalten – so nahmen dies die Redemptoristen in Warschau unter Hofbauers Führung im 18. Jahrhundert vorweg.

1788 eröffneten sie ein Waisenhaus für Jungen jeglicher sozialer, religiöser und nationaler Herkunft. Katholische und protestantische, polnische, deutsche, russische Kinder wurden von ihnen betreut. 1795 gründeten sie ein Waisenhaus für Mädchen, die sie den Frauen der St. Josefsbruderschaft anvertrauten, nachdem die von Hofbauer angestrebte Gründung einer Frauenkongregation für deren Erziehung – der Josefschwestern – gescheitert war.

Schon zuvor, gleich nach ihrer Ankunft im Jahre 1787, hatten Hofbauer und Hübl eine Elementarschule gegründet, die 1788 ebenfalls nach St. Benno übersiedelte. Die ersten Lehrer waren Hofbauer und Hübl. Da die Klostergemeinde schnell wuchs, wurden sie schon bald von ihren Mitbrüdern – Patres, Studenten und Novizen – unterstützt. Wenig später zählte die Schule bereits 400 Schüler. Wichtigstes Fach war die Katechese. In welchem Ansehen die Schule bis in die höchsten Kreise stand, beweist der Umstand, dass der polnische König Stanislaus Poniatowski, Mitglied der Freimaurerloge, seinen unehelichen Sohn dorthin schickte.

Eine Pioniertat war schließlich die Errichtung einer Mädchenschule im Jahre 1795, die Hofbauer den gleichen Damen anvertraute wie das Waisenhaus für Mädchen. Sie war die erste Mädchenschule in Polen, die nicht nur für die höheren Volksklassen offen stand und die erste, in der für den Unterricht nichts gezahlt werden musste.

Mit der Vertreibung der Redemptoristen im Jahre 1808 war ihre Erziehungsarbeit in der polnischen Hauptstadt beendet. Hofbauer lebte fortan in Wien als einfacher Aushilfspriester. Zu seinen Mitbrüdern war ihm der Kontakt verboten, auch wenn er heimlich ein Noviziat leitete. Nach wie vor war die Schule seine große Leidenschaft. Als Adam Müller 1813 in Wien ein Erziehungsinstitut plante, war er sofort bereit, zusammen mit den jungen Patres Sabelli und Forthuber, die er eigens aus der Schweiz kommen ließ, die Katechese zu übernehmen. Das Projekt scheiterte allerdings am Einspruch staatlicher Behörden.

Wie sehr Hofbauer nach wie vor die Erziehung als Aufgabe seines Ordens ansah, beweist jedoch vor allem der von ihm zusammen mit dem Hof- und Burgpfarrer Jakob Frint 1819 verfasste Regeltext, mit Hilfe dessen er die Zulassung seines Ordens in Österreich erreichen wollte. Der Text entsprach den von staatstreuen Geistlichen vorgegebenen Richtlinien und war von josephinischen und aufgeklärten Vorstellungen geprägt. So waren zum Beispiel alle Bestimmungen der päpstlichen Regel über die „aszetischen Übungen" weggelassen worden. Als Hauptaufgabe des Ordens wurde das Schulwesen herausgestellt, angefangen von der Leitung von „Waisenschulen" bis hin zum Unterricht an Universitäten. Man würde Hofbauer Unrecht tun, würde man in diesen neuen Regelpunkten nur eine „Vorspiegelung falscher Tatsachen" sehen. Der Jugenderziehung gehörte sein Herz.

Die Deutschen lesen gern

Die italienische Jesuitenzeitschrift „Civiltà cattolica" stellte nach der europäischen Revolution des Jahres 1848 fest, schuld an den Gräueln der Revolution sei einzig und allein die Tatsache, dass so viele Menschen lesen können. Es sei daher grundverkehrt, den Menschen das Lesen beizubringen. In einer deutschen katholischen Familienzeitschrift stand um die gleiche Zeit der Satz: „Das viele Lesen hat noch nie genützt".

Hofbauer war anderer Ansicht. „Die Deutschen lesen gern", pflegte er zu sagen. Diesem Bedürfnis, das sich damals allenthalben in der Gründung von „Lesevereinen" manifestierte, kam er, der selber außer zahlreichen Briefen und amtlichen Dokumenten nichts geschrieben hatte, auf mehrfache Weise nach: durch die Abhaltung von „Leseabenden", durch die Förderung einer Leihbibliothek und durch die Gründung einer literarischen Zeitschrift.

Hofbauers Abendkonferenzen

Hofbauers Leseabende waren ein wichtiger Bestandteil seiner intensiven Individualseelsorge bei Akademikern, Studenten und Professoren während seiner Wiener Jahre. Sie fanden in seiner Wohnung in der Seilerstätte statt, die zwei Stockwerke eines Hauses umfasste. Im zweiten Stock wohnten drei junge Mitbrüder, im ersten, bescheiden möblierten Stock residierte er. Es gab dort eine Vorratskammer, in der Hofbauer Speisen für seine Gäste – zumeist Geschenke aus dem Ursulinenkloster – aufbewahrte und einen größeren Raum, der ihm als Schlafzimmer, Speisezimmer und Sprechzimmer sowie als Versammlungsraum für die so genannten „Abendkonferenzen" oder „Leseabende" diente.

Fast immer war dieser Raum voll mit Studenten und Dozenten der Universität, die meist auch beim Essen da waren und dort studierten, ja, dort schliefen. So auch der Institutsdirektor und Professor Johann Emanuel Veith. Nicht wenige dieser Gäste, wie der Mathematikdozent Johannes Madlener, die Juristen Friedrich von Held und Franz Springer, die Literaten Georg und Anton Passy oder der Medizinstudent Franz Kosmaček nahmen später im Redemptoristenorden führende Stellungen ein. Andere wie der Philosoph Anton Günther und der spätere Kardinal Othmar von Rauscher entschieden sich zwar anders, blieben aber stets von Hofbauer geprägt.

Was hatte es nun mit den „Leseabenden" auf sich? Sie dürften auf Hofbauers ureigenste Initiative zurückgegangen sein, auch wenn er von verschiedener Seite, vor allem von seinem väterlichen Freund Dießbach, Anregungen erhalten haben mag. In Wien traf man sich in Bier- und Caféhäusern, um über literarische Werke zu diskutieren; Dorothea Schlegel und Caroline Pichler luden in ihre Salons zu geistreicher Unterhaltung. Bei den „Leseabenden" Hofbauers ging es jedoch nicht um schöne Literatur. Vielmehr wurde gewöhnlich aus einem religiösen oder kirchengeschichtlichen Buch vorgelesen und anschließend darüber diskutiert. Leider hat niemand Protokoll geführt. Wir wissen jedoch von den Teilnehmern, dass sie aus den Abendkonferenzen entscheidende Weisungen für ihr Leben mitnahmen.

Die Leihbibliothek in der Dorotheergasse

Doch Hofbauer beließ es nicht bei solchen Gesprächen. Den Katholiken, Priestern und Laien, sollten stets gute Bücher zur Verfügung stehen. Schon in Warschau hatte er sich um die Einrichtung einer Bibliothek gekümmert. In Wien hatte bereits vor Jahren, angeregt von Joseph Albert von Dießbach, eine katholische Leihbibliothek bestanden. Hofbauer bat seine Freunde und Wohltäter Baron von Penkler und Franz Graf von Széchényi sich um ihre Wiedererrichtung zu kümmern. So entstand die neue Bibliothek im Herzen Wiens inmitten der Dorotheergasse, in der damals wie noch heute Kunst und Kultur zu Hause waren. Allerdings wäre die Gründung fast noch in letzter Minute gescheitert, denn nur drei Leihbibliotheken durften laut kaiserlichem Erlass in Wien existieren. Nachdem jedoch feststand, dass nur religiöse Bücher geführt würden, wurde eine Sondererlaubnis erteilt. Leiter der Leihbibliothek wurde der Schriftsteller und spätere Redemptorist Georg Passy. Auch wenn keine Karteikarten mehr vorhanden sind, so sind wir doch über einige der dort befindlichen Bücher unterrichtet, auch darüber, dass sich Werke des bayerischen Theologen Johann Michael Sailer unter ihnen befanden.

Literarische Ölzweige

Damit sind wir bei einer weiteren Initiative Hofbauers: bei der von ihm angeregten religiös-literarischen Zeitschrift „Oelzweige", die von 1819 bis 1823 in Wien drei Mal in der Woche erschien. In dieser Zeitschrift konnte man nämlich nachlesen, welche Neuerwerbungen sich in der Dorotheergasse befanden, was nicht weiter verwunderlich ist, weil die Zeitschrift am gleichen Ort – eben in der Dorotheergasse – erschien und ihr Chefredakteur kein anderer war als der Leiter der Leihbibliothek: der spätere Redemptorist Georg Passy.

Einige Hinweise zu Inhalt, Stil und Aussageabsicht der Zeitschrift: Es wurde gesagt, die „Oelzweige" hätten einen „linientreuen, militanten Katholizismus" propagiert (Fleischmann, 167). Nichts ist falscher als das. Gemütstief, schöngeistig, romantisch-humoristisch, teilweise von mystischem Schwung, mit den vorgestellten Liedern, Erzählungen und Meditationen an den Pietismus erinnernd, doch herber und dem katholischen Dogma verpflichtet, war die Zeitschrift ein Ausdruck des Denkens und Fühlens des Kreises um Hofbauer und darüber hinaus der katholischen Wiener Romantik. Grundsätzlich ging es ihr um einen ganzheitlichen Katholizismus, der nicht nur aufgeklärt-rational den Verstand anspricht, sondern den ganzen Menschen mit Herz und Verstand und seiner Leiblichkeit.

In Hinblick auf andere Überzeugungen, Richtungen und Konfessionen war sie alles andere als „militant", vielmehr kann man ihr das Zeugnis ausstellen, das sie selbst in einem Nachruf Zacharias Werner erteilte: „Ob auch Katholik mit Leib und Seele war er gleich weit entfernt von aller Intoleranz und stellte echte Protestanten immer höher als schlechte Katholiken". So hat denn schon Friedrich Anton von Schönholz, ein Zeitgenosse Hofbauers, die „Oelzweige" im Unterschied zur „Theologischen Zeitschrift" des Burgpfarrers Jacob Frint zur „laxen" Richtung gerechnet, und auch der streng konservative Eduard Hosp hat ihr einen „weit gespannten Programmrahmen" und eine „zeitoffene Einstellung" zuerkannt.

Über die Verfasser der zumeist anonymen Beiträge sind wir, vor allem dank der Untersuchungen von Walburga Schweizer, inzwischen gut unterrichtet. So konnte sie Johann Emanuel Veith als den Autor einiger „religiös-humoristischer" Erzählungen im Jean Paul'schen Stile ausmachen. Veiths Jugendfreund Johannes Madlener steuerte selbstbiographische Stücke, Betrachtungen und hagiographische Artikel bei. Große Beachtung fand ein „philosophischer Briefwechsel" zwischen Veith und Madlener. Zu den übrigen Autoren gehörte neben den Brüdern Passy der Sohn Dorothea Schlegels, Philipp Veit, sowie Zacharias Werner, der unter anderem mit einer langen „Ode" zum Tod Hofbauers vertreten ist. Friedrich von Schlegel veröffentlichte philosophische Beiträge.

Intoleranz wurde der Zeitschrift nicht vorgeworfen, wohl aber, wie die aufgeklärte „Münchener allgemeine Literaturzeitung" 1820 bemerkte, zu viel Gefühl und „Mangel an gesundem Menschenverstand". Daher würden die „Oelzweige" verdorren, ehe sie Knospen treiben, auch wenn sie „einer der ersten Arbeiter im mystischen Weingarten Deutschlands gepfropft" habe.

Tatsächlich stellte die Zeitschrift schon nach wenigen Jahren ihr Erscheinen ein. Der Grund war der Eintritt mehrerer Mitarbeiter in den Redemptoristenorden. Hofbauers Nachfolger in der Leitung des transalpinen Ordenszweiges, Joseph Passerat, teilte nämlich nicht dessen Begeisterung für das Lesen, ja, er wollte schließlich sogar seinen Mitbrüdern das Lesen wissenschaftlicher Zeitschriften verbieten. Ihre Mitarbeit bei den „Oelzweigen" sah er nur ungern. Georg Passy musste denn auch nach seinem Eintritt ins Noviziat die Redaktion der Zeitschrift wie seine Stelle als Leiter der „Geistlichen Leihbibliothek" aufgeben.

Und dennoch: Nicht politisch korrekt

Dass Pater Hofbauer mit seinem heftigen Charakter Probleme hatte, wissen wir. Die Zeitgenossen und die Biographen haben ihm verziehen. Auch wir verzeihen ihm. Anderes wird ihm bis heute von Historikern und Theologen vorgeworfen. Manche seiner Äußerungen, so heißt es, würden wenig zu einem „kanonisierten Heiligen" passen. Gemeint ist vor allem sein Urteil über Johann Michael Sailer. Wir kommen darauf zurück.

Doch es ist nicht nur dies, was kritisiert wird. Hofbauer, so kann man lesen, habe Dinge gesagt, die wenig zu einem „Heiligen" passen. „Political correctnes" sei ihm fremd gewesen. Worum handelt es sich? Gehen wir ruhig einmal den Vorwürfen nach. Aber bitte! Legen wir nicht unsere heutigen Maßstäbe an. Versuchen wie seine Worte aus der Zeit heraus zu verstehen. Vielleicht schneidet er dann gar nicht so schlecht ab.

Hofbauer und die Frauen

Eines vor allem wurde Hofbauer vorgeworfen: Er habe ein gestörtes Verhältnis zu den Frauen. Beweis dafür sei der Satz, den er häufig wiederholte: „Sind halt Weiber!“, und der andere Satz: „Ich danke Gott, dass ich kein Weib bin und kein Weib habe“.

Klingt ja nicht gerade sehr frauenfreundlich. Aber aufgepasst! Damals hat man noch im „Ave Maria“ gebetet: „Du bist gebenedeit unter den Weibern!“. Will heißen: Hofbauer hätte heute nicht „Weiber“, sondern „Frauen“ gesagt. Das klingt schon etwas besser.

Dennoch hat sich bereits 1842 Hofbauers erster Biograph Poesl mit dem Satz „Sind halt Weiber!“ schwer getan und ihn zu verstehen versucht. Hofbauer habe diesen Satz zu den Männern gesagt, die sich bei ihm „über weibliche Wunderlichkeiten beklagten“. Nicht etwa aus Verachtung der Frauen, sondern aus „großem Mitleid wegen der ihnen anklebenden Schwächen“. Was immer damit gemeint sein mag, es sagt wohl mehr aus über die Stellung der Frau in der damaligen Gesellschaft als über Hofbauers Frauenfeindschaft.

Eine alte Schachtel

Doch Hofbauers Verhältnis zu den Frauen war tatsächlich nicht vorurteilsfrei, selbst gegenüber den Ordenschwestern. Nach seiner Ernennung zum Beichtvater im Kloster St. Ursula in Wien äußerte er: „Ich wollte lieber die halbe österreichische Armee Beicht hören als zehn Klosterfrauen!“

Pater Poesl, der diesen Satz überliefert, fügt jedoch hinzu: „Er achtete übrigens wahrhaft fromme Frauenspersonen“, und weiter, er habe das Vertrauen vieler Frauen besessen, die ihn zu ihrem geistlichen Vater erwählten. Dies galt zweifellos für einen Großteil der Ordensschwestern von St. Ursula. Sicherlich für die Laienschwester Thaddäa Taxböck, die seine tröstenden Beichtzusprüche und die Gebete, die er sie gelehrt hatte, in ihrem Notizbuch und mehr noch in ihrem Herzen bewahrte und beim Seligsprechungsprozess ein großartiges Zeugnis für Hofbauer ablegte.

Allerdings stellte Hofbauer in St. Ursula die so genannten Laienschwestern über die Chorfrauen. „Sechs Dienstboten“, sagte er voll Anerkennung, „arbeiten in einem andern Hause das nicht, was hier eine Einzige tut“. Richtig ist auch, dass Anfangs im Schwesternkonvent nicht alle Schwestern mit ihm einverstanden waren. Im Konvent herrschten Streitigkeiten. Mit „Güte und Freundlichkeit“ suchte Hofbauer jedoch die Eintracht herzustellen. Eine Novizin, die von ihrer Novizenmeisterin nicht verstanden wurde, nahm er in Schutz, mit einer alten fußkranken Schwester übte er das Gehen, und als die Oberin über die Absonderlichkeiten einer Schwester klagte, meinte er nur, man solle ihr reichlich Hühnchen zu essen geben. Dann würden sich ihre Probleme schon lösen. Eine Novizin, die sich um ihre Gesundheit Sorgen machte, beruhigte er mit den Worten: „Du wirst Profess machen und viele überleben, die jetzt rote Backen haben ..., ja du wirst noch eine alte Schachtel werden!“

Frühstück bei Hofbauer

Hofbauer hatte nicht nur mit Ordensschwestern zu tun. Es gab Frauen außerhalb des Klosters, die, wie Emanuel Veith überliefert, zu ihm ein „unbedingtes kindliches Zutrauen“ besaßen, und zwar, wie Veith glaubt, gerade deswegen, weil er Frauen gegenüber gewöhnlich zurückhaltend war und sich nicht aufdrängte.

Nicht nur die Bäckerin Gussl, bei der er zum Essen geladen war, sondern auch zahlreiche Damen aus dem Adel und dem Bildungsbürgertum, allen voran Dorothea Schlegel, fühlten sich ihm verbunden. Sophie Schlosser hat noch nach Jahrzehnten von Hofbauer geschwärmt. Freudig erinnerte sie sich an das Frühstück bei ihm in seiner Wohnung, zu dem sie und ihr Mann Johann Friedrich häufig nach dem Gottesdienst geladen waren.

Zu erwähnen sind auch drei Schwestern, die Gräfinnen von Mengershausen, die bei ihm konvertierten und deren Bedenken beim Katholischwerden er humorvoll auszuräumen verstand. Eine derselben wurde später Ordensschwester, die beiden anderen heirateten Männer, die zum engeren Hofbauerkreis gehörten.

In Warschau stand er bei der Fürstin Thecla Jablonowska in hohem Ansehen. Sie war seine Wohltäterin, auch nachdem er Warschau verlassen hatte. Als sie im Februar 1820 starb, ließ er es sich nicht nehmen, obwohl selbst zu Tode erkrankt, für sie ein Requiem zu halten.

Nicht vergessen sei schließlich Franziska Caspers, genannt Fanny, eine aus Mannheim stammende Schauspielerin. Sie hatte vormals unter der Regie Goethes in Weimar gespielt, war dann 1813 nach Wien gekommen, wo sie bei der Familie Schlegel wohnte. Bei Schlegels lernte sie Hofbauer kennen, den sie verehrte und an dessen Seite sie später begraben sein wollte.

Schließlich seien zwei Beichtkinder Hofbauers erwähnt, zum einen die ungarische Gräfin Julie Zichy, die zu den angesehensten Damen des Wiener Kongresses zählte, zum andern die Kusine Grillparzers, Maria Rizy.

Maria Rizy wollte Nonne werden. Doch Hofbauer sagte ihr, dass der Orden, in den sie eintreten werde, in Österreich noch nicht eingeführt sei. Er dachte an den Orden der Redemptoristinnen, der bis dahin nur in Italien Klöster besaß. Der Orden wurde 1830 in Österreich zugelassen. Maria Rizy wurde als Schwester Maria Benedicta von der Heiligen Dreifaltigkeit die erste Oberin der Redemptoristinnen nördlich der Alpen.

Das „getaufte Judenkind“

Nach all dem dürfte der Vorwurf, Hofbauer sei ein „Frauenfeind“ gewesen, trotz seiner überraschenden Kraftsprüche kaum Bestand haben. Wie aber stand es mit einem Ratschlag, von dem Schwester Thaddäa Taxböck vom Wiener Ursulinenkloster zu berichten wusste und den als einziger Hofbauerbiograph Matthias Bauchinger 1889 in seine Lebensbeschreibung aufgenommen hat?

Spätestens seit 1928 – damals erschien Bauchingers Buch in siebter Auflage – war dieser Rat Hofbauers vergessen worden, bis vor einigen Jahren eine „kirchenkritische“ österreichische Zeitschrift sich genötigt sah, Pater Bauchingers melodramatischen Bericht abzudrucken.

Schwester Thaddäa erzählt

Das Aufsehen, das diese Veröffentlichung hervorrief, macht es nötig, auf die Geschichte einzugehen. Folgen wir der Erzählung der Schwester Thaddäa Taxböck, welche die Quelle für Bauchingers Erzählung darstellt. Schwester Thaddäa berichtete beim Seligsprechungsprozess Hofbauers:

„Als einen besonderen Beweis, welches Vertrauen man zur Klugheit des Ehrwürdigen Diener Gottes hatte, weiß ich Folgendes mitzuteilen: Eine christliche Dienstmagd spendete einem jüdischen Mädchen, das 2 Jahre alt war, ohne Wissen der israelitischen Eltern das hl. Sakrament der Taufe. Hoch erfreut darüber, begab sich dieselbe zu einer Klosterfrau, mit der sie verwandt war, und teilte ihr mit, was sie getan.

Die Klosterfrau fand das, was sie getan, für bedenklich, und trug der Dienstmagd auf, hierüber dem Ehrwürdigen Diener Gottes Bericht zu erstatten und sich von ihm belehren zu lassen darüber, was nun weiter in dieser Sache zu geschehen habe.

Der Ehrwürdige Diener Gottes erklärte: ‚Es wäre allerdings sehr gefehlt, wenn das Kind im Judentum erzogen und leben würde. Wir wollen aber diese Angelegenheit dem lieben Gott im Gebete vortragen; vielleicht ist es seinem Willen angemessen, das getaufte Kind bei Zeiten zu sich zu nehmen'. Er versprach selbst das Gebet und empfahl auch uns Klosterfrauen auf diese seine Meinung zu beten. Kurze Zeit darauf, ich glaube, es war nach Ablauf weniger Wochen, nahm der Herr das Kind wirklich zu sich“ (*Monumenta Hofbaueriana* XI, 141).

Hofbauer und der „Fall Mortara“

Soweit Schwester Thaddäa. Der Herausgeber der erwähnten Zeitschrift sah in der Angelegenheit ein „illustratives Beispiel zur Zwangstaufe für Judenkinder und für die dahinter stehende inhumane Theologie“, das er seinen Lesern nicht vorenthalten wollte.

Nicht genug damit. Die Redaktion brachte die Erzählung in Verbindung mit dem berühmt-berüchtigten Fall des Edgardo Mortara, einem jüdischen Kind aus Bologna, das – schwer krank – ebenfalls von einem Dienstmädchen heimlich getauft worden war. Als der Landesherr, der kein anderer war als der „Papst-König“ des Kirchenstaats, nämlich Pius IX., davon erfuhr, ließ er das Kind seinen Eltern wegnehmen, er übernahm seine Patenschaft und ließ es katholisch erziehen. Denn, so glaubte der Papst, ein Christenkind könne doch nicht von Nichtchristen in einem anderen Glauben erzogen werden. Tatsächlich wurde Edgardo später Augustinerchorherr. Er starb 1940 in Belgien. Der Fall, der damals großes Aufsehen erregte, wurde durch ein 1998 erschienenes Buch – eine Anklage der katholischen Kirche –

und später durch dessen Verfilmung wieder ins Gedächtnis der Öffentlichkeit gerufen.

Nun gibt es keinen Zweifel, dass verblüffende Ähnlichkeiten zwischen beiden Fällen bestehen. Beide Male handelt es sich um „bedenkliche", unkluge Handlungen von Angestellten, die ein krankes jüdisches Kind nicht ohne Taufe sterben lassen wollten und sich zu einer „Nottaufe" berechtigt glaubten. Um eine „Zwangstaufe", wie in grauer Vorzeit bei der „Bekehrung" der Sachsen oder bei der spanischen Inquisition oder im 19. Jahrhundert in Russland, wo Zar Nikolaus Tausende von jüdischen Kindern ihren Eltern wegnehmen, anschließend taufen und in die Soldatenschulen stecken ließ – um eine solche Zwangstaufe handelte es sich gewiss nicht.

Es gibt aber nicht nur Parallelen zwischen dem Bericht der Schwester Thaddäa und dem „Fall Mortara", sondern auch Unterschiede. Schwester Thaddäa sieht in der Reaktion Hofbauers ein Zeichen außergewöhnlicher Klugheit und sie hat insofern Recht, als Hofbauer nicht gewaltsam eine Lösung herbeiführen oder gar das Kind den Eltern wegnehmen wollte. Hofbauer überlässt die Sache Gott. Und genau hier liegt der Unterschied zum Fall Mortara.

Eine inhumane Theologie?

Was uns heute vielleicht kaum verständlich erscheint, ist die Tatsache, dass Hofbauer es für so schlimm fand, wenn ein getauftes Kind im jüdischen Glauben aufwachsen muss. Doch Hofbauer war eben auch hier ein Kind seiner Zeit. Was er sagte, hatte mit „Antisemitismus" nichts zu tun und auch nichts mit einer „inhumanen Theologie". Wenn er anders reagiert hätte, wäre dies für die Katholiken seiner Zeit völlig unbegreiflich gewesen.

Aber galt denn das Leben eines Kindes für Hofbauer wirklich so wenig? Sicher nicht. Doch als Mensch, dem der Glaube über alles ging, war er gewiss überzeugt, dass das ewige Leben bei Gott alle Freuden des irdischen Lebens übersteigt. Ist eine solche Einstellung inhuman?

Im Übrigen darf nicht vergessen werden, dass die Menschen damals zum Tod eines Kindes eine andere Einstellung hatten als wir. Noch zu Beginn des 19. Jahrhunderts starben ein Drittel aller Kinder vor Erreichung des zehnten Lebensjahres. Die Familie Hofbauers machte, wie wir sahen, keine Ausnahme. Eine Familie musste viele Kinder haben, um einige „durchzubringen". Den Tod der übrigen nahm man als unabwendbar hin. Die heutige „affektive Beziehung zu Kindern" war unbekannt. „Das Verhältnis zu den Kindern war unsentimental, kurz, streng, distanziert, von Disziplin und Gehorsam, Arbeit und Prügel bestimmt" (Nipperdey). Kinder galten als kleine Erwachsene. Kindsein als eigener, in sich wertvoller Lebensabschnitt wurde erst in der Zeit des Biedermeier vom Bürgertum entdeckt.

IV. Auseinandersetzungen

Johann Michael Sailer

Hofbauers Stellungnahme zu Sailer! Was ist darüber nicht alles schon geschrieben worden, auch von solchen, die sonst von Hofbauer nicht viel wissen!

Hofbauer hat den gütigen, milden Gelehrten, den „bayerischen Kirchenvater" und unvergesslichen Priestererzieher, den Papst Johannes Paul II. als „erfolgreichen Urheber der katholischen Erneuerung in seinem Vaterland", als „scharfsinnigen Verfechter der rechten Lehre" und als „Vorboten der neueren ökumenischen Bewegung" gepriesen hat ..., Hofbauer hat diesen Mann verleumdet, angeschwärzt, in Rom denunziert. In der Tat, so wird uns gesagt, ein dunkler Punkt in seinem Leben, der durch nichts, aber auch gar nichts, was er Gutes getan hat, wieder weiß gewaschen werden kann. Hofbauer ist und bleibt ein verbohrter, engstirniger, kleinlicher Denunziant, ein in seinen Vorurteilen eingemauerter Reaktionär. Alles kann ihm vergeben werden, nur das nicht.

Versuchen wir dennoch, das Thema aufzugreifen und dabei die Quellen zu befragen, auch solche, die bisher unterschlagen wurden. Keine Angst, Hofbauer soll nicht geschont werden! Wo er geirrt hat, soll ihm keineswegs Recht gegeben werden – wie dies leider immer wieder versucht worden ist –, aber eines muss man ihm zubilligen: wenn er schon vor den Richterstuhl der Geschichte gezerrt wird: er soll die Motive für sein Urteil nennen dürfen. Vielleicht, dass ihm dann zum Mindesten „mildernde Umstände" zugestanden werden.

Woher kam es, dass schon die Zeitgenossen, die in gleicher Weise Hofbauer wie Sailer schätzten, bedauernd feststellten, er könne mit Sailer einfach nichts anfangen? So notierte sich Sophie Schlosser am 20. November 1814 in ihr Tagebuch:

„Von Pater Hofbauer erzählte mir Frau Schlegel, er sei bei all seiner Trefflichkeit nicht immer vorurteilsfrei gegen andere. So sei er über Gebühr gegen Sailer eingenommen, dem er nun einmal nichts Gutes

zutraue. Auch sei es unmöglich ihm diesen Wahn zu benehmen, sie hätte es schon mehrmals versucht, er aber höre über diesen Punkt niemand an" (SCHLOSSER, *Tagebuch 1922*, Eintrag vom 20. November 1814).

Was war der Grund? War es die Verschiedenheit der Charaktere? Stand dahinter der Gegensatz zwischen Universitätstheologie und Volkskatholizismus? Oder zwischen Rom und Deutschland, vielleicht sogar zwischen Österreich und Bayern? Haben wir es also mit zwei inkompatiblen Katholizismen zu tun? Doch folgen wir den Quellen, um eine Antwort zu finden.

Die Jesuiten von St. Salvator

Das Ganze fing mit den Jesuiten an. Seit Hofbauer 1782 den Exjesuiten Nikolaus Albert von Dießbach kennen gelernt hatte, verehrte er den Jesuitenorden, wie er andererseits auf Papst Klemens XIV. (1769–1774), der den Orden aufgehoben hatte, schlecht zu sprechen war. Nur mit Hilfe der Jansenisten sei Klemens Papst geworden, pflegte er zu sagen.

In den Redemptoristen sah Hofbauer die geborenen Nachfolger der Jesuiten, wie noch sein Regelentwurf aus dem Jahre 1819 beweist, auch wenn mit der Wiedererrichtung der Gesellschaft Jesu sein Traum, dass die Redemptoristen an die Stelle der Jesuiten treten könnten, ausgeträumt war. Hochbegabte Priester, die ursprünglich Redemptoristen werden wollten, entschieden sich für das Original und traten ins Noviziat der Jesuiten ein.

Auch nach der Aufhebung des Jesuitenordens suchte Hofbauer den Geist des heiligen Ignatius von Loyola aufzuspüren. So stand er mit dem Paccanaristen Graf Sineo della Torre in Verbindung, einem Mann, der mit allen Mitteln die Wiedererrichtung des Jesuitenordens anstrebte. Den wirklich unverfälschten Geist der Gesellschaft Jesu glaubte er jedoch in Augsburg im Kolleg von St. Salvator zu finden. Dort bildeten mehrere Jesuiten unter der Leitung des letzten oberdeutschen Provinzials P. Maximus Mangold mit Erlaubnis des Bischofs und Landesherrn, des Kurfürsten Clemens Wenzeslaus von Sachsen, auch nach der Aufhebung des Ordens ein Kolleg und unterrichteten an einer theologischen Hochschule.

Wenn irgendwo in Deutschland, dann war bei den „Ex-Jesuiten" von St. Salvator das alte Jesuitengelöbnis, die bedingungslose Unterwerfung unter den Heiligen Stuhl, noch immer gültig. Treue zur unverfälschten katholischen Lehre predigten die Patres von St. Salvator und verbreiteten sie in ihren Schriften. Hervorzuheben sind P. Aloys Merz und P. Jakob Anton Zallinger zum Thurn, die einen guten Draht zur römischen Kurie hatten.

Sie hatten es nicht immer leicht, die „Salvatorianer" aus Augsburg. Wer unter den kirchlichen Aufklärern einen Namen hatte – der Jesuitenfresser Andreas Zaupser in München, die jansenistisch angehauchten Benediktiner im oberfränkischen Kloster Banz, Mark Anton Wittola in Wien –, sie alle schossen sich in ihren Schriften auf sie ein. Eine Plage seien sie, nichts anderes als „die Heuschrecken aus dem neunten Kapitel der Offenbarung des heiligen Johannes".

Sie gaben nicht weniger heftig zurück. Überall witterten sie eine verkehrte Aufklärung. Insbesondere in Dillingen, wo sie die theologische Hochschule wie das Knabenseminar von den gefährlichen neuen Lehren angesteckt glaubten. Denn dort lehrten die Hochschulprofessoren Johann Michael Sailer, Joseph Zimmer und Joseph Weber und die mit ihnen befreundeten Gymnasiallehrer Anton Joseph Hörmann, Johann Michael Feneberg, Anton Keller und Anton Weiß. Vor allem die Jugendfreunde Sailer und Feneberg, die als ehemalige Jesuiten-Novizen in Landsberg die Unterdrückung des Ordens erlebten, waren ihnen ein Dorn im Auge.

Sailer wird abgesetzt

Johann Michael Sailer hatte seine wissenschaftliche Laufbahn an der bayerischen Landesuniversität Ingolstadt begonnnen und war prompt als Jesuitenschüler und obskurer „Pater Sailer" von der Universität entfernt worden. Nachdem der angebliche „Römling" jedoch 1784 als Professor der Pastoraltheologie und Ethik an die neu organisierte Universität in Dillingen berufen worden war, wurde er schon bald zum Anziehungspunkt von Studenten aus dem ganzen deutschen Sprachraum. Seine philosophischen, moral- und pastoraltheologischen Werke zeichneten sich in gleicher Weise durch Offenheit für die geistigen Strömungen der Zeit wie durch ihre Verankerung in der Heiligen Schrift und durch eine betonte Christozentrik aus. Bemerkenswert waren seine Kontakte zu führenden Gestalten anderer Konfessionen, so zu dem pietistischen Zürcher Theologen Johann Caspar Lavater, die ihn zu einem Vorläufer der ökumenischen Bewegung machten.

Bei seinen ehemaligen Mitbrüdern in Augsburg jedoch galt er, seit er sich von der jesuitischen Scholastik gelöst hatte, in zunehmendem Maße als glaubensfeindlicher Aufklärer und Illuminat. Schließlich denunzierten sie ihn beim Münchener Nuntius Giulio Cesare Zoglio und bei der Leitung der Diözese, was umso eher Erfolg hatte, weil sie über das Augsburger Bankhaus Obwexer, aus dem drei ihrer Mitbrüder stammten, Druck ausüben konnten. Es kam zu einer bischöflichen Untersuchung, die damit endete, dass Sailer am 5. November 1794 seine Professur verlor. Er wurde als Hofprediger nach München berufen, doch musste er diese Stelle auf Betreiben des Nuntius bereits zu Beginn des Jahres 1795 wieder verlassen und verbrachte nun bis 1799 seine „zweiten Brachjahre" in Ebersberg.

Die Allgäuer Erweckungsbewegung

1797 folgten die bischöflichen Untersuchungen gegen Sailers Freund Johann Michael Feneberg, der inzwischen als Pfarrer von Seeg im Allgäu zum Mittelpunkt einer religiösen Erweckungsbewegung geworden war, die als ein Hinüberschwingen des württembergischen Pietismus in die katholische Kirche verstanden werden kann. Es besteht kein Zweifel, dass sie in ihrem Kern eine tief innerliche Frömmigkeit zum Ausdruck brachte und dass der Mittelpunkt der Bewegung, der gemütstiefe Feneberg, ein integrer, ja heiligmäßiger Mann war. In seiner von hoher Achtung und herzlicher Zuneigung zeugenden Schrift „Aus Fenebergs Leben" hat Sailer als zentrale Botschaft der Bewegung herausgestellt: „Christus für uns, Christus in uns. Für uns starb er am Kreuze, in uns lebt sein Geist".

Allerdings mag sich das Erlebnishafte bisweilen zu sehr in den Vordergrund gedrängt haben, etwa bei dem Jesuiten- und Sailerschüler Martin Boos, den Sailer einen „Wurzel- und Felsenmann" nannte, dessen Angelegenheit „in der Hauptsache aus Gott" sei, und das, obwohl Boos – wie Martin Luther – überzeugt war, dass wir „durch den Glauben an Christus umsonst und aus Gnade“ erlöst seien. Sailer stand zu ihm, auch nachdem er von den Augsburger Kirchenrichtern gemaßregelt worden war und schließlich 1806 in Gallneukirchen in der Diözese Linz bei Bischof Gall Unterschlupf gefunden hatte.

Spätestens die „Gemeinsame Erklärung zur Rechtfertigungslehre des Lutherischen Weltbundes und der Katholischen Kirche“ vom 31. Oktober 1999 hat Boos und Sailer Recht gegeben. Problematischer freilich waren manche Absonderlichkeiten der Allgäuer „Erweckten“. Zu erwähnen ist die Rolle, die erleuchtete Frauen als „geistliche Gebärmütter“ bei der Erweckung spielten.

Sailer wird „erweckt“

Sailerforscher wie Hubert Schiel haben darauf hingewiesen, dass auch Sailer „erweckt“ worden sei, auch wenn er nie völlig auf das Korrektiv seines Verstandes verzichtet habe. In seinem siebenundvierzigsten Lebensjahr wurde er, wie er in sein Tagebuch schrieb, gequält von dem Gedanken: „Ist dir die Sünde denn wirklich vergeben?“ Nach inneren Seelenqualen fand er zur Gewissheit: „Nur Gott in Christus die Welt mit sich versöhnend kann dich retten!“

Die Quellen verraten uns, was hinter diesen Zeilen stand: Am 18. Dezember 1796, dem vierten Adventssonntag, begab sich Kaplan Martin Boos in Begleitung der erweckten jungen Frauen Theres Erdt (1771–1851) und Magdalena Fischer (geb. 1761) nach Seeg zu Feneberg, bei dem Sailer auf Besuch weilte. Die Frauen bestürmten Sailer, er solle sich nicht zu sehr von seinem Verstand, sondern vom Herrn allein leiten lassen. Falls die Aussagen der Beteiligten der Wahrheit entsprechen, ging Sailer auf die Bitte ein und schrieb wenig später auf Lateinisch:

„Gott schenkte mir einen unerklärlichen Seelenfrieden. Ich zweifle nicht, dass der Herr im leisen Säuseln kommen wird oder schon da ist. Johannes taufte mit Wasser, Christus aber mit dem heiligen Geist“ (Dussler, 154).

Im Frühjahr 1797 begann die Untersuchung des Augsburger Konsistoriums gegen die Erweckungsbewegung, bei der auch die „Erweckung“ Sailers zur Sprache kam. Bei der Untersuchung stellte sich heraus:

„So oft die Verbrüderten zusammenkommen, es möchten nun Geistliche oder Weltliche, Manns- oder Weibsbilder sein, geschehen beinahe jederzeit wechselseitige Küsse, Drückungen und dergleichen“ (DUSSLER, 156 f.).

Schlimmer noch. Es zeigte sich, die Erweckten seien der Ansicht, „dass man in einer Nacht, wo man im Gespräche von der Liebe Jesu, vom Wachstum der Gnade, von heiligen Einsprechungen einschlafe, ja auch rein und ohne Gottes Gebote zu übertreten, beisammen schlafen könne“.

Gewiss, es handelte sich um Entgleisungen, gegen die Feneberg und Sailer ankämpften. Doch sie wurden Sailer angelastet, zumal ausgerechnet Theres Erdt, die bei seiner „Erweckung“ eine Rolle gespielt hatte, in sie verwickelt war. Ihre Rolle als „geistliche Gebärmutter“ ging so weit, dass Geistliche und Laien bei ihr eine Generalbeichte ablegten. Seit 1801 war sie Haushälterin bei dem ebenfalls erweckten Pfarrer Johann Baptist Langenmeyer in Zahling und in Kirchberg am Inn. Sie hatten zusammen zwei Kinder, die bei ihnen wohnten. Dass Sailer die beiden besuchte und ihre Kinder segnete, wurde ihm von seinen Gegnern übel genommen.

Ein denkwürdiges Treffen in Ebersberg

Doch kehren wir zu Hofbauer und den Augsburger Exjesuiten zurück. 1795 stieg Hofbauer, wahrscheinlich auf Empfehlung von Dießbach, das erste Mal auf einer Reise nach Südwestdeutschland in St. Salvator ab. Das den Patres verbundene Bankhaus Obwexer betraute er mit Geldgeschäften. Gesprächsthema dürfte unter anderem Sailer gewesen sein. Ähnliches gilt für die folgenden Besuche, wobei vor allem die Allgäuer Erweckungsbewegung im Mittelpunkt gestanden haben dürfte. So im Frühjahr 1798, als Hofbauer, aus der Schweiz kommend, in Augsburg Halt machte. Es könnte bereits damals gewesen sein, dass ihm über Sailer Dinge erzählt wurden, die ihn „schaudern machten“, nämlich „dass eine seiner Anhängerinnen sogar Beichte hörte“.

Es folgte die einzige Begegnung Hofbauers mit Sailer. Hofbauer entschloss sich, wie er selbst schreibt, Sailer in seinem „Exil“ in Ebersberg aufzusuchen, „um zu erfahren, was es mit dem vielen Gerede für und gegen ihn auf sich habe“. Nur eine halbe Stunde – es dürfte im März 1798 gewesen sein – blieb Hofbauer bei Sailer im Ebersberger Pfarrhof. Was geschah in dieser halben Stunde? Wir wissen es nicht. Hofbauer scheint, wenn man seinen eigenen Worten glauben darf, fast fluchtartig das Haus verlassen zu haben. Er, der glaubensstarke Mann, schreibt, er sei gegangen, um nicht den Glauben zu verlieren. Sah er seine Vorurteile, die er von St. Salvator mitbrachte, bestätigt? Oder verdunkelte noch immer der psychische Zusammenbruch, den er kurz zuvor in der Schweiz erlebt hatte, sein Urteilsvermögen? Sailer jedenfalls war der Ansicht:

„Der gute P. Hofbauer hat sich diese Fabeln nur von einigen gegen mich feindlich gesinnten Professoren in Augsburg, die mich eben von Dillingen weglästerten, in seinen Kopf einbilden lassen“ (Schiel I, 604).

Dennoch hatte er von Hofbauer den besten Eindruck. 1803 schrieb er:

„Hofbauer ist ein frommer, inniger Mann, den ich liebe. Er hat mich besucht. Sein Herz ist rein, sein Verstand helle genug, um die katholische Religion in ihrer Andachtsform fortzupflanzen“ (Schiel I, 287).

Hofbauer bleibt misstrauisch

Anders war es bei Hofbauer. Er hat später zwar Sailer bestätigt, er habe ihn nie beleidigt, vielmehr stets seine Freundschaft gesucht. Von seinen Schülern bezeugte er: „Er hat sehr viele Anhänger und diese sind wirklich fromm“. Aber trotzdem kam er nie von seinem Argwohn Sailer gegenüber los, der so weit ging, dass er dem Wiener Professor Ackermann befahl, er möge die Bücher Sailers aus seiner Bibliothek entfernen. Ja, man gewinnt fast den Eindruck, dass er ganz bewusst nach Irrtümern Sailers forschte, die er sich notieren ließ.

Besonders ein Ereignis schien ihm Recht zu geben. Sailer hatte einem Freund, dem katholisierenden Arzt Johann Carl Passavant, den Rat gegeben, vorerst nicht katholisch zu werden, da er der Ansicht war, seine Motive würden nicht für eine Konversion ausreichen. Im Übrigen, so erklärte er ihm, sei der katholische Glaube subjektiv nicht notwendig, um das ewige Heil zu erlangen. Passavant begab sich wenig später nach Wien, wo er sich häufig mit dem Vertrauten Hofbauers Johann Emanuel Veith traf. Dabei kamen sie auch auf Sailer zu sprechen. Auf Veiths Frage, warum er nicht katholisch werde, antwortete Passavant: „Wenn mir Sailer ein Wort sagt, werde ich katholisch. Aber Sailer fand das nicht angebracht" (Haringer, 54). Das war Wasser auf die Mühlen Hofbauers, der offensichtlich seine Umgebung bereits auf seine Seite gebracht hatte, denn Passavant war überrascht von der kritischen Haltung gegenüber Sailer, die ihm in Wien, selbst bei Friedrich Schlegel, begegnete.

Ähnliches stellte Sailers Freund Josef Weinhofer, Pfarrer von Pinkafeld, fest, der am 16. April 1817 an Sailer schrieb, in Wien werde von ihm erzählt, er habe einem protestantischen Arzt geraten, sich mit der „fides implicita" zu begnügen, ohne äußerlich katholisch zu werden. Ferner werde ihm vorgeworfen, dass für ihn jeder, der nur den lebendigen Glauben an Christus habe, „mit zur katholischen Kirche gehöre", dass er sich für den „Hypermystizismus" einsetze, dass er der Ansicht sei, „eine wieder geborene Weibsperson" könne Beichte hören. Auch sonst werde viel über seltsame Vorkommnisse – „Küsse und andere Sinnlichkeiten" – bei den Hypermystikern in der Umgebung Sailers geredet.

Ein bedenkliches Gutachten

So sehr solches Gerede in der Umgebung Hofbauers Sailer schadete, so gab es doch – auch in Wien – genügend Katholiken, die fest zu ihm standen. So wäre wohl früher oder später die ganze Angelegenheit im Sand verlaufen, wenn nicht im Frühjahr 1817 Sailer beim bayerischen König Max I. für den Bischofsstuhl von Augsburg vorgeschlagen worden wäre, was Rom jedoch wenig behagte. In diesem Zusammenhang ersuchte der Wiener Nuntius Antonio Conte di Severoli zwei Männer, auf deren Urteil er viel gab, mit der Abfassung eines Gutachtens. Der eine war Franz Sebastian Job, der andere Hofbauer. Während nun Job Sailer das beste Zeugnis gab, tauchen im Gutachten Hofbauers, verfasst Ende März 1817, alle die Anklagen auf, die auch Pfarrer Weinhofer in Wien gehört hatte. Sailer sei zwar ein Christ, aber er nehme es mit der äußeren Form nicht sehr genau. Die katholische Kirche habe nach seiner Ansicht nicht das Monopol auf den Heiligen Geist. Er und seine Anhänger würden sich eher für ein inneres Christentum aussprechen. Wenn sie von der Kirche reden, wisse man nicht, welche Kirche sie meinen. Vor allem aber sei Sailer dem „Mystizismus" ergeben. Dies bewiesen seine Kontakte zu Lavater und zu den Pietisten in Württemberg, besonders aber seine Beziehungen zur Allgäuer Erweckungsbewegung. Auch hier taucht dann die Feststellung auf, dass eine Anhängerin Sailers sogar Beichte höre. Hofbauer schließt mit dem Satz:

„Wenn Sailer in Augsburg oder anderswo Bischof würde, wo er bekannt ist, würden wenige Geistliche die Jurisdiktion von ihm annehmen, weil sie sagen, er sei gefährlicher als Luther; dieser habe offen die Kirche umzugestalten gesucht, während Sailer dies im Geheimen betreibe" (Schiel I, 529 f.)

Ein schauerliches Zeugnis

Sailer, der sehr schnell von den Vorgängen erfuhr, setzte sich sofort zur Wehr. Noch im April 1817 ließ er über Sebastian Job dem Nuntius Severoli ein Rechtfertigungsschreiben zukommen. Allerdings ist es sehr allgemein gehalten und bezieht sich eher auf die Vorwürfe, die Pfarrer Weinhofer ihm mitgeteilt hatte. Er bekannte sich zur römisch-katholischen Kirche, zum Papst, zu einem in guten Werken tätigen Glauben und zu den Sakramenten. In einem Schreiben an Weinhofer distanzierte er sich gleichzeitig entschieden von jedem „Hypermystizismus" und erklärte es als gotteslästerliche Meinung, „dass eine wiedergeborene Weibsperson Beichte hören und lossprechen könne".

Das Gutachten Hofbauers selbst scheint Sailer erst 1820, nach dem Tod Hofbauers, zu Gesicht bekommen zu haben. Noch immer nämlich wünschten einflussreiche Kreise in Bayern einen Bischofsstuhl für Sailer. An deren Spitze aber stand kein Geringerer als der Kronprinz und spätere König Ludwig I, der Sailer als seinen Lehrer verehrte. Nach wie vor war jedoch Rom gegen einen „Bischof Sailer". Daher suchte der Kardinalstaatssekretär Consalvi dem Kronprinzen seine Pläne auszureden, und um dem Nachdruck zu verleihen, sandte er ihm das Gutachten Hofbauers. Consalvi wusste nämlich, offensichtlich unterrichtet von Severoli, von den Begegnungen Hofbauers mit dem Kronprinzen während des Wiener Kongresses, bei denen Hofbauer auf Ludwig einen tiefen Eindruck gemacht hatte. Darauf spielte er nun an. Ludwig jedoch weihte seinen Freund, den Medizinalrat Johann Nepomuk Ringseis, in die Angelegenheit ein und dieser schickte das Gutachten Hofbauers an Sailer. Sailer schrieb daraufhin an Ringseis:

„Was das Hofbauersche Zeugnis wider mich aussagt, ist allerdings schauerlich zu lesen, allein ich darf mit Paulus sagen: Gott ist mein Zeuge, dass ich nicht lüge: es ist nicht eine einzige Angabe wahr" (Schiel I, 604).

Sailer wusste sehr wohl, woher „der gute Hofbauer" seine „Fabeln" und „Karikaturen" hatte: von den Exjesuiten von St. Salvator. Seine Ernennung zum Bischof haben diese „Fabeln" verzögert, doch nicht ganz verhindert. Sailer wurde schließlich 1829 Bischof von Regensburg.

Darf ein Heiliger verbohrt sein?

Was sollen wir nach all dem über Hofbauers Stellungnahme zu Sailer denken? Führende Redemptoristenhistoriker haben übereinstimmend festgestellt: Im Falle Sailer habe Hofbauer seine sonst so gerühmte Menschenkenntnis verlassen. Was waren die Gründe? Waren es letztlich doch zwei verschiedene Katholizismen, welche die beiden nicht zusammenkommen ließen? Mag sein.

Doch der Hauptgrund für Hofbauers Argwohn, ob berechtigt oder nicht, lag anderswo. Hofbauer war nicht nur im Falle Sailer überkritisch gegenüber allem, was er für „hypermystisch" hielt. Er hatte einmal geäußert, selbst wenn Christus erscheinen würde, würde er es für nichts erachten gegenüber dem Evangelium. Seine Mitbrüder bekamen sofort seinen Unwillen zu spüren, wenn sie irgendwelchen Visionen frommer Frauen Glauben schenkten. Im Falle Sailer freilich hätte er sich von diesem selbst Klarheit verschaffen sollen. Dass er ihn in Ebersberg besuchte, war das Beste, was er tun konnte. Dass er ihn nach einer halben Stunde fluchtartig verließ, war das Schlimmste, was er tat.

Ist er deswegen ein „unsympathischer Heiliger"? Darf ein „Heiliger" in einer so wichtigen Sache so sehr irren, oder – sagen wir es offen – so verbohrt sein? Tatsächlich hat der „Advocatus diaboli" beim Seligsprechungsprozess diese Verbohrtheit zur Sprache gebracht. Offensichtlich aber fiel schlussendlich Hofbauers Leib- und Seelsorge, seine praktische Menschenliebe mehr ins Gewicht.

Ignaz Heinrich von Wessenberg

Ein beliebtes Thema fast aller Biographien Hofbauers ist seine Auseinandersetzung mit Ignaz Heinrich von Wessenberg. Hofbauer wird eine hochpolitische Rolle zugeschrieben. Er habe die von dem Josephiner Wessenberg geplante Gründung einer von Rom unabhängigen deutschen katholischen Nationalkirche verhindert. Die Biographen Hofbauers standen allerdings mit solchen Aussagen nicht allein. Die Zeichnung Wessenbergs als eines radikalen Josephinisten, Staatskirchlers, Aufklärers und Rationalisten ist typisch für die ultramontane Geschichtsschreibung. Die Hofbauerbiographen stimmten fröhlich mit ein, auch nachdem die quellenkritische Forschung dieses Zerrbild schon längst widerlegt hatte.

Wie aber war es wirklich? Wie stand Hofbauer zu Wessenberg und was hatte es mit der Verhinderung einer angeblichen deutschen Nationalkirche auf sich?

Reform aus dem Geist des Evangeliums

Ignaz Heinrich Reichsfreiherr von Wessenberg entstammte einer alten schwäbischen Adelsfamilie. 1790 bis 1792 besuchte er das Gymnasium der Exjesuiten von St. Salvator in Augsburg. Die veraltete – lateinische – Unterrichtsmethode veranlasste ihn, 1792 bis 1794 zu den philosophischen Studien an die im Sinne der kirchlichen Aufklärung reformierte bischöfliche Universität Dillingen zu wechseln. Hier lernte er Johann Michael Sailer schätzen, dessen von den Augsburger Exjesuiten betriebene Absetzung er aus nächster Nähe miterlebte. Zeit seines Lebens blieb er mit Sailer verbunden. Seine Ausbildung setzte er in Würzburg und Wien fort.

In Würzburg kam es zur Begegnung mit dem späteren deutschen Primas Carl Theodor von Dalberg, der sogleich die hohe Begabung des jungen Mannes erkannte und darum wusste, dass er sich mit Begeisterung für die „Verbesserung der kirchlichen Zustände" einsetzen würde. Im Jahr 1800 übernahm Dalberg die Regierung des Bistums Konstanz, das einen erheblichen Teil Süddeutschlands und der Schweiz umfasste. Sogleich trug er Wessenberg, der seit 1799 Subdiakon war, das Amt eines Generalvikars an. Im April 1802 trat Wessenberg dieses Amt an.

Wessenberg wollte nicht nur Verwalter seiner Diözese sein. Er war bestrebt, bei Klerus und Volk die Reformideen der kirchlichen Aufklärung, wie er sie bei Sailer kennen gelernt hatte, durchzusetzen. Die Seelsorge stand im Vordergrund und im Dienst der Seelsorge eine „durchgreifende Reform" der Katechese und eine Verlebendigung des Gottesdienstes. Aus den Gesängen und Gebeten beim Gottesdienst sollte die „lichte Wärme" sprechen, die im „Geist des Evangeliums" wurzelt. Doch Wessenberg wusste, dass eine Veränderung nicht durch Verordnungen von oben erreicht würde. Der Klerus sollte von Grund auf neu geformt werden. Es ist allerdings nicht ganz falsch, wenn gesagt wurde, er sei seiner Zeit um 150 Jahre voraus gewesen und hätte gut zu den Reformbischöfen Frings und Döpfner beim Zweiten Vatikanischen Konzil gepasst. So wenn er die Volkssprache bei der Sakramentenspendung oder die Abhaltung von deutschsprachigen Vespern einführte.

Vieles, für das er sich einsetzte, entsprach dem seelsorgerischen Engagement Hofbauers, etwa die Förderung des Volksgesangs beim Gottesdienst, ferner die Bedeutung, die er der Predigt und Katechese beimaß. Das Gleiche gilt von seinen Initiativen auf dem Gebiet der Pädagogik, von seiner Sorge für gediegene Schulen, auch für die Mädchen. Lediglich in einem Punkt stimmten beide nicht überein. Hofbauer gab der Volksfrömmigkeit und dem ganzheitlichen Erleben der Religion einen weiten Raum, Wessenberg hingegen überstürzte in seinem Eifer manche Reformen, ohne auf das Empfinden des Volkes Rücksicht zu nehmen.

Für die Deutsche Kirche

Wie aber stand es mit Wessenbergs Gründung einer von Rom unabhängigen Nationalkirche? Wessenberg hat niemals eine Trennung von Rom angestrebt. Wohl aber ging es ihm in gleicher Weise wie Dalberg um das Wiedererstarken der Ortskirche. Es ging ihm darum, die deutsche Reichskirche, die zusammen mit dem alten Deutschen Reich untergegangen war, möglichst wieder herzustellen, nicht gegen Rom, sondern mit Rom und zwar mit Hilfe eines Reichskonkordats.

Doch Rom, genauer die kurialen „Zelanti" (Eiferer), nützten die einmalige Chance, in Deutschland die Ultramontanisierung und Zentralisierung durchzusetzen und einen neuen Bischofstyp zu kreieren, einen Bischof, der nicht mehr selbständiger Kirchenfürst auf Grund göttlichen Rechtes ist, sondern Befehlsempfänger des Papstes, ihm und seinem Universalepiskopat in allem unterworfen. Und das alles mit Hilfe der Nuntien. Eine Vorreiterrolle spielte dabei der am bayerischen Hof akkreditierte „Hofbischof" Zoglio, der seit 1803 jedoch bei weitem überboten wurde durch den Nuntius von Luzern Fabrizio Sceberras Testaferrata. Testaferrata war es, der eine regelrechte Verfolgungsjagd auf Wessenberg veranstaltete und den Generalvikar Dalbergs und Administrator des Bistums Konstanz nicht nur seines kirchlichen Amtes zu berauben suchte, sondern darüber hinaus die Zertrümmerung des ganzen Bistums Konstanz anstrebte.

Dies gelang schließlich im Gefolge des Wiener Kongresses. Wessenberg selbst blieb zwar bis zur gänzlichen Auflösung des Bistums Konstanz 1827 im Amt, die Bemühungen jedoch, ihm eines der neuen Bistümer Freiburg oder Rottenburg zu übertragen, waren zum Scheitern verurteilt. Wessenberg widmete sich fortan, seiner Ämter beraubt, der wissenschaftlichen Arbeit und der Veröffentlichung religiöser und kirchenhistorischer Werke.

Zwei Seelsorger lernen sich schätzen

Gehen wir der Beziehung Hofbauers zu Wessenberg nach:

Seit 1797 bemühte sich Hofbauer um eine Klostergründung in einem ehemaligen Schwesternkloster auf dem Berge Tabor bei Jestetten im Klettgau in der Nähe von Schaffhausen, dort wo die Grenzen zwischen Deutschland und der Schweiz einmal links, einmal rechts des Rheines verlaufen. 1802 konnte er das Kloster käuflich erwerben. Versehen mit einem Empfehlungsschreiben des Wiener Nuntius Severoli an Wessenberg reiste er zusammen mit Pater Hübl, mit dem Klerikerstudenten Franz Xaver Hoffbauer und dem Novizen Johannes Sabelli nach Konstanz. Dort kamen sie am 27. Dezember an. Sogleich begab sich Hofbauer zu Wessenberg.

Es war eine denkwürdige Begegnung. Beide Seelsorgspraktiker hatten den besten Eindruck von einander. Hofbauer schrieb an Severoli, er sei überrascht von Wessenbergs „guten und gesunden Grundsätzen“, von seinem Eifer für die Ehre Gottes und das Heil der Seelen, „wie ich es bei ihm nicht erwartet hätte, da er noch sehr jung ist“.

Wessenberg seinerseits teilte Severoli mit, die Begegnung mit Hofbauer habe ihn „mit lebhafter Freude erfüllt“. Und weiter:

„Die edlen Ziele des Instituts, das er auch in diesen Gegenden zu verbreiten wünscht, insbesondere hinsichtlich einer besseren Erziehung in den Grundsätzen der katholischen Wahrheit, sowie hinsichtlich der christlichen Tugend, entsprechen völlig den dringendsten Bedürfnissen der Gegenwart. Der Eifer aber, mit dem sich Hofbauer und seine Gefährten diesen Zielen widmen, scheint mir aufrichtig und durchaus lobenswert zu sein“ (*Monumenta Hofbaueriana* V, 10).

Wessenberg erteilte Hofbauer alle nötigen Vollmachten für die Seelsorge.

Kaum hatten die Patres ihr Kloster bezogen, da wurden sie auch schon vom Regierungsdirektor des Klettgaus bestürmt, sie möchten die Leitung eines Gymnasiums übernehmen. Hofbauer hätte gerne zugesagt. Er antwortete, er sei grundsätzlich nicht dagegen, müsse aber erst die Lehrer ausbilden. Er träumte von der Errichtung eines Noviziats- und Studienhauses auf dem

Berge Tabor. Daher ließ er den langjährigen Novizenmeister Pater Passerat aus Warschau kommen und ernannte ihn zum Novizenmeister und Studienleiter sowie zum Oberen für alle ferneren Gründungen in der Schweiz, Deutschland und Frankreich. Bald stellten sich zahlreiche Klosterkandidaten ein. Im September 1804 betrug die Gemeinde auf dem Berge Tabor bereits sechs Priester, vier Brüder, zwei Studenten und neun Novizen. Dazu kamen zwölf Schüler aus der Umgebung, die beim Kloster in einem alten baufälligen Turm wohnten.

Allein die staatlichen Behörden nahmen es Hofbauer übel, dass er immer noch kein Gymnasium übernommen hatte. Zu Wessenberg gelangten Klagen von Geistlichen, Hofbauer und die Seinen würden bei den Predigten „erzdumme Geschichten alla Cochem“ vortragen. Außerdem werde den Mägden gestattet, täglich zur Kommunion zu gehen; einige Schüler seien zur Strafe in den Schweinestall eingesperrt worden und ähnliche Dinge. Doch Wessenberg stellte sich auf die Seite Hofbauers, was nun erst recht zu Anfeindungen führte.

Eine Priesterweihe und ihre Folgen

Hofbauer hielt es schließlich für besser, Jestetten aufzugeben. Für die Ausbildung des Nachwuchses fand er im Fuggerschen Babenhausen eine Bleibe. In der Diözese Wessenbergs aber war ihm bereits 1803 ein Arbeitsplatz angeboten worden, der ganz nach seinen Wünschen schien: Die Wahlfahrt zu „Maria in der Tanne“ in Triberg im Schwarzwald.

Der zuständige Landesherr, Erzherzog Ferdinand von Österreich-Este, genehmigte die Niederlassung sofort. Nicht so die kirchliche Behörde, repräsentiert durch Wessenberg. Dieser gab den Bürgern von Triberg zu verstehen, die Redemptoristen würden ihren Aufgaben auf dem Berge Tabor „mit verdientem Lob“ nachkommen. Ihr Ordensziel, „Erziehung der Jugend, Missionen und geistliche Exerzitien“, vertrage sich jedoch nicht mit der Besorgung einer Wallfahrt. Schließlich gestattete er auf Drängen der Bürger am 16. Mai 1805, dass drei Redemptoristen, vorläufig für sechs Monate, nach Triberg kommen durften. Ein späteres Dekret verlängerte den Aufenthalt auf zwei Jahre. Schon bald waren Kanzel und Beichtstühle von den Menschen umlagert.

Hofbauer dachte bereits an eine „Immerwährende Mission", wie er sie in Warschau eingerichtet hatte.

Doch da verkehrte sich von einem Tag auf den anderen das Wohlwollen Wessenbergs ins Gegenteil, und Hofbauer musste sich sagen, dass er selbst einen Teil der Schuld trug. Im Juli 1805 hatte er vier seiner Theologen, ohne Wessenberg zu verständigen, in Luzern vom Nuntius Testaferrata zu Priestern weihen lassen. Er glaubte sich auf Grund eines vom Heiligen Stuhl erteilten Privilegs dazu berechtigt.

Für Wessenberg aber wurde die Angelegenheit zu einer Grundsatzfrage. Tief enttäuscht und verbittert suspendierte er kurzerhand die Neupriester. Er musste in dem Vorfall einen bewussten Affront sehen. Seit dieser Zeit nämlich wiederholte Testaferrata als ein neuer Cato in seinen Berichten nach Rom: Dalberg muss auf das Bistum Konstanz verzichten, Wessenberg muss weg, der Schweizer Teil des Bistums ist von seiner Mutterdiözese zu trennen.

Es ist fraglich, ob Hofbauer davon gewusst hat oder ob gar der Vorfall in Luzern das scharfe Vorgehen des Nuntius gegen Wessenberg auslöste. Immerhin könnte der Bericht Testaferratas an den römischen Kardinalsstaatssekretär vom 23. November 1805, in dem seine Gegnerschaft zu Wessenberg stärker als bisher hervortritt, auch durch die Suspension der von ihm geweihten Redemptoristen ausgelöst worden sein. So wird begreiflich, dass Hofbauers Entschuldigungsschreiben an Wessenberg vom 29. August 1805 keine Wirkung hatte. Darin hatte er an Wessenbergs „gütiges Herz" appelliert, demütig um Vergebung gebeten und erklärt, er hätte niemals seine Kleriker von dem Nuntius weihen lassen, wenn er gewusst hätte, dass dies gegen eine Verordnung verstoße.

„Berüchtigte Idioten, Schwärmer und Bigotten"

Ab jetzt begann Wessenberg für alle Klagen über die Redemptoristen sehr hellhörig zu werden. An solchen Klagen aber fehlte es wahrlich nicht. Denn die Pfarrer in der Umgebung von Triberg fürchteten, die Patres würden ihnen die Leute abspenstig machen. So berichtete ein Pfarrer dem Ordinariat, die Hälfte seiner Pfarrkinder besuche am Sonntag den Gottesdienst bei den

Patres. Diese verstünden es, durch ihre „zuckersüßen Wörtchen" und „Schmeicheleien" die Menschen so an sich zu binden, dass sie selbst auf dem Sterbebett nur bei ihnen beichten möchten. Ein anderer schrieb: Bei den Patres mit ihrem „tollsinnigen Enthusiasmus" handle es sich um eine „exorbitante Kohorte von Fanatikern". Diese „heiligen italienischen Wundermänner, italienischen Liguorianer und Polacken" würden „den Armen das Brot wegfressen", dabei ihre Köpfe hängen lassen, „als wären sie wirklich mit dem heiligen Paulus in den dritten Himmel entrückt".

Wessenberg ging voll auf die Anklagen ein. Mit einem Mal nannte er die Patres „berüchtigte Idioten, Schwärmer und Bigotten". Niemals, so schrieb er im Oktober 1805, werde er es dulden, dass in seinem Vaterland „eine Pflanzschule moralischen Unkrauts und eine Giftbude des Aberglaubens Platz greife". Ende des Monats seien die Tage der Redemptoristen in Triberg gezählt. Am 31. Oktober 1805 erklärte sie das Ordinariat Konstanz für suspendiert. Dass schließlich dennoch einige Patres in Triberg bleiben durften, verdankten sie dem Landesherrn und der Freiburger Regionalregierung.

Durch den Frieden von Pressburg (26. Dezember 1805) kam Triberg mit Beginn des Jahres 1806 zum Königreich Württemberg, im Oktober des gleichen Jahres zum Großherzogtum Baden. In beiden Ländern lag den protestantischen Regierungen nichts an der Beibehaltung der Patres. Am 16. Mai 1807 mussten die letzten Redemptoristen auf Geheiß Wessenbergs Triberg verlassen.

Hofbauer als Gegner Wessenbergs beim Wiener Kongress

Man versteht, dass Hofbauer nach all dem auf Wessenberg schlecht zu sprechen war und man begreift, dass er zur Zeit des Wiener Kongresses nicht gerade zu den Freunden Wessenbergs gehörte, als dieser im Namen des deutschen Primas Carl Theodor von Dalberg sich um die Erneuerung der deutschen Kirche durch ein „Reichskonkordat" bemühte.

Hofbauer pflegte während des Kongresses enge Kontakte zu den so genannten „Oratoren", die in der deutschen Kirchenfrage die Interessen der römischen Kurie vertraten. Richtig ist auch, dass er romtreue Geistliche, wie den ihm persönlich bekannten ehemaligen Prämonstratenser-Abt von Roggenburg Thaddäus Aigler, als Bischofskandidaten vorschlug und dass er selbst für Rom als Bischofsanwärter galt. Entschieden wandte er sich gegen eine Wiedererrichtung der Reichskirche und gegen deren Vertreter, zu denen er Wessenberg rechnete.

Es geht jedoch zu weit, ihm die Verhinderung eines gesamtdeutschen Konkordats und damit einer – wie gesagt wurde – von Rom unabhängigen schismatischen Kirche zuzuschreiben. Denn das von Dalberg und Wessenberg angestrebte „Reichskonkordat" scheiterte jedenfalls nicht in erster Linie am Einspruch Hofbauers oder der Vertreter der römischen Position, sondern – wie in der Forschung schon längst feststeht – an den deutschen Ländern, zumal an Württemberg und Bayern, die ihre Interessen nur durch gesonderte Länderkonkordate gewahrt sahen. Dazu brauchten sie nicht erst den Rat Hofbauers.

Ein Kronprinz in Gewissensnöten

Nun gibt es allerdings ein ungewöhnliches Ereignis, das von den Biographen Hofbauers in diesem Zusammenhang immer wieder aufgewärmt wurde. Es handelt sich um den Besuch des bayerischen Kronprinzen und späteren Königs Ludwig I. bei Hofbauer, den möglicherweise Zacharias Werner vermittelt hatte. Werner war vor Jahren Ludwigs Begleiter auf seiner Reise durch die Schweiz gewesen. Jetzt, während des Kongresses, gehörte der ostpreußische Dichter und Kanzelredner zu den Sehenswürdigkeiten Wiens, dessen Predigten großes Aufsehen erregten. Dass der Prinz, vielleicht in Gewissensnöten, seinen einstigen Begleiter aufsuchte, ist mehr als wahrscheinlich; dass dieser – was er es auch sonst tat – den Prinzen an Hofbauer verwies, liegt auf der Hand.

Doch wie dem auch immer war, eines Abends besuchte Ludwig Hofbauer in seiner Wohnung in der Seilerstätte Nr. 1048 und blieb von halb neun Uhr abends bis halb drei Uhr morgens bei ihm, während die Patres Stark und Sabelli vor der Haustüre Wache hielten. Nicht wenige Biographen Hofbauers haben von einer hochpolitischen Begegnung gesprochen. Durch sie sei das Reichskonkordat und die Gründung einer schismatischen deutschen Nationalkirche vereitelt worden, was schon deswegen nicht richtig ist, weil Bayern – mit oder ohne Hofbauer – nie in ein „Reichskonkordat" eingewilligt hätte.

Johannes Hofer, der weitaus gediegenste Hofbauerbiograph, hat darum wohl mit Recht der Begegnung eine völlig andere Deutung gegeben. Es habe sich in erster Linie um ein „Beichtgespräch" gehandelt, was durchaus möglich ist, wäre es doch um diese Zeit fast zu einem Duell zwischen Ludwig und dem Kronprinzen Wilhelm von Württemberg wegen eines „Blinde-Kuh-Spiels" um die „schönste Frau des Kongresses", die ungarische Gräfin Julie Zichy, gekommen. Ob bei dem Gespräch außerdem eine mögliche Absetzung des allmächtigen bayerischen Ministers Montgelas zur Sprache kam, der die Redemptoristen aus Babenhausen verjagt hatte, lässt sich nicht nachweisen. Immerhin behaupt Ludwigs erster Biograph Johann Nepomuk Sepp, Ludwig habe, angespornt von seinem „Gewissensrat" Hofbauer, die Absetzung des Ministers betrieben (Sepp 1903, 75; vgl. E. Weis, 790–799).

Das bayerische Konkordat

Dass dennoch auch das seit Jahren von Bayern angestrebte Konkordat mit dem Heiligen Stuhl bei dem Gespräch eine Rolle spielte, dürfte sicher sein. Doch ging es kaum um große Kirchenpolitik, vielmehr um einen alten Wunsch Hofbauers. Er träumte von einer Niederlassung seines Ordens in Bayern und hoffte dies mit Hilfe des bayerischen Konkordats zu erreichen.

Am 24. Oktober 1817 ratifizierte dann tatsächlich der bayerische König Maximilian I. Joseph das Konkordat zwischen Bayern und dem Heiligen Stuhl, dessen 7. Artikel die Wiederherstellung von Klöstern „zum Unterricht der Jugend in der Religion und den Wissenschaften, oder zur Aushilfe in der Seelsorge, oder zur Krankenpflege" vorsah.

Sogleich schrieb Hofbauer an Ludwig. Sein Brief beginnt mit den Worten:

„Die Concordaten mit Bayern sind geschlossen. Eure Königliche Hoheit kennen meine Gesinnungen, Absichten und Anstrengungen …" (*Monumenta Hofbaueriana* XII, 255).

Hofbauer bittet sodann den Kronprinzen um seine Mithilfe bei der Einführung der Redemptoristen. Ein Kloster hat er auch schon in Aussicht genommen: „das ehemalige Prämonstratenserkloster in der Wies bei Steingaden".

Dieser Brief Hofbauers an den Kronprinzen war jedoch nicht der einzige und auch nicht der erste Brief, den er ihm schrieb. Hofbauer hatte bereits am 17. März 1817 an Ludwig geschrieben, und dieser Brief steht in engem Zusammenhang mit seinem Sailer-Gutachten und mit einem – im Auftrag des Wiener Nuntius Severoli verfassten – Schreiben an den Präfekten der römischen Propagandakongregation, Kurienkardinal Lorenzo Litta, den Hofbauer aus seiner Zeit als Nuntius in Warschau kannte.

Und es ging doch um Kirchenpolitik – und auch um Wessenberg

In dem Brief an Litta vom 20. März 1817 schlug Hofbauer vor, der Wormser Domdekan Franz Freiherr Wamboldt vom Umbstadt, ein Verwandter Metternichs, der zu den so genannten Oratoren beim Wiener Kongress gehörte, solle zum Metropoliten der katholischen Kirche in Bayern ernannt werden. Anlass für diesen Vorschlag war der Tod Dalbergs am 10. Februar 1817, mit dem der letzte Vertreter der alten Reichskirche, Kurerzkanzler und Kurfürst von Mainz, später Fürstprimas des Rheinbundes und seit 1805 Erzbischof von Regensburg, aus dem Leben geschieden war.

Hofbauer bat Litta, er möge alles Menschenmögliche tun, „um der deutschen Kirche beizustehen, denn, wenn auch der Anführer derer, von denen Gefahr droht, gefallen ist, möge man sich nicht täuschen und glauben, die Gefahr sei schon vorüber". Wer aber sind diese gefährlichen Leute? Vor allem Sailer und Wessenberg.

„Diese beiden sind äußerst schlau, und wenn es für ihre Ziele günstig ist, können sie sich auch fromm geben, und schon oft haben sie sich gegenseitig dazu beglückwünscht, dass sie fast schon ihr Ziel erreicht hätten: die Errichtung der modernen Deutschen Kirche" (*Monumenta Hofbaueriana* XII, 252).

Gegen diese Gefahr aber würde „der dem Heiligen Stuhl innigst ergebene" Metropolit Wamboldt ein Gegengewicht bilden.

Wenn irgendeine Äußerung Hofbauers denen Recht gibt, die in ihm vor allem einen Ultramontanen sehen, für den der Universalepiskopat Roms eine Tatsache war, dann ist es dieser Brief. Weit mehr als sein Sailergutachten, für das es gute Entschuldigungsgründe geben mag, macht sein Schreiben an Litta Hofbauer zur Partei. Er steht, anders als Wessenberg, nicht für den Episkopalismus, nicht für die deutsche Reichskirche. Mag er noch so oft geklagt haben, dass alles Unheil von Rom ausgehe, kirchenpolitisch gesehen war er ein Wegbereiter des Papalismus, der in den Dogmen des Ersten Vatikanums, mehr freilich noch in deren einseitiger – bis in die heutige Zeit fortdauernder Rezeption, zum Ziel kam. Das ist zur Kenntnis zu nehmen, mag man es nun bedauern oder begrüßen.

Verärgerung bei Hofbauers Freunden

Zu erwähnen ist, dass Hofbauer mit seinen Ansichten bei seinen Wiener Freunden nicht gerade auf Gegenliebe stieß. Nicht zu Unrecht sahen sie ihn ganz im Schlepptau des Wiener Nuntius Severoli, der nicht nur, wo er konnte, jede Selbstständigkeit in der deutschen Kirche zu unterdrücken suchte, sondern auch als Anführer der römischen Partei der „Zelanti" (der Eiferer) und als radikalkonservativer Gegenspieler des gemäßigten Kardinalstaatssekretärs Ettore Consalvi galt. So ereiferte sich Adam Müller 1818 gegen das Entstehen einer „Hofbauerpartei", die sich gegen die Bemühungen Dalbergs, Wessenbergs und Sailers wende und der neben Hofbauer Kardinal Severoli, aber auch Friedrich von Schlegel angehöre. Doch auch Schlegel distanzierte sich schließlich von dieser Gruppe. An seine Frau schrieb er am 29. Juni 1819:

„Das Einzige, was mir noch in W[ien] einigen Trost und Reiz des Lebens gewährte, war der wiedererwachte Sinn für das Christenthum! Nun sehe ich es aber sich mehr und mehr entwickeln, daß dieses doch nur als eine Parteysache gemeynt und betrieben wird, und das ist mir in der Religion einmal schlechthin unerträglich; und wenn sie auch den P. H[ofbauer] an die Spitze dieser Partey stellen, es wird mir leid seyn,

aber ich werde gewiß nicht mit dazu gehören ...“ (SCHLEGEL, Bd. 30, 143 f.).

Euer Hochwürden geneigtester Kronprinz

Doch kommen wir auf Hofbauers Brief an den Kronprinzen Ludwig vom 17. März 1817 zurück. Er ist die etwas gebleichte Fassung des Briefes an Litta. Hofbauer, der sicher um die Wertschätzung Sailers durch Ludwig wusste, bittet auch diesen, er möge nach dem Tode Dalbergs sich für die Ernennung Wamboldts zum Bayerischen Metropoliten stark machen. Leider habe sich nämlich unter Dalbergs Aufsicht eine „bösartige Schule“ – gemeint ist die Aufklärung – in die Kirche eingeschlichen und sich nun mit einer „mystischen Partei“ verbunden, die den äußeren Kult der Kirche für überflüssig erachte, und das geschehe auf bayerischem Boden.

Hofbauer vermeidet es, den Namen Sailers zu nennen. Auch Wessenberg wird in dem Brief selbst nicht erwähnt, wohl aber in einer Beilage, einer Abschrift des Breves Pius VII. an das Konstanzer Domkapitel, in dem sich der Papst gegen die Wahl Wessenbergs zum Kapitularvikar nach dem Tode Dalbergs ausgesprochen hatte.

Ludwig antwortete am 4. April 1817, es stehe leider nicht in seiner Macht, zu bestimmen, wer „Bayerns Erzbischof“ würde. Dann jedoch fügt er hinzu:

„Herzerhebend war es mir, Ihre Bekanntschaft gemacht zu haben, deren Andenken unlöschbar in meiner Seele leben wird, der ich verbleibe mit diesen Gefühlen Euer Hochwürden sehr geneigter Ludwig Kronprinz“ (*Monumenta Hofbaueriana* XII, 255).

Dass Ludwig I. Hofbauer nicht vergessen hatte, zeigte sich am 26. Mai 1839 in Rom anlässlich der Heiligsprechung von Alfonso de Liguori. Auch der bayerische König wohnte der Feier bei und erkundigte sich bei den Redemptoristen nach den „Patres Hofbauer und (Zacharias) Werner“, die er persönlich gekannt habe (WEISS 1984, 200).

Noch in den letzten Wochen vor seinem Tod geriet Hofbauer ins Schwärmen, wenn er von den Eindrücken erzählte, die er 26-jährig als Einsiedler bei Quintiliolo an den Abhängen der Abruzzen hatte. „Da hättet ihr dabei sein sollen", sagte er seinen jungen Freunden. „Da konnte man beten".

Reiseabenteuer

Zweifellos liebte Hofbauer das Land südlich der Alpen und teilte damit die Italienbegeisterung vieler Reisender aus den Ländern des Nordens, wie sie in Mignons Lied „Kennst du das Land, wo die Zitronen blüh'n?" aus „Wilhelm Meisters Lehrjahren" zum Ausdruck kommt und durch Goethes „Italienische Reise" gefördert wurde. Hofbauer behielt seine Begeisterung trotz der Erfahrungen auf nicht immer ungefährlichen Pilgerfahrten. Der Räuberhauptmann Rinaldo Rinaldini des Christian August Vulpius hatte unzählige Nachfolger. Noch am Ende des 19. Jahrhunderts berichteten die Zeitungen fast täglich von den Überfällen des Abruzzenräubers Giuseppe Musolino.

Zu der Zeit, da Hofbauer sich in Italien aufhielt, trieb in der Gegend von Frosinone, südlich von Rom, wo Hofbauer nach Ablegung seiner Ordensgelübde ein halbes Jahr lebte, ein Räuber sein Unwesen, den das Volk „il barbone" (den Bärtigen) nannte. Die päpstlichen Polizisten, die ihn fangen sollten, lockte er in einen Hinterhalt und schoss sie erbarmungslos nieder. „*Fatti la ninna! E passa via il barbone* – schlaf ein! Und der Barbone geht vorüber", sangen noch im 20. Jahrhundert die römischen Mütter, wenn sie ihre Kinder in den Schlaf wiegten. Hofbauer blieb zwar von dem „Barbone" verschont. Dennoch, gefahrlos waren seine Pilgerreisen nicht. Einmal, so erzählte er, seien er und sein Begleiter noch spät am Abend auf der Suche nach einer Unterkunft gewesen. Da sahen sie ein großes erleuchtetes Gebäude, aus dem laute Musik ertönte. Als sie näher kamen und eintreten wollten, erloschen die Lichter und der Lärm verstummte jäh. Beide zogen es vor, so schnell wie möglich zu verschwinden.

Und da ist die Geschichte von dem riesigen Hund, den Hofbauer durch sein ruhiges Verhalten dazu brachte, dass er wieder verschwand. Zeugen beim Seligsprechungsprozess haben in dem Tier ein übernatürliches Wesen erblickt. Eher ist an ein verwildertes Tier zu denken. Auch heute noch geschieht es bei Fahrten auf einsamen Straßen Süditaliens, dass ein Rudel wilder Hunde kläffend und geifernd das Auto verfolgt. Ungefährlich ist das nicht. Es konnte jedoch Hofbauers Liebe zu Italien nicht schmälern.

Die „faule Nation"

Dennoch, Hofbauer teilte auch die Vorurteile seiner Zeitgenossen gegen die Italiener. In seinem Brief an den Erzabt Pankratius Forster von Einsiedeln vom 15. Oktober 1815 findet sich der Satz: „Warum muss denn das Zentrum der Kirche bei der faulen und untätigen Nation sein?" Hofbauer zitierte den Satz, den er von anderen gehört hatte und suchte diese zu entschuldigen, bemerkte aber, ihm sei noch Schlimmeres zu Ohren gekommen, was er nicht schreiben könne. Doch er distanziert sich nicht wirklich. Im Gegenteil. Er schreibt, man müsse mit diesen Italienern – gemeint ist die römische Kurie – „auffallend grob" sein, wenn man etwas erreichen wolle. Unwissend seien sie und darum untätig und würden dies hinter leeren, höflichen Worten verbergen.

Tatsächlich war Hofbauer mit seiner Ansicht über die „faulen Italiener" nicht allein. 1803 war in Wien ein Buch erschienen, in dem „die Italiener" als „faul, arglistig und ungebildet" geschildert wurden (Ayrenhoff 1803). Weit verbreitete völkerpsychologische Wertungen, wie sie zuerst in England gang und gäbe waren, waren der Inhalt des Werkes.

„Alles Unheil geht von Rom aus"

Bei Hofbauer handelte es sich jedoch nicht nur um Vorurteile. Soweit die römische Kurie gemeint war, kamen eigene Erfahrungen und Enttäuschungen hinzu. Ihm kam vor, dass die römischen Kardinäle und auch Papst Pius VII. im Grunde keine Ahnung von Deutschland hätten, weshalb sie auch auf seinen wiederholten Wunsch, Rom möge mehr für die Seelsorge in Deutschland tun, nicht eingingen.

Doch wenn Rom sich schon um nichts kümmere, so erklärte er am 12. November 1814 den Damen Dorothea Schlegel und Sophie Schlosser, solle wenigstens den Geistlichen die freie Wahl ihrer Bischöfe gestattet werden. Das schien ihm besser, als wenn im fernen Rom, wo man die Situation nicht kannte, die Entscheidungen gefällt werden. Ja, er äußerte mehrfach: „Alles Unheil in der Kirche geht von Rom aus" (Hofer 1923, 383). Was war das anderes als das, was man heute Romkritik nennen würde?

Allerdings ließ er es nicht bei Rom bewenden. Er schloss den ganzen Klerus und sich selber mit ein, wenn er auf seinen Oberärmel klopfte und dazu sagte: „Alles Unheil, aller Skandal kommt vom Klerus. Wir Schwarzröcke sind an allem schuld."

Der in Rom lebende Maler Philipp Veit, ein Sohn Dorothea Schlegels aus erster Ehe, hat diesen Satz überliefert. Später schrieb er, Hofbauer habe „in Italien nicht alles in gleicher Weise zugesagt" – übrigens ganz im Unterschied zu ihm selbst. Begeistert hatte er 1815 nach seiner Übersiedlung nach Rom seiner Mutter mitgeteilt, es gefalle ihm sehr in Italien, was diese veranlasste, zu antworten:

„In manchen Dingen weichst Du von Pater Hofbauers Darstellung sehr weit ab, zum Beispiel über die Artigkeit und Gastfreundlichkeit der Italiener". Allerdings habe Hofbauer vor allem die Römer gemeint. In einem anderen Brief schrieb sie ihrem Sohn: „Du weißt, wie er sich gern über Rom lustig macht". Über eine Paketsendung vom Vatikan an Friedrich von Schlegel mit der Mitteilung, ihm sei der Christusorden verliehen worden, habe sich Hofbauer fast tot gelacht, weil der Orden selbst nicht im Paket vorzufinden war. Und wieder in einem anderen Brief:

„Unser guter trefflicher Vater Hofbauer schickt Dir seinen Segen. Er schimpft waidlich auf Rom, ermahnt Dich dennoch treu zu bleiben" (Schlegel, Bd. 29, 90).

„Deutlich rebellisch katholisch"

Hofbauer selbst hatte am 12. April 1817 an die Söhne Dorothea Schlegels in Rom geschrieben:

„Ich bin nicht wenig stolz darauf, daß unsere Landsleute in der Kunst den übrigen Nationen vorgehen. Sie sind ja gewiß schon ganz Italiäner, aber doch hoffe ich, Sie werden Ihr deutsches Herz vorbehalten“. (Raich II, 422 f.).

Als Dorothea Schlegel im folgenden Jahr ihre Söhne in Rom besuchte, stellte sie fest, dass Philipp nicht „ultramontanisch“ geworden, sondern „deutlich rebellisch katholisch und christianamente deutsch“ geblieben sei.

An ihren Mann Friedrich aber schrieb sie, Professor Ostini – der Mentor der deutschen Maler in Rom und spätere Kardinal – habe ihr aufgetragen, er solle Hofbauer beruhigen. Es sei nicht seine Schuld, wenn in der Kirche nichts vorwärts gehe. Schuld sei Rom. Dabei sei alles noch schlimmer als zu der Zeit, da er in Rom weilte. Man glaube, alles schon erreicht zu haben, wo es doch an allem mangle. Und leider sei die Meinung der Römer über die Deutschen ein für alle Mal festgefahren.

Dorothea Schlegel selbst war froh, als sie nach Deutschland zurückkehren konnte. Das „Volk der Italiäner“ reizte sie nicht zu näherem Kennenlernen. War ihr Mann Friedrich der Ansicht, der „Antiprotestantismus der höheren römischen Geistlichen“ sei „nur zu entschuldigen, weil es eben Italiener sind“, so zeigte sie sich entsetzt über die vielen untätig in den Kirchen herumstehenden italienischen Priester. Die „heidnische Pracht“ der römischen Renaissancedome bewegte sie wenig zur Andacht. Sie sehnte sich nach den deutschen gotischen Kathedralen, wo man wirklich beten könne. Zweifellos teilte sie die nationale Begeisterung ihres Mannes für das über andere Völker erhabene Deutschtum, dessen höchste Verwirklichung dieser seit seiner Konversion im katholischen Mittelalter und im Heiligen Römischen Reich vor der Reformation erblickte. Dass sie in all dem von Hofbauer verstanden wurde, geht aus ihren Briefen hervor.

Bezeichnend freilich, dass diese Briefe erst jetzt ungekürzt zu lesen sind. In der ersten Ausgabe der Briefe von Dorothea Schlegel aus dem Jahre 1881 waren die Äußerungen Hofbauers über die „Römer“ weggelassen worden (Schlegel, Bd. 30, XXV f.). Verständlich. Ihre Veröffentlichung hätte zu Schwierigkeiten bei der Seligsprechung geführt.

Hofbauer war nicht auf alle „Römer“ schlecht zu sprechen. Er pflegte zu sagen, er sei von den „Römern“ und nicht von den „Neapolitanern“ in die Kongregation der Redemptoristen aufgenommen worden, und er werde sich nicht nach den „Neapolitanern“, sondern nach den „Römern“ richten, solange sie sich an die Regel halten.

Tatsächlich waren die beiden Nichtitaliener Hofbauer und Hübl in den Redemptoristenorden eingetreten, als dieser in zwei Zweige, einen neapolitanischen und einen römischen, gespalten war. Zwar vereinigten sich beide Teile wieder im Jahre 1793, jedoch so, dass jetzt der südliche Teil den Ton angab, womit sich Hofbauer nie abfinden konnte. Denn die Wiedervereinigung bedeutete auch eine Absage an das bei den „Römern“ herrschende Verständnis der Ordensregel. Während die „Neapolitaner“ am Buchstaben der Regel kleben blieben, stellten die „Römer“ den Geist über den Buchstaben, wenn neue Herausforderungen dies verlangten.

Ein gespaltener Orden

Zum besseren Verständnis ist es nötig, einige Sätze zur Geschichte der Redemptoristen einzufügen und das, was schon früher mehrmals anklang, weiter auszuführen. Gründer des Ordens war der ehemalige neapolitanische Rechtsanwalt und Randgruppen-Seelsorger Alfonso de Liguori. Am 9. November 1732 hatte er mit einigen Gleichgesinnten in Scala bei Amalfi die neue Gemeinschaft ins Leben gerufen, deren Ziel es war, armen und von den Seelsorgern vergessenen Menschen das Evangelium zu verkünden und, wenn möglich, mitten unter ihnen zu wohnen und ihr Leben zu teilen. Konkret waren zunächst die Hirten im Hinterland von Neapel gemeint, denen in Volksmissionen und geistlichen Exerzitien die Botschaft der Erlösung verkündet werden sollte. Papst Benedikt XIV. bestätigte 1750 die Regel der Gemeinschaft, die schon bald zahlreiche Niederlassungen im Königreich Neapel und schließlich auch im päpstlichen Kirchenstaat gründen konnte.

Doch dann bekam es der Orden mit dem neapolitanischen

Staatskirchentum zu tun, dem „Regalismus" in Gestalt des allmächtigen Ministers Bernardo Tanucci. Der Staat verweigerte der Gemeinschaft die Genehmigung, es sei denn, diese gäbe sich eine staatskirchliche Regel. Um nicht völlig aufgehoben zu werden, gingen die Patres *pro foro externo* auf die Forderungen des Staates ein. Die neue Regel machte den Orden zu einem Staatsinstitut ohne förmliche Gelübde, mit dem besonderen Ziel, die Räuber im Königreich Neapel zu bekämpfen.

Kurzerhand schloss daraufhin Papst Pius VI. alle Redemptoristen im Königreich, einschließlich des greisen Gründers, aus dem Orden aus. Nur die vier Klöster im Kirchenstaat erkannte er an. Zu deren Obern ernannte er P. Francesco Antonio de Paola. In den von ihm geführten Zweig der Kongregation trat Hofbauer ein.

Ein dynamischer Oberer nach dem Herzen Hofbauers

Biographen Hofbauers haben darauf hingewiesen, dass dies für ihn wie für die Entwicklung der gesamten Kongregation ein Glücksfall war. P. de Paola, der mit seiner zupackenden, dynamischen Art vieles mit Hofbauer gemeinsam hatte, glaubte an die Mission der beiden „Deutschen".

Mit der Ernennung Hofbauers zum „transalpinen" Generalvikar mit weit reichenden Vollmachten schuf er die Voraussetzung dafür, dass sich die Gemeinschaft im fernen Norden entwickeln konnte. Darüber hinaus suchte er den Seelsorgeauftrag der transalpinen Redemptoristen den Bedingungen in den Ländern des Nordens anzupassen. An die Stelle der vom Staat verbotenen Volksmission sollte die Arbeit in Schule und Erziehung treten, was auch der Neigung Hofbauers entsprach. Um dies mit dem Seelsorgeauftrag der Redemptoristen in Einklang zu bringen, berief de Paola am 8. August 1785 eine Ordensversammlung ein. Sie fand wenige Wochen nach der Abreise Hofbauers und Hübls vom 15. Oktober bis zum 15. November in Scifelli südlich von Rom statt und brachte zum Ausdruck, der Schulunterricht widerspreche keineswegs dem Auftrag der Regel.

Solange de Paola Hofbauers Vorgesetzter war, herrschten denn auch gute Beziehungen zwischen dem Generalvikariat und der Leitung der römischen Kongregation, auch wenn der für Verhandlungen mit dem Heiligen Stuhl zuständige römische Generalprokurator Isidoro Leggio Unruhe in das gute Verhältnis brachte, wobei ihm Hofbauer in nichts nachstand.

Zwei Dickschädel

Nicht ohne Schmunzeln liest man ihren Briefwechsel. Da stießen zwei Dickschädel aufeinander. Doch man spürt auch die tiefer gehende Sympathie, die beide verband.

Gestritten wurde um Regeltreue und Inkulturation. Hofbauer war bemüht, ganz im Sinne de Paolas die Ordensregel an die neuen Verhältnisse anzupassen. Ihren Niederschlag fanden diese Bemühungen in der so genannten „Warschauer Regel", in der die Erziehung eine zentrale Rolle spielte. Sie war für Hofbauer Seelsorge an den Armen mit anderen Mitteln. In der „Warschauer Regel" liest man:

„An Orten, wo die Missionen nicht möglich sind, sollen sie sich umso mehr der vernachlässigten und armen Jugend annehmen, Kinder in ihre Häuser aufnehmen und mit aller Liebe und Geduld in allen Dingen unterrichten, die ihnen für das zeitliche und ewige Wohl dienlich sind" (Hosp 1939, 196 f.).

Leggio schienen Hofbauers Regeländerungen zu weit zu gehen. Er fürchtete, Hofbauer wolle einen völlig neuen Orden gründen. Der Ton, in dem der Streit zwischen beiden ausgetragen wurde, war alles andere als liebenswürdig.

So bedankte sich Leggio am 16. Juni 1790 für Hofbauers „äußerst unverschämten Brief" und fügte hinzu: „Du hast gegen mich Deine giftige Stimmung gezeigt. Recht hast Du, denn ich bin ein Sünder … doch ich bitte dich, mir nicht mehr zu schreiben".

Leider wissen wir nicht, was Hofbauer antwortete, wohl aber ist die Reaktion Leggios bekannt.

„Ich erhielt Deinen wütenden Brief, der ganz deinem hitzigen Temperament entspricht. Mit Ausnahme einiger demütigen Worte am Anfang, wie sie eben üblich sind, ist er ganz unverschämt. Du hast Italien verlassen, damit Du tun kannst, was Du willst. Den Geist der Kongregation hast Du nicht begriffen. Du kannst ihn gar nicht begrei-

fen. Du warst ja nicht einmal ein Jahr als Novize bei uns …" (Hosp 1954, 158).

Ähnliche Briefe folgten. Doch schließlich glätteten sich die Wogen. P. de Paola, der die Tätigkeit der Patres in der Schule begrüßte, verstand es Hofbauer zu beruhigen. Schließlich sei er der Generalobere, nicht Leggio, schrieb er ihm. Aber auch Leggio mäßigte jetzt seinen Ton. Grundsätzlich war man im Norden und im Süden der gleichen Ansicht.

Die „Neapolitaner" kommen zum Zug

Dies änderte sich jedoch nach der Wiedervereinigung des Ordens im Jahre 1793. Diese war möglich geworden, nachdem das Königreich Neapel die päpstliche Regel der Redemptoristen anerkannt hatte. Die führenden neapolitanischen Patres mit dem neuen Generalobern P. Pietro Paolo Blasucci an der Spitze gingen jedoch jetzt daran, die bisherige römische Führungsmannschaft weithin auszuschalten, auch wenn P. de Paola 1797 vom Papst offiziell zum Generalvikar der Klöster im Kirchenstaat ernannt worden war. 1807 wurde dann kurzer Prozess gemacht: De Paola wurde aus dem Orden ausgestoßen. Fast noch schlimmer erging es P. Leggio. Zwar brachte er es bis zur Würde eines Bischofs von Umbriatico in Kalabrien, doch wurde er nach seinem Tode 1801 von seinen Mitbrüdern geradezu als Verbrecher hingestellt, der die Spaltung des Ordens verschuldet habe. Aber auch Hofbauer geriet in Misskredit. Er galt in Neapel – nicht zu Unrecht – als Verteidiger von De Paolas allzu großzügiger Auslegung der Ordensregel.

Zunächst allerdings schienen Hofbauers Beziehungen zur neuen Ordensleitung harmonisch zu verlaufen, auch wenn die Briefkontakte zwischen Nord und Süd seltener wurden. Doch da gingen Ende 1799 in Neapel Beschwerden aus Warschau ein. Die dort in den Orden eingetretenen Franzosen beklagten sich über die mangelnde Regeltreue Hofbauers. Sein Wille sei ihm die einzige Regel. Außerdem gehe er ganz in der Erziehung Jugendlicher auf.

In Neapel war man empört. Eine Ordensversammlung hatte nach der Wiedervereinigung am 3. April 1793 die Erlaubnis der Schultätigkeit durch die Kongregation des Kirchenstaats für nichtig erklärt. Und nun musste man erfahren, dass Hofbauer und seine Mitbrüder im Norden sich nach wie vor der Schule widmeten. Sie taten dies freilich besten Gewissens, denn sie waren weder zu der Versammlung eingeladen worden, noch hatten sie jemals von ihren Beschlüssen erfahren. Doch nun forderte sie P. Blasucci am 15. Februar 1800 auf, die Erziehertätigkeit sofort einzustellen.

Ohne Schulen geht es nicht

Hofbauer, dessen Lebenswerk in Warschau Schule und Waisenhaus darstellte, antwortete, leider erfahre er erst jetzt etwas von der Versammlung von 1793. Dann stellte er fest:

„Die Schule bildet hier fast die einzige Möglichkeit, das Wort Gottes zu verkünden, und nur so können wir in diesen Gegenden die Existenz der Kongregation sichern. Ohne Schulen würde alles zusammenbrechen“ (*Monumenta Hofbaueriana* VIII, 73).

Allein, im Königreich Neapel hielt man am Schulverbot fest. Eine neuerliche Ordensversammlung im Jahre 1802, zu der Hofbauer und seine Mitbrüder nördlich der Alpen wieder nicht eingeladen wurden, verschärfte das Schulverbot mit den Worten: „Ständig muss es in Kraft bleiben, damit unser Institut nicht seine Identität verliert“.

Hofbauer erfuhr eher zufällig von der Versammlung. Ihre Rechtmäßigkeit erkannte er nicht an, weil ihre Beschlüsse – zustande gekommen ohne Beteiligung des inzwischen beachtlich gewachsenen transalpinen Ordenszweiges – in wesentlichen Fragen von der ursprünglichen Ordensregel abwichen. Ja, er sorgte dafür, dass diese im Norden niemals promulgiert wurden. An das Schulverbot hat er sich nie gehalten.

Was er jedoch tat: Er reiste 1803 – ein letztes Mal – nach Italien, doch nicht nach Neapel zum Generalobern. Er begab sich, so seine Biographen mit guten Gründen, zu Papst Pius VII. und ließ sich von ihm persönlich die Tätigkeit in Schule und Erziehung als eine Aufgabe der „transalpinen“ Redemptoristen bestätigen.

„Die Neapolitaner sind ein abscheuliches Volk"

Doch es war schon lange nicht mehr nur die Schultätigkeit, die seit 1802 zu Spannungen zwischen Nord und Süd führte. Die Praxis in Fragen der klösterlichen Armut war in Neapel weit weniger streng als bei den „Transalpinen". Der Kontakt zwischen den beiden Teilen der Kongregation wurde zusehends spärlicher. Der Briefwechsel Hofbauers mit dem in Rom weilenden neuen Generalprokurator P. Vincenzo Antonio Giattini fiel weit weniger umfangreich aus als der mit P. Leggio. Schließlich sah sich Hofbauer gezwungen, seine Anfragen an den Heiligen Stuhl über einen in Rom lebenden deutschen Weltgeistlichen laufen zu lassen.

An Hofbauer lag es nicht. Immer wieder suchte er die Kontakte neu zu knüpfen. Immer wieder schickte er Gelder nach dem Süden. Lebhaft setzte er sich für die Seligsprechung des Gründers Alfonso de Liguori ein. Als dieser dann tatsächlich selig gesprochen wurde, wurde Hofbauer nicht verständigt. Zur Versammlung, die 1817 einen neuen Generaloberen wählte, wurde er nicht eingeladen. Und tatsächlich gab es nicht wenige Patres in Neapel, die nicht verstehen wollten, warum da weit weg im hohen Norden auch noch Redemptoristen leben sollten. Hofbauer aber ärgerte sich, wie er 1817 an einen römischen Kardinal schrieb, darüber, dass die Neapolitaner nicht über ihr Königreich hinaus sehen könnten.

So machte er sich nicht selten Luft, über die Neapolitaner im Allgemeinen und die neapolitanischen Redemptoristen im Besonderen. In einem Klagebrief des P. Passerat an P. Giattini aus dem Jahre 1806 liest man:

„Hofbauer hat uns schon öfter gesagt, dass die Neapolitaner ein unruhiges und barbarisches Volk seien, das nicht zu uns Europäern gehört. Der Friede in der Kirche sei schon oft gestört worden, weil von diesen Hitzköpfen immer neue Zwietracht gesät wurde (*Monumenta Hofbaueriana* XIV, 107).

Und noch 1837 schrieb P. Sabelli, ein Mann, der Hofbauer wie kein anderer kannte: „Pater Hofbauer selig nannte die Neapolitaner ein abscheuliches Volk".

Doch sei bei all dem nicht vergessen, dass Hofbauer sich stets voll höchster Verehrung dem Mann verbunden wusste, den man den „Heiligsten aller Neapolitaner“ und den „Neapolitanisten aller Heiligen“ genannt hat, dem Gründer seines Ordens Alfonso de Liguori. Zweifellos sind seine Aussprüche über das „Volk der Neapolitaner“ der „literarischen Art“ der „Hofbauerschen Kraftsprüche“ zuzurechnen, mit denen er seinem Ärger Ausdruck verlieh. Die Liebe zu seiner Kongregation, die nun einmal aus Neapel stammte, wurde nicht geringer, auch wenn er mehr als einmal enttäuscht worden war.

Teil II
Menschen um Hofbauer

Unser Blickfeld verändert sich. Bis hierher änderten wir zwar unsere Perspektiven. Wir konzentrierten uns auf verschiedene Aspekte: auf die Zeit und Umwelt Hofbauers, auf die Wurzeln, die ihn zeitlebens prägten, seine menschliche Eigenart, seine Seelsorgspraxis, die Auseinandersetzungen, die er durchfocht. Aber die Blickrichtung ging immer von uns aus. Jetzt gehen wir einen Schritt weiter, um Hofbauer noch näher zu kommen. Nicht so sehr wir sind es jetzt, von denen die Blickrichtung ausgeht, es sind die Menschen, die ihm begegneten. Wir wollen auf das hören, was sie über Hofbauer äußerten, und auch auf das, was er von ihnen hielt. Sichtbar soll werden, woher sie kamen, was aus ihnen wurde. Ganz bewusst werden Menschen dargestellt, die in ihrem Charakter, in ihrer Bedeutung für ihre Zeit, wie in ihrer Beurteilung Hofbauers sich vielfältig unterschieden. Ziel ist es, auf diese Weise möglichst den ganzen, den wirklichen, den authentischen Hofbauer ins Bild zu bringen.

I. Thaddäus Hübl

Wir wissen wenig von ihm. Wir haben kein Bild von ihm, keine Beschreibung. Eines jedoch wissen wir: Er stand Hofbauer nahe wie kein anderer Mensch, ausgenommen seine Mutter. Zeitgenossen wie Zacharias Werner und Biographen wie Pater Poesl stimmen darin überein: Hofbauer und Hübl seien in „innigster Freundschaft" einander verbunden gewesen. Hinter dieser Freundschaft verschwindet fast die Person. Er war Hofbauers Freund. Das sagt alles.

Von seiner Herkunft ist wenig bekannt. Geboren wurde er am 26. Oktober 1760 in Ostböhmen in Dolni Čermná (Niedertscherma im Schönhengster Gau). Der Ort wurde großteils von Tschechen bewohnt. Die Familie Hübl – der Name war bis 1945 typisch für die Gegend – gehörte zu den wenigen Deutschen im Ort. Darüber zu spekulieren, ob Hübls Vorfahren Deutsche oder Tschechen waren, ist müßig. Es spielte damals keine Rolle. Doch liegt nahe, dass Tschechen wie Deutsche unter seinen Vorfahren waren. Eines allerdings ist überliefert: Hübls Eltern müssen sehr arm gewesen sein. Zacharias Werner nannte ihn „armselig", weil er sowohl arm als auch selig gewesen sei. Trotz seiner Armut wollte er Priester werden und ging nach Wien, um Theologie zu studieren.

Dort kam es zu der denkwürdigen Begegnung mit Hofbauer. Sie trafen einen Wohltäter, den Baron von Penkler, und wurden Freunde fürs Leben, so sehr, dass der Name beider in den Quellen häufig zusammen erscheint. Gemeinsam pilgerten sie nach Rom, gemeinsam traten sie bei den Redemptoristen ein, gemeinsam wurden sie zu Priestern geweiht, gemeinsam kehrten sie nach dem Norden zurück, gemeinsam studierten sie Katechetik in Wien. Zusammen lehrten beide in Warschau in der Schule und später an der Ordenslehranstalt. Und noch immer reisten sie gemeinsam, nach Rom, nach Süddeutschland und in die Schweiz zu neuen Gründungsprojekten ...

In der Beziehung beider gab Hofbauer den Ton an. Zu der alles entscheidenden Pilgerreise nach Rom im Jahre 1784 drängte er den kranken Hübl. Er solle seine Krankheit vergessen und mitkommen. Als Hofbauer in Rom zur Überraschung Hübls erklärte, er werde bei den Redemptoristen eintreten, bat dieser sich immerhin einen Tag Bedenkzeit aus. Doch tags darauf folgte er dem älteren Freund.

Geschätzter Oberer, Lehrer und Seelsorger

Hofbauer hielt sehr viel von Hübl. Zu Recht. Die Ämter, die ihm im Kloster anvertraut wurden, übte dieser souverän und zur Zufriedenheit seiner Mitbrüder aus, und es mag sein, dass er öfter dort, wo Hofbauer allzu stürmisch seinen Willen durchsetzen wollte, für Ruhe und Ausgleich sorgte und die Wogen glättete. In den ersten Jahren in Warschau stand er Hofbauer als Sekretär zur Seite. Viele seiner in glänzendem Latein geschriebenen Briefe hat Hübl formuliert.

1796 ernannte Hofbauer Pater Hübl zum Rektor des Klosters St. Benno in Warschau, ein Amt, das er bis zu seinem Tod innehatte. An der Ordenshochschule unterrichtete der hochbegabte Mann, der sieben Sprachen beherrschte, Philosophie, Dogmatik, Moraltheologie und Naturgeschichte. Für die Studenten verfasste er ein Handbuch der Logik und Metaphysik. Sie müssen von ihm tüchtig geschliffen worden sein. Scherzhaft nannten sie ihn den „Hobel". Wegen seiner hervorragenden theologischen Kenntnisse übertrug ihm die Diözese Warschau das Amt eines Prüfers der Weihekandidaten.

Hübl mühte sich darum, den Geist des Ordensgründers Alfonso de Liguori in seiner Klostergemeinde lebendig zu erhalten. Die von Liguori verfassten „Besuchungen des Altarsakramentes" gab er in deutscher Übersetzung heraus. Die Mitbrüder in Italien bat er, ihm möglichst alle Werke des Gründers zu senden.

Hübl galt neben Hofbauer und dem ersten polnischen Redemptoristen, Pater Jan Podgórski, in Warschau als der beste Prediger des Klosters. Hoch geschätzt war er als Beichtvater. Zu seinen Beichtkindern zählten Mitglieder des Hochadels und der höheren Geistlichkeit. Beim Volke in Warschau war er so beliebt, dass man ihn auf Pfeifenköpfen und Schnupftabaksdosen abbildete.

Am 20. April 1806 teilte der Generalobere P. Blasucci P. Hübl mit, dass er im Falle des Ablebens Pater Hofbauers bis zur Ernennung eines neuen Generalvikars provisorisch das Amt desselben ausüben solle.

„Wie kannst du dir denn einbilden, dass ich deine Rückkehr nicht erwarte?"

Lebensdaten sagen viel über einen Menschen, zumal dann, wenn sie Karriere-Daten darstellen. Doch sie sagen nicht alles. Darüber, wer ein Mensch wirklich war, geben seine Briefe Aufschluss, nicht die amtlichen, sondern die ganz persönlichen. Von Hübl sind solche Briefe erhalten geblieben, und der persönlichste richtet sich – wie sollte es anders sein? – an seinen Freund Hofbauer.

Es war im Winter 1797/98. Klemens Hofbauer befand sich mit einigen Begleitern seit September auf einer Gründungsreise in der Schweiz. In Wollerau am Zürcher See sollte eine Lateinschule mit einem Waisenhaus nach dem Vorbild von St. Benno erstehen. Hofbauer war voller Hoffnung auf ein Gelingen des Projekts. Er selbst reiste nach Innsbruck, um die nötigen Schulbücher zu besorgen und sofort konnte der Unterricht provisorisch beginnen. Doch schon bald zeigte sich, dass wegen der wachsenden Kriegsgefahr und einer um sich greifenden Hungersnot an einen geregelten Schulbetrieb nicht zu denken war. Zu allem hin ging das Geld aus. Es kam zu Streitigkeiten mit der Gemeinschaft der „Bußbrüder“, bei denen Hofbauer und seine Mitarbeiter wohnten. Hofbauer war niedergeschlagen, er fiel in eine tiefe Depression, die ihn auch physisch krank machte.

Da erreichte ihn Anfang Dezember 1897 aus dem fernen Warschau ein Schreiben Hübls, worin ihn dieser, offensichtlich in Unkenntnis der tatsächlichen Lage, ermunterte, in der Schweiz eine Niederlassung zu gründen. Hofbauer reagierte äußerst gereizt. Man wollte ihn also in Warschau los haben, schrieb er. Gut, dann würde er eben in der Schweiz bleiben.

Jetzt war die Stunde Pater Hübls gekommen. Am 20. Januar 1898 schrieb er an Hofbauer:

„Mein Gott, wie kannst du dir denn einbilden, dass ich oder jemand anderer von uns nicht gerne sehen sollte, dass ihr wieder zurückkömmt? Würde sich denn so ein abscheuliches Betragen mit jener Dankbarkeit und Liebe vertragen können, die ich und wir alle dir heilig schuldig sind? … Alle guten Freunde verlangen eben so sehnlichst wie wir, dich bald möglichst wieder hier zu sehen. Glaube mir sicher, dass es uns weit mehr wehe thut von deiner so harten Lage überzeugt zu seyn, als dir dein eigenes Leiden …“ (*Monumenta Hofbaueriana* I, 17 f.)

Hübl kannte seinen Freund. Er wusste ihn richtig zu nehmen. Hofbauer verließ Wollerau Ende Februar 1798 und kehrte über Augsburg und Ebersberg nach Warschau zurück.

Rom oder Neapel?

Auch in einer anderen Situation trug Hübl dazu bei, Missverständnisse zu klären und Stürme zu besänftigen. Wohin gehörten die transalpinen Redemptoristen? Gehörten sie zu Rom oder zu Neapel? P. Sabelli schreibt: „Pater Hofbauer verreiste von Rom nach Polen, während der Trennung zwischen Kirchenstaat und Königreich (Neapel). Der arme Mann wusste nie, wo er hingehörte".

Sabelli hat Recht: Hofbauer war bei den Redemptoristen eingetreten, als diese in einen neapolitanischen und einen römischen Zweig gespalten waren. Hofbauer trat in den römischen Zweig ein. Wir haben bereits davon gehört.

Zwar wurden 1793 beide Ordenszweige wieder vereint. Doch 1797 ernannte der Papst, wie wir bereits wissen, angesichts der französischen Okkupation Italiens, den früheren römischen Generaloberen P. de Paola zum Generalvikar für den Kirchenstaat. Die „römische Provinz" erhielt damit eine gewisse Autonomie. Die Niederlassungen nördlich der Alpen waren von dieser Maßnahme nicht betroffen. Sie hatten mit Hofbauer einen eigenen Generalvikar, der nur dem Generaloberen unterstand.

Rechtlich war die Sache klar. Nicht so auf der Ebene des Gefühls. Hofbauer und seine Mitbrüder fühlten sich P. de Paola weit mehr verbunden als der kurzsichtigen neapolitanischen Führungsclique, die alles tat, um de Paola auszuschalten, einen Mann, der mit seinem Weitblick die Gründungen im Norden ermöglicht hatte. Anstelle der nicht gestatteten Volksmissionen war eine fruchtbare Tätigkeit in der Erziehung getreten. Und jetzt war Neapel dabei, all das abzuwürgen. Was das für Hofbauer bedeutete, wissen wir bereits. Noch nicht kam die Rolle Pater Hübls zur Sprache. Sie ist kaum zu überschätzen. Denn dass es nicht zum völligen Bruch kam, ist ganz besonders das Verdienst Hübls.

Mit ihm zusammen war Hofbauer 1803 nach Rom gereist. Wegen der Weihe dreier Kleriker sprach er beim ehemaligen Warschauer Nuntius Kardinal Fernando Saluzzo vor. Zur geplanten Weiterreise nach Neapel kam es aus Zeitgründen nicht mehr. Der Generalobere P. Blasucci jedoch sah in dem unterlassenen Besuch einen klaren Beweis dafür, dass Hofbauer sich mit den „Römern" gegen ihn verbinden wolle.

An Kardinal Saluzzo schrieb er zwei Jahre später, leider habe sich „dieser gute Pater" von seinem Generaloberen abgewandt. Dies wundere ihn nicht, sei er doch mit dem Pater Mona, dem Prokurator der römischen Provinz, zusammen gekommen, der ihn als einen kindischen Greis, als despotisch und herrschsüchtig bezeichnet habe.

Den „Transalpinen“ blieb der Argwohn Blasuccis nicht verborgen. Doch Hofbauer hielt sich zurück. Er überließ es dem ruhigen Diplomaten Hübl, für ihn die Kastanien aus dem Feuer zu holen. Anfang 1806 schrieb Hübl dem Generaloberen, allein die Kriegswirren und die politische Lage seien schuld, wenn der Kontakt zwischen Warschau und Neapel in den letzten Jahren fast abgebrochen sei.

Blasucci gab sich damit nicht zufrieden. In seiner Antwort an Hübl vom 20. April 1806 beschuldigte er die „transalpinen“ Patres offen der Revolte. Das Ausbleiben von Briefen aus Warschau sei der Beweis, dass sich diese unter die Jurisdiktion P. de Paolas stellen wollten. Und er konnte einen Trumpf ausspielen: Der Heilige Stuhl habe de Paola abgesetzt, „weil er es wagte, unabhängig vom Generalobern die ganze Kongregation zu regieren“.

Hübl wies die Anschuldigungen zurück, zuletzt am 7. März 1807. Er kam auf die Begegnung mit P. Mona vor vier Jahren zu sprechen und betonte, er sei über die damaligen lieblosen Anschuldigungen des Prokurators entsetzt gewesen, mit denen er wie die übrigen Patres im Norden in keiner Weise übereinstimme. Niemals habe die Warschauer Gemeinde die Absicht gehabt, sich mit den Klöstern im Kirchenstaat zu vereinen. Daraufhin kehrte wieder Ruhe ein.

Krisensitzung in Wien

Hübl musste Hofbauer immer dann zur Seite springen, wenn Not am Mann war. So, als sich im Laufe des Jahres 1806 herausstellte, dass nach der Übernahme der Fuggerschen Herrschaft durch das Königreich Bayern die hoffnungsvolle Gründung in Babenhausen aufgegeben werden müsse. Die Frage war: Wie sollte es weitergehen? Konnte es im Norden Europas angesichts der napoleonischen Kriege überhaupt weitergehen?

Von Babenhausen aus schrieb Hofbauer am 6. August 1806 an Hübl: „Ich habe dir schon in meinem letzten Brief mitgeteilt, dass ich nach Kanada gehen möchte, denn in meiner ganzen Welt kann ich keine Zukunft sehen“. Bereits einen Tag später kam er auf diesen Vorschlag zurück: „Wir müssen alle Vorbereitungen treffen, um uns einen Platz in Kanada zu sichern". Hofbauer bat Hübl deswegen, mit dem Priester Henry Edgeworth Kontakt aufzunehmen. Der weilte damals zusammen mit dem französischen Thronfolger im kurländischen Mittau im Exil. Seine Beziehungen waren nützlich für eine Klostergründung in der Neuen Welt. Hübl kam der Bitte nach, wie sein Briefwechsel mit Edgeworth beweist, in dem die Kanada-Idee konkrete Form annahm.

Schließlich reiste Hofbauer nach Wien, um sich mit Baron Penkler zu besprechen. Doch er wollte nichts ohne Hübl unternehmen. Darum ließ er ihn eigens aus Warschau kommen. Inzwischen war jedoch die politische Lage so kritisch geworden, dass sich alle Hoffnungen zerschlugen.

Was aber machten Hofbauer und Hübl in Wien? Da Penkler sich in Böhmen aufhielt, mussten sie zwei Monate auf ihn warten. Sie nützten die Zeit – um ein Piano für die Warschauer Gemeinde zu kaufen und seinen Transport zu organisieren.

Inmitten der Kriegswirren reisten sie nach Polen. In Pruszyn nahe der polnischen Hauptstadt ging nichts mehr weiter. Von dort schrieb Rektor Hübl am Heiligen Abend des Jahres 1806 an seine Gemeinde einen langen Brief über die Situation des Ordens. Hofbauer fügte hinzu: „Unser lieber P. Rektor hat euch alles geschrieben, was ich denke. Ich brauche also nichts hinzuzufügen, als dass ich mich danach sehne, euch möglichst bald in die Arme zu schließen". Doch es wurde März, bis Hofbauer Pruszyn verlassen und seine Mitbrüder nach zweieinhalbjähriger Trennung wieder umarmen konnte.

„Der Schild ist gebrochen"

Es dürfte wenige Wochen nach Hofbauers und Hübls Ankunft in Warschau gewesen sein, als eine Kutsche beim Kloster vorfuhr und ein Herr ausstieg, der nach Pater Hübl fragte. Ein Kranker brauche dringend seinen Beistand. Hübl stieg in die Kutsche, doch kaum war er eingestiegen, da wurden ihm die Hände gefesselt und die Augen verbunden. Nach langen Kreuz- und Querfahrten hielt der Wagen vor einer ärmlichen Hütte.

Doch in der Hütte lag kein Kranker. Einige vornehme Herren warteten, von ihren Dienern begleitet. Sogleich fingen sie an, Hübl zu beschimpfen. Er solle sich hüten, ihren Frauen und Töchtern im Beichtstuhl die Köpfe zu verdrehen. Hübl antwortete, dass er sich nicht vorschreiben lasse, wem er Beichte hören und welche Ratschläge er geben dürfe.

Da rissen ihm die Diener auf einen Wink der Herren die Kleider vom Leib, warfen ihn auf den Boden und schlugen ihn mit Stöcken, bis der ganze Körper eine einzige blutige Wunde war. Doch Hübl ließ sich nicht umstimmen. Schließlich wurde er mit verbundenen Augen nach St. Benno zurückgebracht. Nur Hofbauer erzählte er, was geschehen war. Der ließ einen Arzt kommen, der den Zustand des Gefolterten für sehr ernst erklärte.

Es wurde Juni. Noch immer geschwächt, kümmerte sich Hübl zusammen mit anderen Patres in den überfüllten Lazaretten Warschaus um kranke und verwundete Soldaten. Mehrere Patres wurden angesteckt, wahrscheinlich mit Typhus. Hinter einander starben drei Patres. Als letzter am 4. Juli 1807 Hofbauers Freund P. Hübl.

Die ganze Gemeinde war fassungslos und niedergeschlagen, so sehr, dass keiner eine Hand rührte, um die Beerdigung vorzubereiten. Andere taten es für sie. Der Warschauer Bischof ließ die ganze Kirche mit schwarzen Tüchern behängen. Unzählige Kerzen wurden gespendet. Drei Tage hindurch beteten die Ordensgemeinschaften der Stadt in der Kirche die Totengebete. Täglich läuteten eine halbe Stunde lang die Glocken aller Warschauer Kirchen. Zahllose Bilder des Verstorbenen wurden an die Gläubigen verteilt.

Hofbauer war untröstlich. „Der Schild ist gebrochen", sagte er seinen Mitbrüdern, „Gott weiß, was nun über uns kommt". Er suchte sich zu trösten, indem er ein Bild des Verstorbenen ständig auf seiner Brust trug, doch es gelang ihm nur schwer, die Fassung zu gewinnen. Noch nach vier Monaten, am 14. November 1807, schrieb er an Paolo Chiodetti, einen Bekannten in Spoleto:

„Ich bin überzeugt, dass unser P. Hübl schon im Himmel ist und mit Christus triumphiert. Aber mit all dem kann ich nun einmal den großen Schmerz nicht überwinden, der auf mir lastet. Ich ergebe mich in den

Willen Gottes; ich beteure immer, nur zu wollen, was Gott will, und dennoch muss ich gestehen, dass ich seit seinem Tode keine glückliche Stunde mehr hatte" (*Monumenta Hofbaueriana* VIII, 149).

II. Nikolaus Joseph Albert von Dießbach

Kommen wir auf den Mann zu sprechen, der dem jungen Hofbauer die Richtung für sein Leben wies: Nikolaus Joseph Albert von Dießbach. Hofbauer verdankte ihm viel. Durch ihn fand er eine klare Weltanschauung. Er vermittelte ihm wichtige Kontakte und stellte ihm durch die von ihm gegründete, in ganz Europa verbreitete – und im Geheimen arbeitende – Organisation eine Infrastruktur zur Verfügung, auf die er aufbauen konnte. Die Rede ist von der *Amicizia cristiana,* zu Deutsch: der „Christlichen Freundschaft". Denn von Dießbach zu reden, heißt von der *Amicizia cristiana* zu reden. Wer war Dießbach und was war die *Amicizia cristiana*?

Vom Major zum Missionar

Nikolaus Albert von Dießbach wurde am 15. Februar 1732 in Bern geboren. Er entstammte einer alten kalvinistischen Patrizierfamilie. Erst 15 Jahre alt, trat er in Nizza in ein Schweizer Regiment im Dienste Frankreichs ein, das seinem Onkel gehörte. Er machte rasch Karriere. In kürzester Zeit war er Major. In seiner Freizeit las er, was ihm unter die Finger kam und verlor dabei seinen Glauben. Priester und Mönche waren ihm „Schwindler, die das Volk betrügen". Da lernte er in Nizza die Familie des spanischen Konsuls kennen. Ein Buch, das er in dessen Wohnung fand, brachte ihn dazu, katholisch zu werden.

Er konvertierte 1754 bei den Jesuiten in Turin. Seine Familie enterbte ihn. Sein bisheriges – aus reformierten Schweizern bestehendes – Regiment musste er gegen ein katholisches vertauschen. 1755 heiratete er in Nizza die Tochter des Konsuls. Sie starb schon drei Jahre später im Wochenbett. Nachdem seine kleine Tochter durch die Vermittlung der Schwestern vom Orden der Heimsuchung Mariens (Salesianerinnen) eine liebevolle Pflegefamilie gefunden hatte, trat er in Chieri, in der Provinz Turin, in das Noviziat der Jesuiten ein. 1764 zum Priester geweiht, feierte er seine erste Messe in Freiburg in der Schweiz. Er lebte in verschiedenen Klöstern in Piemont und der Schweiz und wurde ein weithin bekannter, gefeierter Volksmissionar.

Wo er hinkam, ermunterte er die Menschen, gleich welchen Standes, gute Bücher zu lesen, insbesondere zur Kirchengeschichte, so wie er selbst jeden freien Augenblick der guten Lektüre widmete. Bei all dem blieb ihm Zeit, selbst Bücher zu schreiben. 1771 erschien in französischer Sprache sein erstes Werk: *„Der katholische Christ, unverletzlich der Religion verbunden durch die Erwägung einiger Beweise, die ihm Gewissheit schenken"*. Weitere Werke folgten.

Nach der Auflösung des Jesuitenordens 1773 finden wir ihn an verschiedenen Orten in Italien, der Schweiz und in Frankreich. Mehrmals reiste er nach Paris, wo er zum Berater zahlreicher Adliger wurde.

Da Hofbauer berichtet, Dießbach habe Alfonso de Liguori kennen gelernt – was Antonio Tannoia in seine Liguori-Biographie übernimmt –, müsste er in dieser Zeit auch in Neapel gewesen sein. Doch ist darüber nichts Näheres bekannt. Die neuere Geschichtsforschung ist daher der Ansicht, dass sich das „gute Kennen" Liguoris nicht auf eine persönliche Begegnung, sondern auf die Werke Liguoris bezogen habe, auf deren Verbreitung er und sein Schüler Lanteri großen Wert legten.

Von Turin nach Wien

Zumeist hielt er sich nun in Turin auf. Am savoyischen Hof wirkte er als Beichtvater und Prinzenerzieher. 1778 gründete er nach dem Vorbild älterer jesuitischer Bündnisse die Geheimorganisation *Amicizia cristiana* „zur Verbreitung guter Schriften". Im folgenden Jahr schloss sich ihm der junge Pio Bruno Lanteri an. Der spätere Stifter der *Oblaten der Jungfrau Maria* erwählte ihn zu seinem „Seelenführer" und wurde sein treuester Gefolgsmann.

Zusammen mit ihm reiste er 1782 nach Wien, um dort den Besuch des Papstes Pius VI. bei Kaiser Joseph II. vorzubereiten.

Doch dies dürfte nicht der einzige Zweck seines Besuches gewesen sein. Mit größter Wahrscheinlichkeit traf er schon damals mit dem Freiherrn von Penkler zusammen und rief mit ihm die Wiener Gruppe der *Amicizia cristiana* ins Leben.

Später finden wir ihn in Stuttgart am königlichen Hof, wo er mit dem Bruder des Regenten, Herzog Ludwig von Württemberg, Freundschaft schloss. Die dem österreichischen Thronfolger versprochene Prinzessin Elisabeth Wilhelmine von Württemberg bereitete er auf die Konversion vor.

1788 ließ sich Dießbach ganz in Wien nieder. Er wurde Prinzenerzieher am Hofe Kaiser Leopolds II. Wie es scheint, hatte ihn Elisabeth Wilhelmine, inzwischen Gattin des Thronfolgers, nach Wien gerufen. Nach ihrem frühen Tod wurde Dießbach Beichtvater der Erzherzogin Maria Elisabeth von Österreich, der späteren Äbtissin des Innsbrucker Damenstifts.

1796 begab er sich nach Freiburg in der Schweiz. Zwei Jahre später kehrte er nach Wien zurück. Dort wurde er eines Nachts von Unbekannten – im Auftrag vornehmer Herren, die sich von seinen Worten beleidigt fühlten – überfallen und so schlimm zugerichtet, dass er am 22. Dezember 1798 an den Folgen seiner Verletzungen starb. Er wurde im Friedhof von Maria Enzersdorf bei Wien neben seinem Mitbruder, dem Astronomen Maximilian Hell, begraben.

Staatliche Restauration und kirchliche Reform

In Dießbachs Tätigkeit am Kaiserhof sind die Wurzeln für die spätere Annäherung der staatlichen Restauration an die kirchliche Reform Klemens Hofbauers zu suchen. Genannt werden Kontakte, die er zu dem jungen Jacob Frint, dem Beichtkind des Exjesuiten und Dompredigers Johann Michael Wagner, wie zu dem späteren Professor der Kirchengeschichte Vinzenz Darnaut geknüpft habe. Möglicherweise schlossen sich beide damals der *amicizia cristiana* an.

Sicher ist, dass beide später einen nicht geringen Einfluss auf Franz I. ausübten, Frint als Hof- und Burgpfarrer, Darnaut als

Burgkaplan und Beichtvater des Kaisers. Sicher ist auch, dass beide einen guten Kontakt zu Hofbauer hatten und dass dieser mit ihnen zusammen 1819 seine „reformierte Ordensregel" im Geiste des Spätjosephinismus verfasste, welche die Zulassung der Redemptoristen in Österreich ermöglichte.

Ein Höhepunkt der von Dießbach eingeleiteten Annäherung von Thron und Altar wurde dann neben der Begegnung Franz I. mit Papst Pius VII. in Neapel 1819 die Zulassung der Redemptoristen in Österreich im Jahre 1820.

Als ein Ergebnis der engen Kontakte zwischen Kirche und Staat mag auch gelten, dass Erzherzog Maximilian von Habsburg-Este-Modena Hofbauer auf vielfache Weise unterstützte und dass dessen Schwester, die Kaiserin Maria Ludovika von Habsburg-Este-Modena, mit dem Hofbauerkreis in Verbindung stand. Das gleiche gilt für Karoline Augusta (1792–1873), die dritte Frau von Kaiser Franz I., die mit Franz Job, einem Vertrauten Hofbauers, nach Wien gekommen war.

Anzumerken ist allerdings, dass nicht alle Freunde Hofbauers, unter ihnen Friedrich von Schlegel und Adam Müller, mit der Annäherung an den spätjosephinischen Staat einverstanden waren. Hofbauers Kontakte zu Joseph Anton von Pilat, dessen Bruder Johann Redemptorist wurde, sahen sie nur ungern. Pilat war der Freund und engste Mitarbeiter von Metternichs Sekretär Friedrich von Gentz und Herausgeber der offiziellen Staatszeitung, des „Österreichischen Beobachters".

Amicizia cristiana

„Freundschaften" – *amicizie* – nannten sich Freimaurerbünde am Ende des 18. Jahrhunderts. So auch drei Freimaurerlogen, die in Piemont zu Hause waren: die „Ewige Freundschaft", die „Vollkommene Freundschaft", „die Freunde Napoleons". Allen dreien war gemeinsam, dass sie im Geheimen, im Verborgenen wirkten. Dießbach stellte ihnen die „Christliche Freundschaft" entgegen, verborgen und geheim auch sie, aber nicht gegründet, um die Flucht aus der Welt zu betreiben, sondern um die Christen aufzurufen, Sauerteig zu sein, hinein in die Welt. Eine Bewegung, die in der jesuitischen Tradition stand. Sie war antijansenistisch, ultramontan. Doch sie war keineswegs antimodern, und sie war bei aller Treue im Wesentlichen offen für neue Methoden.

Das Wesentliche für die „Christliche Freundschaft" war, ganz im Sinne der jesuitischen Spiritualität, die Ehre Gottes und das Heil der Seelen. So heißt es im zweiten Paragraph der Leitlinien für die Gemeinschaft:

„Worin vor allem besteht unsere ‚Christliche Freundschaft'? Sie besteht darin beizutragen, dass Gott verherrlicht wird, indem er in unseren Herzen herrscht, und dass wir nach Möglichkeit dafür sorgen, dass auch in den Herzen der anderen die drei Tugenden herrschen, die am meisten zur Ehre Gottes beitragen und für das ewige Heil unerlässlich sind: Glaube, Hoffnung und Liebe" (De Rosa, 4).

Zu diesem religiösen Zweck fügte Dießbach etwas hinzu, was für die damalige Zeit ungewöhnlich und äußerst modern war: das Lesen und Verbreiten „guter Bücher". Jedes Mitglied war verpflichtet, wenigstens eine Stunde in der Woche in einem von der Organisation empfohlenen Buch zu lesen. Vorgeschrieben war ferner häufiger Sakramentenempfang, Fasten an bestimmten Tagen, jährliche achttägige Exerzitien. Alle Mitglieder waren angehalten, neue Mitglieder zu werben.

Die Gemeinschaft traf sich von November bis Juni zwei Mal in der Woche, später zwei Mal im Monat. Man begann mit der Lesung aus einem religiösen Buch. Gebete und Diskussionen, meist ausgehend von den Meldungen der Tagespresse, schlossen sich an.

Am meisten für die Verbreitung der Organisation leistete Dießbach selbst, der in Wien, Augsburg, Paris und Freiburg in der Schweiz Gruppen der *Amicizia cristiana* ins Leben rief. Nachdem er sich ganz in Wien niedergelassen hatte, wurde ein Jugendfreund Lanteris, Luigi Virginio, zuständig für Italien. Nach dessen Wechsel nach Wien übernahm Pio Bruno Lanteri in Turin die Leitung der gesamten Gemeinschaft.

Hofbauer, Dießbach und die christliche Freundschaft

Hofbauer nannte Dießbach den Gründer eines „gewaltigen Werkes", errichtet „zum Wohl der Heiligen Katholischen Religion und zur Verbreitung der Kirche Gottes". Mit ihm, schrieb er, sei er durch eine „eine ganz besondere Freundschaft" verbunden. Ja, er sprach von ihm als von „unserem Vater Dießbach". Dies alles deutet darauf hin, dass er – wohl schon 1782 – von Dießbach in die *Amicizia cristiana* aufgenommen wurde. Auch sein Freund Hübl, der noch 1806 in einem Brief seinem Namen die Abkürzung „A.C." anfügte, dürfte bereits damals der geheimen Organisation beigetreten sein. Wie aber ging es weiter?

Soviel ist sicher, die Netzwerke, die Dießbach geknüpft hatte, waren für Hofbauer bei seinen Gründungsreisen in die Schweiz und nach Süddeutschland von Nutzen. Bei den Exjesuiten in Augsburg fand er ein Absteigequartier. Mitglieder der *Amicizia cristiana* unterstützen ihn auf vielfache Weise. An erster Stelle Baron von Penkler, zu dem die Verbindung nie abriss. Dann Joseph Anton Sigismund Baron von Beroldingen, ein Mann mit vielen Beziehungen, der eigentlich Domkapitular in Speyer und Hildesheim war, sich jedoch meist in Wien aufhielt. Schon damals versuchte er, den Redemptoristen eine Niederlassung auf dem Schönenberg bei Ellwangen zu verschaffen.

Die Wiener Gruppe der amicizia cristiana

Der Tod Dießbachs bedeutete nicht das Ende der *amicizia cristiana* in Wien. Deren Organisation und Verwaltung lag wie schon zuvor in der Hand Penklers. Die geistliche Leitung der Gruppe übernahm der spätere Schweizer Jesuitenprovinzial und „Paccanarist" Sineo della Torre. Zugleich wurde er Pfarrer an der Minoritenkirche, die seit 1784 als italienische Nationalkirche diente. Bereits wenige Monate später schickte dann Pio Bruno Lanteri Don Luigi Virginio nach Wien, der wie sein Vorgänger auch die italienische Gemeinde betreute. Von Warschau aus nahm Hofbauer mit ihm Kontakt auf. Er nannte ihn nicht nur „Haupt und Lenker" des von Dießbach gegründeten Werkes, sondern auch seinen „geistlichen Vater", was darauf hinweist, dass er ein förmliches Mitglied der *amicizia cristiana* war.

Leider starb Virginio schon 1805. Ihm folgte als Pfarrer der italienischen Gemeinde der alte und kränkliche Don Caselli. 1808 kam dann Hofbauer nach der Vertreibung der Redemptoristen aus Warschau nach Wien. Baron Penkler bat ihn, Don Caselli zu unterstützen. Bald darauf trat er die volle Nachfolge Virginios an, offensichtlich nicht nur als Seelsorger der Italiener. Die Verbindung zu Lanteri in Turin riss – wohl wegen der kriegerischen Verhältnisse – ab. Erst nach Hofbauers Tod erkundigte sich Lanteri wieder bei Penkler, wie es in Wien mit der *Amicizia cristiana* stehe.

Hofbauers „Laienapostel": die Oblaten

Was Hofbauer in die Nähe zu Dießbach und zur „Christlichen Freundschaft" rückt, ist sein „Apostolat" des guten Buches. An die Satzungen der *Amicizia cristiana* erinnern auch die von ihm in seiner Wiener Wohnung veranstalteten „Leseabende". Dass dabei die Kirchengeschichte eine besondere Rolle spielte, entsprach ganz den Intentionen von Dießbach.

Geist vom Geist der „Christlichen Freundschaft" sind jedoch vor allem die von ihm in Warschau wie in Jestetten und Babenhausen gegründeten „Oblatenvereinigungen". Diese bestanden zum Großteil aus Laien. Ihre Ziele entsprachen in vielem denen der *Amicizia cristiana*. Auf Grund der in den Quellen mehrmals bezeugten Abkürzung „A.C." in Verbindung mit den Oblatenvereinigungen vertritt daher die neueste Forschung die Ansicht, die „Oblaten" Hofbauers seien nichts anderes gewesen als Glieder der *Amicizia cristiana*. Als Beweis gilt etwa, dass P. Hübl die polnische Gräfin Helena Chrapowicka, die Hofbauer „nostra amica ed oblata" (unsere Freundin und Oblatin) nannte, als eine treue Anhängerin von „A. C." bezeichnete. Auch sei darauf hingewiesen, dass die mit der Ausweisung der Redemptoristen aus Warschau betrauten Beamten äußerst skeptisch reagierten, als sie auf die Abkürzung „A. C." stießen.

Wie immer dem war, ein Vergleich der Statuten der *Amicizia cristiana* in Turin mit denen der Oblaten Hofbauers zeigt viele Gemeinsamkeiten, aber doch auch Unterschiede. Zunächst die Gemeinsamkeiten: Beide Male wird gleich zu Beginn angegeben, es sei Aufgabe der Mitglieder, sich „nach Möglichkeit" für die Ehre Gottes und das Heil der Seelen einzusetzen. Beide Vereinigungen waren also nicht nur fromme Bruderschaften, sie hatten einen missionarischen Auftrag. Beide waren vor allem Laienorganisationen, beide standen den Frauen in gleicher Weise wie den Männern offen, bei beiden musste erst ein Probejahr absolviert werden, bei beiden fanden regelmäßige Versammlungen statt, wobei über mögliche Aktionen nachgedacht und diskutiert wurde, beide setzten sich für die Lektüre und die Verbreitung guter Bücher ein, beide stellten eine geheime Vereinigung dar.

Doch Hofbauer wäre nicht Hofbauer, wenn er seiner Organisation nicht seinen ganz persönlichen Stempel aufgedrückt hätte. So wichtig ihm Vorbilder waren – Innovation war ihm wichtiger als Tradition.

Hofbauers „Bund der Freundschaft" unterscheidet sich vor allem in einem Punkt von der *Amicizia cristiana* von Dießbach und Lanteri: Er gliederte seine Laienmissionare bewusst dem Orden der Redemptoristen – der Erlösermissionare – an. Ausdrücklich wies er sie auf das Vorbild des Erlösers Jesus Christus hin. Darüber hinaus fällt auf, dass Hofbauer versuchte, die Gemeinschaft an die Bedürfnisse und Möglichkeiten in „unseren Gegenden" anzupassen.

III. Hofrat Joseph Freiherr von Penkler

Joseph Freiherr von Penkler war gleich alt wie Hofbauer. Er wurde 1751 als Sohn eines Diplomaten in Konstantinopel geboren. In Wien besuchte er das von den Jesuiten geleitete Theresianum, die Eliteschule für den österreichischen Adel. Auch nach seiner Schulzeit hielt er den Kontakt zu seinen jesuitischen Lehrern aufrecht. Eine enge Freundschaft verband ihn mit dem „Barden" Pater Michael Denis, dessen geistliche Gesänge – wie das Adventslied „Thauet, Himmel, den Gerechten" oder das von Michael Haydn vertonte „Hier liegt vor Deiner Majestät" – Eingang in das „Wiener Gesangbuch" Josephs II. fanden. Durch Denis lernte er den Direktor der Wiener Universitätssternwarte, den berühmten Jesuiten-Astronomen Maximilian Hell, kennen und schätzen.

Verständlich, dass Penkler die Aufhebung des Jesuitenordens zutiefst bedauerte. Was in seinen Kräften stand, unternahm er später, um die Wiederherstellung des Ordens zu erreichen. Und wenn schon dies nicht möglich war, so war er doch wenigstens bemüht, einen Ersatz für die Jesuiten und ihre Tätigkeit zu finden. Er nahm zu den Wiener Serviten in der Roßau Kontakt auf und erreichte bei der Regierung, dass diese an verschiedenen Orten eine Art Volkmission abhalten durften, unter der Bedingung, dass die von ihnen gepredigten „geistlichen Übungen" nicht „Missionen" hießen.

Sozialer Aufstieg und Abstieg

Penkler war einer jener genialen Menschen, die sich für alles begeistern können, denen es aber nie so recht gelingt, sich auf eine spezielle Tätigkeit zu beschränken. Bereits im Alter von sechzehn Jahren veröffentlichte er „Abhandlungen über das Schäfergedicht". Seine Interessen umfassten in gleicher Weise Wissenschaft und Politik, Literatur und Wirtschaft, Landschaftspflege und Industrie. Wenn es ein Gebiet gab, das ihn mehr als alle anderen interessierte, so war es die Religion.

Von Haus aus nicht gerade begütert, brachte ihm 1774 die Ehe mit Maria Josepha von Toussaint Besitz und Ansehen. 1776 wurde er in den niederösterreichischen Herrenstand aufgenommen. 1777 erwarb er die Herrschaft „Burg Mödling und Veste Liechtenstein" südlich von Wien. Nach dem Tode seines Schwiegervaters 1785 ging auch dessen nahe gelegene Herrschaft von Sollenau und Schönau bei Günselsdorf in seinen Besitz über.

Zu Penklers Herrschaft gehörten die Orte Brunn am Gebirge, Maria Enzersdorf und Brühl bei Baden. Sein offizieller Wohnort war das auf einer Anhöhe gelegene – damals eher armselige – Schloss Liechtenstein. Penkler galt als verständiger und beliebter Grundherr. Für kirchliche Belange spendete er gern. Für die Verschönerung der von den Franziskanern betreuten Wallfahrtskirche in Maria Enzersdorf – Hofbauer machte dort auf dem Weg nach Maria Zell mehrmals Rast – hatte er immer Geld übrig.

Doch Penklers vielfältige Interessen, sein geringes unternehmerisches Geschick und seine Unfähigkeit in Geldgeschäften stürzten ihn in finanzielle Schwierigkeiten. Infolge von Fehlspekulationen und der Verluste, die er mit einer in Hinterbrühl betriebenen Musselinfabrik erlitten hatte, war er bald hoch verschuldet. 1795 ging sein Besitz Schönau in andere Hände über. 1798 musste er auch die Herrschaft Liechtenstein verkaufen.

Im gleichen Jahr verlor er seine Frau und seinen besten Freund Nikolaus Joseph Albert von Dießbach. Penkler blieb weiterhin vielseitig orientiert. Als Regierungsrat und Hofrat stand er im Dienst der niederösterreichischen Landesregierung und der Wiener Hofkanzlei. Seit 1817 arbeitete er an einer Topographie von Niederösterreich. In diesem Zusammenhang legte er die Grundlagen zur heutigen Niederösterreichischen Landesbibliothek.

Dießbach, Hofbauer und die „Christliche Freundschaft"

Wen hat Baron Penkler zuerst kennen gelernt, den Exjesuiten Dießbach oder den Werkstudenten Hofbauer? Wir wissen es nicht genau. Doch dürften beide um 1782 in sein Leben getreten sein.

Dießbach hielt sich zusammen mit Pio Bruno Lanteri in Wien auf, um den Besuch des Papstes vorzubereiten. Seine ehemaligen Mitbrüder aus dem Jesuitenorden dürften ihn mit dem jungen Baron bekannt gemacht haben, der fortan ihm und seinem „großen Werk", der *amicizia cristiana,* eng verbunden blieb. In Penklers Wiener Wohnung lernten die Studenten Hofbauer und Hübl Dießbach kennen.

Wie Dießbach blieb auch Baron von Penkler von da an mit Hofbauer befreundet. Er unterstützte ihn in seiner Warschauer Zeit. Ihn suchte Hofbauer in Wien auf, wenn er in Schwierigkeiten geriet. Doch auch die Verbindung zu einem anderen Vertrauten von Dießbach hielt Penkler – zum Mindesten bis 1808 – aufrecht: zu Pio Bruno Lanteri, den er in Turin besuchte.

Penkler wurde in Wien der „weltliche Leiter" der *amicizia cristiana.* So ist es nicht verwunderlich, dass er 1802 als erster Nichtitaliener auch zum Präfekten der 1784 gegründeten „Italienischen Kongregation“ ernannt wurde. Nach der Aufhebung des Minoritenklosters hatte Joseph II. die Minoritenkirche zur italienischen Nationalkirche erklärt und der „Italienischen Kongregation“ übergeben. Für die Wiener wurde die Kirche fortan berühmt durch den Komponisten Antonio Salieri und den Chor und das Orchester, die er ins Leben rief. Wenige Wiener freilich wussten, dass die Kirche auch das Zentrum einer äußerst aktiven geheimen Reformgruppe war, die sich hinter dem Pfarrer und der „Kongregation“ verbarg.

Penkler dehnte nach dem Tode von Dießbach die von diesem geknüpften Netzwerke weiter aus. Über ihn liefen die Fäden, die Hofbauer und die Serviten mit einander verbanden. Nicht wenige der späteren Freunde und Jünger Hofbauers, wie Adam Müller und Friedrich Schlegel, lernten ihn durch Penkler kennen.

Nicht alle Aktivitäten Penklers blieben der staatlichen Geheimpolizei verborgen. Zur Zeit des Wiener Kongresses wurde er überwacht, war doch bekannt, dass er sich noch immer für die Wiedereinführung der Jesuiten stark machte. Doch blieben ihm größere Unannehmlichkeiten erspart. Sicher auch deswegen, weil er, wie sein Lehrmeister Dießbach oder wie Frint und Darnaut, zu jenen katholischen Reformern gehörte, die sich für die Verbindung der staatlichen Restauration mit der kirchlichen Reform einsetzten. Er lebte für die Kirche, in gleicher Weise lebte er für sein Vaterland. Als österreichischer Beamter war er konservativ und dem Kaiserhaus ergeben.

Der Romantikerfriedhof von Maria Enzersdorf

Penkler war kinderlos geblieben. Als er 1830 im 80. Lebensjahr starb, erlosch die Linie seines Hauses. Begraben wurde er im Friedhof von Maria Enzersdorf, der dort während seiner Herrschaft errichtet worden war. Sein Grab ist verschwunden, wie auch das von seinem väterlichen Freund Dießbach und von dessen Nachfolger Luigi Virginio. Dass auch Maximilian Hell – als erster aus seinem Freundeskreis – hier begraben war, davon zeugt ein Epitaph an der Wand der Friedhofskapelle.

Das Grab Hofbauers befindet sich hier. Es ist noch vorhanden, auch wenn seine sterblichen Überreste anlässlich des Seligsprechungsprozesses am 4. November 1862 nach Wien überführt wurden und bis heute in der Wiener Kirche Maria am Gestade ruhen. Umrahmt wird Hofbauers Grab von den Gräbern seiner Freunde und ihrer Angehörigen: Zacharias Werner, Adam Müller, Friedrich von Klinkowström, Franziska Doré, geborene Caspers. Auch Metternichs Privatsekretär Ernst Carl Jarcke ließ sich in der Nähe Hofbauers begraben und zuletzt noch Sebastian Brunner.

IV. Friedrich und Dorothea Schlegel

Als (Karl Wilhelm) Friedrich Schlegel im Sommer 1808 nach Wien kam, um in den österreichischen Staatsdienst einzutreten, war er bereits ein berühmter Schriftsteller, Dichter und Philosoph. Der 1772 in Hannover geborene Sohn eines protestantischen Superintendenten hatte sich von 1796 bis 1801 zumeist in Jena aufgehalten, wo er zusammen mit seinem älteren Bruder August Wilhelm, mit Ludwig Tieck, Friedrich Wilhelm Joseph Schelling und Novalis zu einem Kreis von Literaten gehörte, die in der Auseinandersetzung mit der Klassik Schillers und Goethes die Grundlagen für die neue literarische Richtung der deutschen „Romantik" schufen. Und es war Friedrich Schlegel, der zum ersten „Theoretiker der Romantik" wurde, die bald weit mehr als nur ein neues Verständnis vom Sinn und Zweck der Literatur darstellte.

Im Gefolge des frühromantischen Jenaer Kreises bildeten sich ähnliche Zirkel in Berlin, Heidelberg und Dresden, die nun dem neuen Weltverständnis huldigten, das an die Stelle der Lichtmetapher der Aufklärung die „Nachtseiten des Lebens", Traum, Gefühl, und irrationales Einschwingen in die Natur als erstrebenswerte Lebensziele stellte, die in romantischen Dichtungen gefeiert wurden.

Lucinde

1799 erregte Friedrich Schlegel Aufsehen durch seinen Roman „*Lucinde*“, in dessen Titel noch die Aufklärungsmetapher nachklingt, dessen Konzeption und Inhalt jedoch dem neuen „romantischen Ideal“ verpflichtet sind. In dem von Zeitgenossen vielfach als unsittliche Verklärung der „freien Liebe“ gebrandmarkten Roman geht es in Wirklichkeit um die „romantische Liebe“, mit anderen Worten, um ein modernes Verständnis der Begegnung von Mann und Frau, das nicht zuerst von Rechten und Pflichten, sondern von Zuneigung und von Leidenschaft geprägt ist, wobei die Frau in gleicher Weise handelnd auftritt wie der Mann. Liebe und Ehe werden dargestellt nicht zuerst als ein Bund zur Zeugung von Kindern, die zu braven Staatsbürgern erzogen werden, sondern als innige Liebes- und Geschlechtergemeinschaft. Es blieb jedoch nicht aus, dass Schlegel von der österreichischen Staatspolizei noch 1816 als „unzüchtiger Skribler“ verdächtigt wurde.

Auch wenn *Lucinde* alles andere war als ein Schlüsselroman, so hatte er doch einen „Sitz im Leben“ des jungen Autors. In der Hauptfigur des Romans Lucinde war unschwer Dorothea Veit zu erkennen, die seit 1798 mit Schlegel zusammen lebte und die er fünf Jahre nach ihrer Scheidung, nachdem sie 1804 zum christlichen Glauben übergetreten war, geheiratet hat.

Dorothea

Wer aber war Dorothea? Dorothea – ursprünglich „Brendel“ – wurde am 24. Oktober 1764 als Tochter des Philosophen Moses Mendelssohn in Berlin geboren. Im Alter von 14 Jahren wurde sie von ihrem Vater mit dem um zehn Jahre älteren Kaufmann und Bankier Simon Veit verlobt, den sie 1783 heiratete. Aus der Ehe gingen vier Kinder hervor. Zwei überlebten: Jonas (Johannes) und Feibisch (Philipp) Veit.

Im Berliner Salon ihrer Freundin Henriette Herz lernte die junge Brendel 1797 Friedrich Schlegel kennen. Sie führte nun den Namen Dorothea. Friedrich Schleiermacher, mit dem sie in brieflichem Kontakt stand, gab ihr entscheidende Weisungen fürs Leben. Mit Friedrich Schlegel zusammen ging sie 1802 nach Paris. 1804 wurde „Madame Veit“ evangelisch getauft und anschließend mit Friedrich Schlegel getraut. Im selben Jahr gingen sie nach Köln.

In dieser Zeit war Dorothea auch schriftstellerisch tätig. 1801 erschien ihr Roman „Florentin“. Wie die folgenden Werke gab ihn Friedrich Schlegel ohne Nennung der Autorin heraus. In Paris lebten beide von dem Honorar, das Dorothea für Übersetzungen aus dem Französischen erhielt. Unter anderem übersetzte sie den Roman „Corinna“ der Madame von Staël, der Lebensgefährtin ihres Schwagers August Wilhelm. Die Übersetzung erschien 1807 unter dem Namen ihres Mannes.

Von Dresden über Paris und Köln nach Wien

Schlegel hatte in der Zwischenzeit Karriere gemacht. Nachdem er sich in Jena als Privatdozent habilitiert und eine ästhetisch-kritische Zeitschrift, das „Athenäum“, gegründet hatte, begab er sich über Dresden nach Paris, wo er sich mit dem Persischen und Indischen befasste, dem er später bedeutende Studien widmete. In Paris gründete er die Zeitschrift „Europa“. Deswegen aus ihm einen Vorläufer der Europa-Idee zu machen, wäre jedoch verkehrt. Tatsächlich huldigte er völkerpsychologischen Vorurteilen, die aus heutiger Sicht geradezu „nationalistisch“ anmuten und in diametralem Gegensatz zum Weltbürgertum eines Friedrich Schiller oder zur christlichen Europa-Vision eines Novalis standen.

Von Paris aus begab sich Schlegel nach Köln. Er hielt pantheistisch angehauchte philosophische Vorlesungen an der Universität. 1808 trat er zusammen mit seiner Frau zum Katholizismus über. Schon Zeitgenossen meinten, Dorothea habe ihn zur Konversion gedrängt. Schlegel selbst äußerte Jahre vor seinem Übertritt: „Ohne Religion zu leben, ist so traurig als unglücklich. Die katholische ist die einzige, die man ergreifen kann, unstreitig wenigstens die bessere“.

Am 18. April 1808 wurden Friedrich und Dorothea Schlegel im Kölner Dom vom Aachener Bischof Marc-Antoine Berdolet katholisch getraut. Im Juni 1808 ging Friedrich nach Wien,

Ende Oktober folgte ihm seine Frau. Im September 1808 war auch Hofbauer nach der Vertreibung der Redemptoristen aus Warschau nach Wien gekommen und hatte in der Alservorstadt in einer Wohnung seines früheren Meisters Weyrig eine erste Bleibe gefunden.

Der „Schlegel-Hofbauer-Kreis"

In den Biographien Hofbauers ist nicht selten vom „Schlegel-Hofbauer-Kreis" die Rede, der als Keimzelle der katholischen Reform in Wien und Österreich bezeichnet wird. Und weiter heißt es: „Schlegel war der Kopf, der Geist, Hofbauer das Herz dieses Kreises" (Till, 60). Das dürfte noch immer gültig sein. Nur sollte man statt von einem „Kreis" eher von einem „Netzwerk" sprechen, in dem Schlegel wie Hofbauer, die sich in den gemeinsamen Wiener Jahren nahe standen, eine zentrale Rolle spielten.

Es war ein Netzwerk, das schon vor der Ankunft Schlegels und Hofbauers Nikolaus Joseph Albert von Dießbach und Baron Penkler geschaffen hatten. Penkler vermittelte denn auch als Präsident der „Italienischen Kongregation" dem Neuankömmling Schlegel im „Wällischen Hause" bei der Minoritenkirche" eine erste Unterkunft. Derselbe Penkler verschaffte Hofbauer im Mai 1809 eine Wohnung in eben diesem Haus. Er war es, der Schlegel und Hofbauer mit einander bekannt machte. Beide traten zu der bereits bestehenden Gruppe reformwilliger Katholiken hinzu, zu den Serviten in der Roßau, zu Adam Müller, zu Franz Seraph Schmid.

Nachdem dann Friedrich und Dorothea Schlegel in Wien eine neue Wohnung bezogen hatten, war Hofbauer, wie Dorotheas Sohn Philipp Veit bezeugt, fast täglich dort zu Gast. Begleitet von den jungen Patres Martin Stark, Johannes Sabelli und Joseph Forthuber, nahm er an den geselligen Abenden im Hause Schlegel teil, von denen Dorotheas Freundin Caroline Pichler in ihren Erinnerungen begeistert berichtet. Bei diesen Soirées – ob es sich nun um einen eigentlichen „Salon" Dorotheas handelte oder nicht – fand sich ein, wer Rang und Namen hatte. Zu Adam Müller gesellten sich andere Größen der katholischen Wiener Romantik und Restauration, wie der Maler Friedrich Klinkowström oder dessen Schwager, der Privatsekretär Metternichs Joseph Anton von Pilat.

Und wo waren Hofbauer, Stark und Forthuber anzutreffen, wenn sie nicht gerade den Abend bei Schlegels verbrachten oder in Hofbauers Wohnung eine Abendkonferenz abhielten? Es könnte im Hause von Adam Müller gewesen sein. Dass dies nicht nur eine Vermutung bleibt, bezeugt Clemens Brentano in einem Brief an Ludwig Tieck vom 12. Juli 1813. Er berichtet von einem Besuch bei Müller und schreibt:

„Ich fand dort einen sehr besonnenen Künstler und Freund Runges, den Maler Klinkowström aus Schwedisch-Pommern und einen alten Freund von mir, den jungen Herrn von Eichendorff, nebst drei Priestern aus dem von Warschau durch die Franzosen vertriebenen Orden der Redemptoristen“ (*Monumenta Hofbaueriana* XI, 328).

Glaube versus Sittlichkeit

Der Schlegel-Hofbauer-Kreis war mehr als ein geselliges Beisammensein geistvoller Menschen. Schlegel und Hofbauer führten weiter, was Dießbach und Penkler angebahnt hatten. Sie wurden zu den Kristallisationspunkten eines neu erwachten religiösen Interesses, das mehr war als das „Hersalbadern von Sittlichkeiten“, um einen Ausdruck Sebastian Brunners zu gebrauchen. Wenn Hofbauer dadurch auffiel, dass er anders als so mancher aufgeklärte Prediger „ganz dogmatisch“ redete, mit anderen Worten nicht die Moral, sondern den Glauben in den Mittelpunkt stellte, so wandte sich Schlegel in seiner Wiener Zeit in gleicher Weise gegen eine „oberflächliche Aufklärung“ und „hohle Vernunftwissenschaft“, die Religion mit Sittlichkeit verwechselte und uns „statt der geheimnisvollen Kraft des alten Glaubens eine seichte und ungenügende Vernunftmoral gegeben und dies noch als angeblichen Fortschritt“ gepriesen hat (Schlegel, in: *Oelzweige* 1, 1819, 429).

In seinen Wiener „Vorlesungen über die neuere Geschichte“ aus dem Jahre 1810 nahm er Stellung gegen einen „äußeren Gewohnheitsglauben“, für den nicht Wahrheit und Überzeugung maßgebend seien, der vielmehr nichts als eine politische

Angelegenheit darstelle (Schlegel, Bd. 11). Mit anderen Worten, der Grundsatz des aufgeklärten Absolutismus, dass Kirche und Religion Staatsanstalten zur Befriedigung der religiösen Bedürfnisse und zur Disziplinierung der Untertanen seien, wurde von Schlegel wie von Hofbauer von Grund auf in Frage gestellt.

Friedrich Schlegel und Hofbauer

Im Frühjahr 1809 erhielt Schlegel durch Penklers Vermittlung eine Stelle als Hofsekretär in der österreichischen Staatskanzlei. 1815 wurde ihm der persönliche Adelstitel verliehen. Von 1815 bis 1818 war er österreichischer Legationsrat am Bundestag in Frankfurt, eine Tätigkeit, die ihn wenig befriedigte. Politik war ihm im Grunde verhasst. Die staatliche Restauration eines Metternich war nicht seine Sache. Es hieß, er habe „zu sehr katholisch" und „zu wenig österreichisch" gedacht. In kirchenpolitischen Fragen vertrat er eine ähnliche Position wie Hofbauer: Er war wie dieser ein Gegner der Pläne Dalbergs und Wessenbergs, die sich für das Wiederaufleben der alten Reichskirche einsetzten.

Ganz gleich, ob nun Hofbauer hinter dieser Position stand, sicher ist, dass man grundsätzlich von einem Einfluss Hofbauers auf Schlegel ausgehen darf. Hofbauer war Schlegels Beichtvater, und es scheint, dass der große Gelehrte, der in seinen philosophischen Systemen die Grundlagen für eine neue „christliche Philosophie" schuf, sehr wohl für sein privates Dasein des Rats und der Stütze Hofbauers bedurfte. Von nervöser Ängstlichkeit, von gesundheitlichen Beschwerden und von übergroßem Alkoholgenuss ist die Rede. Hilfe fand er da zum einen bei seiner Gattin, zum andern bei Hofbauer, vor allem in der Zeit nach seiner Rückkehr aus Frankfurt, als Dorothea in Rom bei ihren Söhnen lebte.

„Du bist halt mein Friedrich!

In diese Zeit fällt der Beginn einer merkwürdigen Wende in Schlegels religiösen Vorstellungen, die Hofbauer wenig gefiel und der er in seiner nüchternen Art entgegen zu wirken trachtete. Schlegel war, wie dies dem Empfinden der Romantik entsprach, dem „Okkultismus“ und angeblichen übersinnlichen Phänomenen nicht abgeneigt.

Wie viele Zeitgenossen war er fasziniert vom so genannten Mesmerismus oder „tierischen Magnetismus“, der als Vorläufer der Psychoanalyse des Zwanzigsten Jahrhunderts gelten kann. Wie es heute fast schon zum guten Ton gehört, dass jeder, der etwas auf sich hält, seinen Psychotherapeuten hat oder zum Mindesten sich in Wellness-Einrichtungen physische und psychische Kraft holt, so war es damals in den höheren Gesellschaftsschichten üblich, sich „magnetischen Kuren“ zu unterziehen, wie sie der Arzt Franz Anton Mesmer entwickelt hatte. Häufig verband sich damit der Glaube an heilende okkulte Kräfte. Auch Friedrich Schlegel war diesem Glauben verfallen und suchte ihn in sein philosophisch-theologisches System einzubauen.

Eines Tages trug er Hofbauer sein „mesmerisches“ System vor. Hofbauer hörte zu, schüttelte den Kopf, unterbrach den Redefluss des Philosophen und murmelte immer wieder: „Das ist nichts“. Doch Schlegel ließ sich nicht beirren und redete weiter, bis ..., ja bis ihn Hofbauer an den Schultern packte, ihn kräftig schüttelte und entschuldigend sprach: „Du bist halt mein Friedrich!“

Leider blieb Hofbauers Einspruch ohne Erfolg. Schlegel glaubte weiterhin an okkulte Kräfte. Seinem Bruder August Wilhelm schickte er Haare und einen Zahn, die ihm Glück bringen sollten. Nach Hofbauers Tod hielt er sich nicht an die klaren Regeln seines Meisters, sondern nahm eine recht merkwürdige Beziehung zu der ekstatischen Christine von Stransky auf. Auch ihr schickte er seine wundertätigen Haare. Zusammen mit dem Maler Ludwig Schnorr von Carolsfeld hielt er in den Jahren 1820 bis 1826 mesmerische Sitzungen mit der polnischen Gräfin Lešniowska ab. Durch Fragen an die „Somnambule“ hofften die beiden ein höheres Wissen zu erlangen und den göttlichen Sinn der Menschheitsgeschichte zu ergründen.

Dorothea Schlegel und Hofbauer

Die Meinungsverschiedenheiten über den „tierischen Magnetismus“ waren nicht der einzigen Schatten, der in Hofbauers letzten Lebensjahren das Verhältnis beider Männer trübte. Doch als Hofbauer im März 1820 starb, zeigte sich, wie tief trotz all dem die Verbundenheit der Familie Schlegel zu Hofbauer ging. Die Briefe Friedrichs wie Dorotheas beweisen dies.

Mehr noch als Friedrich war Dorothea betroffen. An ihre Freundin Sophie Schlosser schrieb sie:

„Was ich verloren habe, was wir alle verloren haben, was ich immer mein Leben lang suchte, ist unser lieber, lieber geistlicher Vater. Ich darf nicht darüber reden, mein ganzes Herz will mir entfallen, rede ich von der Seele, die ich nun vermissen muss in diesem sonst so wenig Freude gebenden Leben" (Johannes ECKARDT, Klemens Maria Hofbauer, Mönchengladbach 1916, 52 f.).

Mehr als jede Beschreibung zeigen diese Worte, wie innig Dorothea ihrem Seelenführer Hofbauer verbunden war. Ihm hat sie in ihren Briefen aus Frankfurt ihre Sorgen anvertraut, ihn bat sie „um die Gnade der wahren Erleuchtung des Geistes, damit wir auf diesen dunkeln Wegen und im Getümmel der Feinde uns zurecht finden".

Auch Dorotheas Söhne, die Maler Philipp und Johann Veit blieben von der engen Beziehung ihrer Mutter zu Hofbauer nicht unberührt. Unter seinem Einfluss traten sie 1810 zum katholischen Glauben über. Als Mitglieder der Nazarenerschule in Rom stellten sie die Verbindung zwischen Hofbauer und ihrem geistlichen Mentor Ostini her.

Nach Hofbauers Tod

Friedrich Schlegels letztes Lebensjahrzehnt war von Dunkelheit umhüllt. Seine letzten großen Schriften sind bis heute umstritten. Hoch gelobt von seinen Anhängern, werden sie von anderen als barer Unsinn abgetan. Doch wie immer man sie beurteilen mag, Hofbauer hätte „seinem Friedrich" sicher, wenn er noch gelebt hätte, mehr „aufgeklärte" Nüchternheit empfohlen.

Friedrich Schlegel starb 1829 in Dresden. Dort befindet sich sein Grab im alten katholischen Friedhof.

Dorothea Schlegel lebte nach Hofbauers Tod wie schon zuvor ganz für ihren Mann. Mit den Redemptoristen blieb sie verbunden. Ihr Beichtvater war jetzt P. Joseph Amand Passerat, Hofbauers Nachfolger, den sie als Heiligen verehrte.

Nach dem Tode ihres Mannes zog Dorothea Schlegel nach Frankfurt. 1831 schrieb sie ihrer Freundin Gräfin Sophie Charlotte Eleonore zu Stolberg, der Witwe des Grafen Leopold zu Stolberg, einen langen Brief, in dem sie ihr von der gottgesegneten Tätigkeit Hofbauers und der Redemptoristen in Wien erzählte. Der Brief hatte unerwartete Folgen. Die Gräfin zu Stolberg unterrichtete ihre in Belgien verheiratete Tochter. Die wiederum erzählte davon dem Ortspfarrer. Der bat P. Passerat um ein Kloster in seiner Pfarrei. Die Patres kamen und wirkten fortan mit großem Erfolg in Belgien, in den Niederlanden, in England und in den Vereinigten Staaten.

Dorothea Schlegel starb 1839 in Frankfurt.

V. Joseph Amand Passerat

Wer war der Mann, der sich beim Generaloberen über Hofbauer beklagte und ihm Mangel an innerer Sammlung vorwarf? Wer war Pater Passerat?

Joseph Amand Passerat, geboren am 30. April 1772 in Joinville in der Champagne, gestorben am 30. Oktober 1858 in Tournai (Belgien), der Nachfolger Hofbauers in der Leitung der „transalpinen Redemptoristen“, ist bis heute in seinem Orden umstritten. Sein Seligsprechungsprozess wurde bereits 1913 – vier Jahre nach Hofbauers Heiligsprechung – eingeleitet und noch immer warten seine Verehrer darauf, dass ihm endlich die „Ehre der Altäre“ zuteil wird.

Gewiss, er war ein Heiliger, auf den ersten Blick mehr noch als Hofbauer. Er hatte nicht dessen Ecken und Kanten, und er gilt bis heute als „der große Beter“. Ja, er war ein Heiliger, aber er war, wie Nuntius Pietro Ostini es einmal ausdrückte, ein „französischer Heiliger“. Wenig schmeichelhaft äußerte Anton Günther: „Ein echter Franzose, früher Tambourmajor, höchst ignorant, aber un Saint“ (Knoodt, I, 125). Engstirnig und weltfremd sei er gewesen, nur auf Bewahrung bedacht. Wie hatte doch Hofbauer mit Blick auf ihn gesagt: „Ja, die Franzosen, alle sind sie ein wenig vom Jansenismus beschmitzt [infiziert]".

Und doch schätzte ihn Hofbauer so sehr, dass er ihm 1803 für die Schweiz und Süddeutschland alle seine Vollmachten übertrug. In einem Brief an den Generalobern vom 9. Januar 1808 schlug er ihn neben den Patres Karl Jestershein und Jan Podgórski im Falle seines Todes zu seinem Nachfolger vor.

Als dann Hofbauer 1820 tatsächlich starb, galt Passerat allgemein als sein designierter Nachfolger, und dies, obwohl Hofbauer kurz vor seinem Tod zu erkennen gegeben hatte, dass er den aktiven Seelsorger Podgórski lieber auf diesem Posten gesehen hätte als den weltabgewandten Mystiker.

So wurde denn Passerat, der fast zwei Jahrzehnte in der Schweiz gelebt hatte, 1820 vom Generaloberen zum Nachfolger Hofbauers ernannt und kam noch im gleichen Jahr als Generalvikar und Novizenmeister – ein Amt, das er auch in Warschau und in der Schweiz innehatte – nach Wien.

Herkunft – Bildung – Lebensweg

Passerat entstammte einer angesehen Bürgerfamilie. Mit zehn Jahren begann er das Gymnasialstudium in einer nahen Benediktinerabtei. Mit 16 Jahren trat er in das „Kleine Seminar" in Chalons-sur-Marne ein. Der 18-Jährige wollte in Paris weiter studieren. Da brach die Französische Revolution aus. Er wurde inhaftiert und wieder frei gelassen.

Als dann die preußische Armee 1792 nach Frankreich einrückte, wurde der hoch gewachsene, schöne und kräftige junge Mann von der Nation zu den Waffen gerufen. Als „Tambourmajor" sollte er die Trommler anführen, die zur Schlacht trommelten. Doch Soldat zu sein entsprach nicht seinem Charakter, und erst recht nicht Krieg und Kampf. Er bat darum, Quartiermeister zu werden. Man erfüllte seinen Wunsch. In seiner freien Zeit las er die „Nachfolge Christi". Dann desertierte er.

Er wollte Theologie studieren. Über Belgien kam er nach Trier. Doch er blieb nicht lange. Trier war die Stadt Hontheims, die Stadt des „Febronius". Er aber gehörte der jesuitisch-ultramontanen Richtung an. So begab er sich nach Münster, doch auch die dortigen Professoren waren ihm zu „aufgeklärt“. Dass er schließlich von 1793 bis 1795 bei den Exjesuiten von St. Salvator in Augsburg studierte, ist kennzeichnend für seine Einstellung. Seine Biographen betonen, wie glücklich er gewesen sei, in St. Salvator die reine römisch-katholische Lehre zu finden.

Nachdem Passerat im September 1795 die „niederen Weihen“ empfangen hatte, begab er sich über Würzburg, wo er einige Monate in einem Seminar für französische Emigranten weilte, zusammen mit drei anderen jungen Franzosen geradewegs nach Warschau. Dort traten die vier am 22. Juli 1796 ins Redemptoristenkloster ein.

Vielleicht war der Plan für den Eintritt schon in Augsburg gereift. Passerat soll dort Schriften des Alfons von Liguori gelesen haben. Und es ist nicht auszuschließen, dass er in Augsburg auch Hofbauers Freund Dießbach oder Hofbauer selbst kennen lernte. Der war 1795 zum ersten Mal bei den Jesuiten von St. Salvator abgestiegen.

Ämter im Kloster

Am 15. April 1797 wurde Passerat zum Priester geweiht. Bereits ein Jahr später war er Novizenmeister. Seit 1803 war er Hofbauers Stellvertreter für Süddeutschland und die Schweiz. Er war nacheinander Oberer der Klöster in Jestetten, Babenhausen, St. Luzi bei Chur, Visp im Wallis. Nachdem all diese Gründungen den Zeitverhältnissen zum Opfer gefallen waren, wurde sein jeweiliger Aufenthaltsort der geistige Mittelpunkt der auf Pfarreien verteilten Patres in der Schweiz. 1818 wurde er Rektor und Novizenmeister in der vormaligen Kartause Valsainte im Kanton Freiburg. Von 1820 bis 1848 leitete er von Wien aus den transalpinen Zweig der Redemptoristen, der unter seiner Leitung in vielen Ländern Europas und in Nordamerika Wurzeln fasste.

Es kam die Europäische Revolution des Jahres 1848. Am 6. April dieses Jahres wurden die Redemptoristen aus ihrem Wiener Kloster gejagt, auf Karren gesetzt und zur Belustigung des Pöbels aus der Stadt hinausgefahren, mit der Begründung, dass sich unter ihrem Ordenskleid „das entsetzliche System“ Metternichs verberge. In seinem Stück *Freiheit in Krähwinkel* schilderte Johann

Nestroy damals die Vertreibung der Patres, und Johann Strauß Sohn fühlte sich veranlasst, die Polka *Liguorianerseufzer* zu komponieren.

Auch Passerat verließ die Stadt. Er begab sich nach Belgien und reichte am 6. Juni 1848 seine Abdankung ein. Nach mehreren Schlaganfällen körperlich und geistig gebrochen, litt er in seinen letzten Lebensjahren unter Anfechtungen seines Glaubens. Er starb am 30. Oktober 1858 in Tournai.

Hofbauer und Passerat

Von Hofbauer ist der Satz überliefert, Passerat solle weniger beten und dafür mehr arbeiten. Passerat wiederum beklagte sich darüber, dass Hofbauer mit seinem Aktivismus so sehr in der Seelsorge aufgehe, dass er darüber die Pflege der Innerlichkeit und die Treue zur Ordensregel vergesse. Damit ist alles gesagt. Die Charaktere beider waren grundverschieden. Doch es handelte sich nicht nur um Charaktere, es handelte sich auch um zwei verschiedene Konzeptionen vom Leben und Handeln in einer klösterlichen Gemeinschaft.

Gehen wir in die Einzelheiten. Auch wenn wir heute vorsichtiger geworden sind, wenn es darum geht, Körpermerkmale mit Charaktereigenschaften in Verbindung zu bringen, bei einem Vergleich Passerats mit Hofbauer scheint schon das Äußere auf die unterschiedlichen, ja gegensätzlichen Charaktere hinzuweisen. Hier der eher untersetzte mährische Bauernsohn mit seinen breiten Schultern, seinem rundlichen Kopf, seinen lebhaften Augen, dort der große, stattliche Bürgersohn, mit wohlgeformten Gesichtszügen, großen, träumerischen braunen Augen, langen bis auf die Schultern wallenden Haaren, die ihm ein ehrwürdiges Aussehen verliehen. Dem Äußeren entsprach das Innere: Dem impulsiven, manchmal derben, unermüdlichen Organisator Hofbauer, dem Mann, der Geselligkeit und Humor liebte, stand der nach innen gekehrte Asket Passerat gegenüber, der die Gesellschaft floh und sich in einer einsamen Schneelandschaft wohl fühlte. Hier der Praktiker, der keine literarische Bildung mitbrachte und trotzdem – oder vielleicht gerade deshalb – seine Mitmenschen zum Lesen und Schreiben anregte, dort der sensible, ständig magenkranke Schöngeist, der in seiner Jugend für die französische Literatur geschwärmt hatte, der jedoch später in den „Blütenfeldern der Poesie“ nur „alberne Dummheiten“ erblickte, die vom ewigen Ziel ablenkten.

Dazu kam ein weiterer Unterschied, der in einer Zeit, in welcher der Nationalismus in Europa zu keimen begann, das Zusammenleben mit Passerat erschwerte. Hofbauer fühlte sich trotz seiner tschechischen Vorfahren – vielleicht zu sehr – als „Deutscher“ und wurde bei seinen österreichischen Mitbrüdern deswegen anerkannt, ob sie nun „Deutsche“ oder „Böhmen“ waren. Passerat blieb immer „Franzose“. Er gab sich keine Mühe, wirklich Deutsch zu lernen, sprach stets mit französischem Akzent und machte häufig grammatikalische Fehler. Die französischen Dichter Racine und Corneille galten ihm weit mehr als die deutschen Klassiker. „O ihr Deutschen, ihr seid Esel!“, soll er öfter geäußert haben.

Der neue Generalvikar

Einer der bedeutendsten Historiker der Redemptoristen, P. Carl Dilg von Dilgskron, wandte sich nach langem Zögern in seinem letzten Lebensjahr Passerat zu. Er kam nicht über die ersten Entwürfe hinaus. Doch das, was er schrieb, ist bedenkenswert. Dilgskron legte dem zweiten Generalvikar Worte in den Mund, die er so zwar nie geäußert hat, die aber die Problematik seiner Amtszeit und wohl auch sein eigenes Empfinden treffend zum Ausdruck bringen. Dilgskron lässt Passerat sprechen:

„Hofbauer war ein Landeskind; war ein zur Tat geborener Gottesdiener. Wie werde ich es zustande bringen, das kaum glimmende Fünkchen zur Flamme anzublasen? Ich, der Fremde? Ich, der ich in äußeren Geschäften jenem so nachstehe. Werde ich nicht vielmehr zertreten, was jener gepflanzt hat?“ (Manuskript, Archiv der Redemptoristen in Wien).

Dilgskron kam nicht dazu, diese Fragen zu beantworten. Es waren Fragen, die sich auch die Zeitgenossen stellten. So äußerte Hofbauers Freund Sebastian Job: „Eine Gemeinschaft von Kindern und ein französisches Haupt! Was wird daraus werden?“

Sicher dürfte sein, dass die transalpinen Redemptoristen während der Amtszeit Passerats – der eben nicht „zur Tat geboren" war –, eine Entwicklung nahmen, die kaum den Intentionen Hofbauers entsprach. Möglicherweise hat Passerat den Zusammenhalt der beiden Zweige des Ordens gerettet, die unter Hofbauer auseinander zu driften begannen, aber um welchen Preis! Denn Passerat, der sensible, gewissenhafte, ängstliche und menschenscheue, überforderte Mann suchte die Rettung in der möglichst buchstabengetreuen Rückkehr zur Tradition, wie sie im Ursprungsland des Ordens, in Neapel, zu Hause war. Die Folge war jedoch nach außen ein Erscheinungsbild der Redemptoristen, das sie zu Symbolfiguren des schwärzesten Ultramontanismus machte, nach innen eine Umprägung, die nicht ohne große Spannungen und herbe Verluste erfolgte.

Die Ultramontanisierung der transalpinen Redemptoristen

Bereits 1826, wenige Jahre nach ihrer Zulassung, galten die Redemptoristen in Wien als Verkörperung finsteren Aberglaubens und als „Feinde aller gelehrten Bildung". Kritisiert wurde ihre neue Predigtweise, die vielfach in der Schilderung der Höllenstrafen gipfelte. Dazu aber hatte Passerat ausdrücklich aufgefordert.

Es war nicht nur dies, was Befremden erregte. Schon die den Patres verordnete Kleidung wirkte aufreizend, ja geradezu unheimlich (Schönholz II, 256). Denn Passerat hatte seinen Untergebenen einen weiten südländischen Mantel und einen breitkrempigen römischen Hut verordnet, klerikale Kleidungsstücke, die bis ins 20. Jahrhundert in unzähligen Karikaturen zum Symbol des römischen Obskurantismus wurden. Kein Wunder, dass sich Spötter wie der Dichter Anastasius Grün über die „Finsternis", die in Wien in der Kirche der Redemptoristen herrsche, lustig machten.

Gewiss, auch Hofbauer hatte den modernen Aufklärern nicht nach dem Mund geredet, auch er wurde kritisiert. Jetzt aber erinnerten sich die Kritiker daran, dass er trotz „geringer Bildung" einen starken Charakter und einen klaren Verstand besaß, Dinge, die bei seinen Jüngern Mangelware seien. Caroline Pichler, die große Zeitkritikerin, die Hofbauer eine gewisse Sympathie entgegen gebracht hatte, sah gar in ihrem „religiös bigotten Treiben ein Zeichen der verfallenden Kultur".

Es dauerte jedoch ein Jahrzehnt, bis Passerat sich durchsetzte. Ehemalige Hofbauerschüler weigerten sich, den römischen Hut zu tragen. Die Patres Veith, Madlener und Kosmaček wirkten im Sinne Hofbauers auf der Kanzel und im Beichtstuhl. Pater Stark, der langjährige Begleiter Hofbauers, wurde sein genuiner Fortsetzer, geschätzt als Beichtvater der Oberschicht in Wien. Veith und Anton Passy waren nach wie vor als Schriftsteller geachtet.

Doch Passerat drängte all dies zurück. So kam es, dass er sich bereits 1830 „im Klerus völlig isoliert" sah. Ja, die Wiener waren, wie er damals schrieb, der Ansicht, es gäbe in der Stadt „zwei katholische Glauben", den ihren und den der Redemptoristen.

Innere Umprägung

Nicht nur das äußere Erscheinungsbild der Redemptoristen änderte sich während der Amtszeit Passerats. Auch nach innen kam es zu Veränderungen. Anders als Hofbauer wollte der neue Generalvikar neben der ursprünglichen Ordensregel die in Neapel üblichen Gebräuche und Bußübungen auch in Österreich einführen. Spannungen und Zerreißproben blieben nicht aus, zumal nicht so recht klar war, welche Ordensregel nun wirklich die gültige Regel sei, diejenige, die Hofbauer mit einigen Staatsfunktionären ausgearbeitet hatte, um so die Genehmigung in Österreich zu erreichen, oder die alte Regel, die in Neapel Geltung hatte und die Passerat nun *pro foro interno* (für den inneren Bereich) für verbindlich erklärte.

Passerat fehlte der Mut, mit dem Hofbauer seinen Oberen zu verstehen gab, dass Polen oder Österreich nicht Neapel sei. Dem Generaloberen zu widersprechen, lag ihm fern. Und wie er selbst als höchste Tugend „blinden Gehorsam" übte, so verlangte er ihn auch von seinen Untergebenen. Entschieden wies er jede Lehrtätigkeit zurück. So blieben eine Reihe viel versprechender Gründungsangebote ungenützt, weil mit ihnen der Unterricht verbunden war. Und doch besaß der Orden eine Reihe fähiger

Patres, die vor allem dieser Tätigkeit wegen eingetreten waren. Vergebens wiesen sie auf Hofbauer hin. Die Antwort Neapels und Passerats war: „Was Hofbauer tat, hat kein Gewicht, denn Hofbauer handelte gegen die Regel".

Perlen der Askese

Auf die Dauer schwerwiegender als die Abwendung von der Lehrtätigkeit wirkte sich die durch Passerat angestrebte Rückkehr zur ursprünglichen Spiritualität aus. Was dabei herauskam, war nicht die „theologia cordis" des Ordensgründers Liguori, war schon gar nicht die liebenswürdige, heitere Unbeschwertheit der neapolitanischen Redemptoristen, vielmehr wirkte das Zusammenspiel des Supranaturalismus Passerats mit dem deutschen Perfektionismus und der peinlichen Gewissenhaftigkeit etlicher in den Orden eingetretener Juristen dahin, dass die transalpinen Patres das Gepräge von überstrengen Asketen annahmen.

Man fragt sich, wie war dies möglich? Wo waren die „genialischen" jungen Leute – Studenten, Dozenten, Professoren – geblieben, die Hofbauer um sich gesammelt hatte?

Darauf ist zu antworten: Es gab solche, die nach Passerats Ankunft in Wien ihren Entschluss, in den Orden einzutreten, zurücknahmen. So Friedrich Rinn und Anton Günther, die zu den Jesuiten gingen. Es gab solche, die sich Passerat fügten und ihre ursprünglichen Ideale zurückstellten, Madlener vor allem und die Dichterbrüder Passy. Es gab aber auch eine „innere Opposition". Und diese innere Opposition bestand nicht aus irgendwelchen unzufriedenen Elementen. Sie bestand aus ehemaligen Jüngern Hofbauers, führenden Männern der Transalpinen, allen voran Johann Emanuel Veith. Passerat drängte sie aus dem Orden hinaus. 1829 hatte sich bei den Transalpinen auf der normativen Ebene die Linie Passerats gegen den Entwurf Hofbauers durchgesetzt.

Doch die Gegensätze schwelten weiter, zumal Passerat alles tat, um mit seinen ständigen Mahnungen die Flamme der Zwietracht neu zu entfachen. In einem Brief an den Generalobern heißt es:

„Er redet immer von Grundsätzen der Heiligen, sagt, wir haben keinen Geist, sind keine innerlichen Menschen, und so wird die Askese nur dazu missbraucht, um Frieden und Eintracht zu stören".

Und selbst der sanfte, gefügige Pater Madlener gab zu verstehen:

„Mir scheint, P. Passerat wäre gut beraten, wenn er die Perlen der verehrungswürdigen Askese seltener und nur zu gegebener Zeit ausstreuen würde. So würde er weniger Widersprüche ernten (Weiss 1984, 261).

Zu all dem kam, dass Passerat nicht nur sich selbst vollkommen aus der Öffentlichkeit zurückzog und keinen Kontakt zu den Bischöfen pflegte, sondern dies auch von seinen Untergebenen wünschte. Geradezu katastrophal wirkte sich seine Unfähigkeit aus, mit Geld umzugehen. Das Wiener Kloster, ja alle österreichischen Klöster standen wegen seiner Missgriffe nahe vor dem Ruin.

Da war es nur gut, dass es auch nach Veiths Austritt noch immer eine „innere Opposition" gab, angeführt von Pater Martin Stark und dem „Hofbauerschüler" Franz Kosmaček, zwei aufgeschlossenen und integren Männern, die als „Säulen der Gemeinschaft" galten. Sie vor allem unterrichteten den Generaloberen von den Missständen. Der bat den Wiener Nuntius Pietro Ostini, der ein Bewunderer Hofbauers war, in einer Visitation nach dem Rechten zu sehen.

Ostini gab den aufmüpfigen Patres Recht. Trotz schwerwiegender Bedenken sprach er sich jedoch dafür aus, dass Passerat im Amt bleiben könne, vorausgesetzt, dass seine Machtbefugnisse beschnitten würden. Dies geschah. Im letzen Jahrzehnt seiner Regierung war Passerat ein Oberer auf Abruf. Als er endlich abdankte, regierte faktisch schon lange sein späterer Nachfolger.

VI. Johannes Sabelli, das „Hauskreuz“ Hofbauers

Zwei Einwände gegen die Heiligkeit Hofbauers brachte der „Defensor fidei“, der „Verteidiger des Glaubens“, auch „Teufelsadvokat“ genannt, beim römischen Seligsprechungsprozess vor. Zum einen: Er habe ein ungerechtes Urteil über Bischof Sailer von Regensburg abgegeben. Zum zweiten: Man habe mit der Einleitung des Prozesses gewartet, bis Pater Johannes Sabelli gestorben sei, damit dieser ihm nichts Übles nachsagen könne. Beide Einwände wurden zurückgewiesen.

Hofbauer habe sich mit vollem Recht über Sabelli empört. Denn dieser habe sich gegen ihn, wie Johann Emanuel Veith erklärte, „störrisch, ungehorsam und sehr feindselig“ verhalten. Tatsächlich nannte ihn Hofbauer sein „Hauskreuz“, das ihm aufgeladen sei. – Wer aber war Sabelli wirklich?

Sabelli begegnet Hofbauer

Johann Joseph Sabelli wurde am 14. September 1780 nahe der polnischen Stadt Cieszyn geboren, die damals Teschen hieß und zu „Österreichisch-Schlesien“ gehörte. Sein Vater Paolo Sabelli aus Sciaccia in Sizilien war einer der zahlreichen italienischen Handwerker und Händler, die seit Jahrhunderten ihr Glück in Polen und Oberschlesien suchten. Leider starb er kurz nach der Geburt seines Sohnes

Seine Mutter war Polin. Seine Muttersprache war polnisch. Von frühester Kindheit an lernte er Deutsch von den Deutschen, die in Teschen und Umgebung lebten. Im Gymnasium lernte er neben Latein auch Französisch. Die Sprache seines Vaters begann er sich erst später anzueignen. Sabelli war in seiner Jugend schlank, hatte ein längliches Gesicht, kurze schwarze Haare und dunkle Augen. Auffallend waren seine lange Nase und seine gebückte Haltung.

In jungen Jahren soll Sabelli Protestant gewesen sein. Doch wo kamen die Protestanten in Polen her? Ein Blick in die Geschichte des Herzogtums Teschen gibt Antwort. Das Herzogtum war in der Reformationszeit evangelisch geworden. Als es dann habsburgisch wurde, gelang es den neuen Herrschern nicht, alle Teschener wieder katholisch zu machen. War also auch Sabellis Mutter evangelisch?

Sabelli soll den Beruf eines Buchhändlers gelernt haben. Eines Tages nun fand er zufällig in einem Haufen zum Wegwerfen bestimmter Blätter eine Darstellung der katholischen Religion, die ihn faszinierte und beunruhigte. Als er etwas später Hofbauer kennen lernte, glaubte er, endlich volle Klarheit zu finden.

Offensichtlich begegnete Hofbauer Sabelli in Teschen, als er dort auf einer seiner Reisen Rast machte. Die Folge war Sabellis Übertritt zum Katholizismus. Anschließend studierte er in Krakau Theologie.

Von Warschau über Süddeutschland und die Schweiz nach Wien

1802 trat Sabelli in Warschau ins Noviziat der Redemptoristen ein. Dort legte er im August 1803 die Ordensgelübde ab und reiste kurz darauf mit Hofbauer, Hübl und zwei anderen Weihekandidaten über Jestetten nach Italien. Im Oktober 1803 wurden die drei jungen Ordensmänner in Foligno zu Priestern geweiht.

Während jedoch Hübl mit den beiden anderen Neupriestern nach Warschau zurückkehrte, beließ Hofbauer Sabelli in Süddeutschland, wo er fortan unter Passerats Leitung stand. Er erlebte die Vertreibungen aus den süddeutschen Gründungen in Triberg und Babenhausen sowie eine mühsame Wanderung der aus St. Luzi bei Chur verjagten Klostergemeinde über die verschneiten Alpen nach Visp im Wallis.

Wegen der Überbelegung des kleinen Klosters in Visp war Passerat gezwungen, einige Patres in Pfarreien unterzubringen. So schickte er 1809 Sabelli als Kaplan nach Amden im Schweizer Kanton St. Gallen. In Amden oder im nahen Weissthannen lernte Sabelli eine ekstatische Dame, die Tochter eines Müllers, kennen, die vorgab, Visionen zu haben. Sabelli, der sich – wenigstens in seiner Jugend – allzu leicht für mystische Phänomene begeisterte und sich „inneren Einsprechungen“ hingab, hielt sie für eine Heilige.

1812 ließ Hofbauer Sabelli nach Wien kommen. Er sollte an dem von Adam Müller geplanten Erziehungsinstitut unterrichten, ein Plan, der dann leider scheiterte. Dazu kam, dass Hofbauer für die Erledigung seiner Korrespondenz einen Sekretär benötigte. Der sprachenkundige Sabelli schien dafür wie geschaffen. Doch möglicherweise war der Hauptgrund für seine Berufung nach Wien nichts anderes als die besagte Müllerstochter. Wenn Hofbauer eine Sache nicht leiden konnte, so waren es übersinnliche Phänomene, und darum lag ihm alles daran, Sabelli zur Vernunft zu bringen.

„Geh leise, damit der Alte es nicht merkt!"

Das Zusammenleben von Hofbauer und Sabelli in der kleinen Wiener Gemeinde war alles andere als harmonisch. Gewiss, Sabelli wurde von Hofbauer zu seinen abendlichen Besuchen bei vornehmen Wiener Familien mitgenommen und von den Damen Schlegel und Schlosser bewundert und hofiert. Ja, er durfte in der Wiener Hofburg täglich für die Kaiserin Maria Ludovika von Habsburg-Este-Modena und später für die Kaiserin Karoline Augusta die Messe lesen.

So sehr ihn das geschmeichelt haben mag, zu Hause wehte ein rauerer Wind. Hofbauer nahm den jungen Mann, der zur Bequemlichkeit neigte, hart her. Dem schien es unmöglich, in der engen Wohnung, in der bis zu sechs Personen in wenigen Räumen zusammen lebten, ein klösterliches Leben zu führen, zumal das Haus ständig voller Gäste war.

Die Spannungen zwischen Sabelli und Hofbauer erreichten ihren Höhepunkt, als sich herausstellte, dass Sabelli noch immer heimlich mit der wundertätigen Müllerstochter in der Schweiz in Verbindung stand. Sie schrieb ihm vom Jenseits diktierte Briefe, deren Inhalt er als göttliche Offenbarung weiter verkündete.

Nicht genug damit. Hofbauer hatte ihn gebeten, ihm als Beichtvater bei den Ursulinen behilflich zu sein. Sabelli aber nützte dieses Amt, um bei den Schwestern für seine Visionärin Propaganda zu machen. Der Konvent entzweite sich, da mehrere Schwestern dem „Mystiker" Sabelli mehr Vertrauen schenkten als dem nüchternen Hofbauer. Die Oberin schickte mehrmals eine Schwester heimlich zu Sabelli, um ihm Dinge mitzuteilen, die Hofbauer nicht erfahren sollte. Sabelli pflegte dann zu der Schwester zu sagen: „Geh leise, damit der Alte es nicht merkt!“

Auch sonst kümmerte Sabelli sich wenig um Hofbauers Mahnungen. So sollte er einem Beichtkind, einer im Ursulinenkloster wohnenden Dame, ihre „religiösen Absonderlichkeiten“ verbieten. Sabelli unternahm so gut wie nichts, zum Ärger der Schwestern. „Ich habe es ihm schon gesagt“, meinte Hofbauer, „aber er tut es nicht. Er folgt mir nicht“.

„In Wien bin ich der Papst“

Die Spannungen zwischen Hofbauer und Sabelli steuerten ihrem Höhepunkt entgegen. Sabelli glaubte, mit Hofbauer nicht mehr zusammen leben zu können. Aber was tun? Er bat Hofbauer, ihn in die Valsainte in der Schweiz zu versetzen, damit er dort nach der Ordensregel leben könne. Doch der ließ ihn nicht gehen.

Sabelli fand eine geniale Lösung. Zu dem Klosterkandidaten Joseph Wolff sagte er eines Tages im Sommer 1818: „Du wirst sehen, in sechs Wochen wird es hier ein Schauspiel geben, wie du es noch nie in diesem Haus erlebt hast. Und dann wird mich Hofbauer gehen lassen müssen“.

Bereits am 3. Mai 1817 hatte er sich heimlich an den Generalobern in Pagani südlich von Neapel gewandt und ihn um seine Versetzung in den cisalpinen – italienischen – Ordenszweig der Redemptoristen gebeten. Als Begründung führte er an, es sei ihm unmöglich, in Wien und überhaupt bei den „Transalpinen“ ein religiöses Leben zu führen.

In Neapel kam man dem Abtrünnigen nur zu bereitwillig entgegen. Seine Schilderungen entsprachen dem Eindruck, den man dort von Hofbauer und den transalpinen Redemptoristen hatte. Nachdem mehrere Briefe hin und her gegangen waren, erwirkte der italienische Generalprokurator, Pater Vincenzo Antonio Giattini, im September 1818 vom Papst höchstpersönlich den Bescheid, dem Übertritt Sabellis stehe nichts entgegen.

Er schrieb diesem, er werde ihn freudig in Rom empfangen. In einem weiteren Schreiben unterrichtete er Hofbauer von der Angelegenheit. Er teilte ihm mit, es handle sich um den ausdrücklichen Wunsch des Heiligen Vaters. Beide Schreiben schickte er – wie üblich – an den Wiener Nuntius mit der Bitte, sie Sabelli und Hofbauer aushändigen zu lassen.

So kam es zu dem von Sabelli vorausgesagten Schauspiel. Nur dass es ein wenig anders ausfiel, als dieser geglaubt hatte. Der Uditore – der Sekretär – des Nuntius kam in Hofbauers Wohnung und übergab Sabelli das an ihn gerichtete Schreiben, der damit sofort den Raum verließ. Dann überreichte er Hofbauer das andere Schreiben.

Erst jetzt erfuhr dieser von Sabellis Auslandskontakten. Hofbauer fühlte sich bitter enttäuscht. Es folgte eine verzweifelte Schimpfkanonade auf Rom, die römische Kurie und die päpstliche Entscheidung.

„Ich weiß, was ich tue“, sagte er, „die römische Kurie soll den Dingen auf den Grund gehen. Ich bin es, der in Wien die Katholiken macht, nicht der Papst“. Abrupt verließ er den Raum, um in einer Wiener Kirche Beichte zu hören. Den verdutzten Uditore ließ er in seiner Wohnung zurück.

In der folgenden Nacht überkam Hofbauer erneut der Schmerz über das Verhalten Sabellis. Man erzählte sich, er habe geweint wie ein Kind.

Ausweisung Hofbauers aus Österreich

Nach Italien ließ Hofbauer Sabelli nicht ziehen, Papst hin oder her. Eine polizeiliche Erlaubnis zur Ausreise hätte er sowieso nicht erhalten. Eine heimliche Übersiedlung aber wäre den Behörden erst recht aufgefallen. Doch da das Verhältnis beider jetzt wohl auf Dauer gestört war, erlaubte Hofbauer Sabelli die Versetzung in die Schweiz.

Fast wäre ihm nun dessen eigenmächtiges Treiben zum Verhängnis geworden. Da Sabelli bei der Passausstellung offensichtlich von seiner Versetzung berichtete, erfuhren die Behörden, dass Hofbauer zu einer „internationalen Organisation“ gehöre. Das aber war ihm strengstens untersagt worden.

So setzte sich der Polizeiapparat gegen den alten Priester Hofbauer in Bewegung. Unter Leitung des Domherrn und schwäbischen Exbenediktiners Augustin Braig wurde seine Wohnung durchsucht. Am Schluss stellte Braig unter Überschreitung seiner Vollmachten Hofbauer vor die Wahl, aus seinem Orden auszutreten oder auszuwandern. Hofbauer erklärte, dann werde er eben auswandern.

Er brauchte nicht auszuwandern. Der Wiener Fürsterzbischof Graf Sigismund von Hohenwart persönlich sprach für Hofbauer bei Kaiser Franz I. vor. Der erklärte die Anordnung Braigs für ungültig.

Die graue Eminenz

Im Januar 1819 reiste Sabelli in die Valsainte. Als nach Hofbauers Tod sein Oberer Passerat nach Wien ging und von Pater Alois Czech abgelöst wurde, einem Mann, der in seiner weltoffenen, aktiven Art in vielem an Hofbauer erinnert, begannen für Sabelli erneut die alten Qualen. Er fühlte sich unglücklich. P. Czech aber beurteilte ihn als trübsinnig und süchtig nach übernatürlichen Offenbarungen. Als er erneut nach Italien versetzt werden wollte, hatte Pater Czech nichts einzuwenden.

Im Mai 1822 begab sich Sabelli zunächst nach Neapel, von dort Ende September ins Generalat nach Pagani. Wegen seiner guten Sprachkenntnisse machte ihn der Generalobere zu seinem Sekretär.

Über Sabelli lief nun zwanzig Jahre lang ein großer Teil des Briefwechsels der Ordensleitung mit der transalpinen Kongregation. Da er der Einzige war, der in Pagani Deutsch verstand, gingen alle in deutscher Sprache geschriebenen Briefe durch seine Hände. Er erlangte damit die Rolle einer grauen Eminenz.

Allerdings ging er recht eigenwillig vor. In seinen dem Generalobern übergebenen Zusammenfassungen deutschsprachiger Briefe blieb vom ursprünglichen Sinn oft nicht mehr viel übrig. Den transalpinen Patres teilte er geheime Dinge unter dem Siegel der Verschwiegenheit mit. Doch dienten seine Eigenmächtigkeiten gewöhnlich dazu, die Auseinandersetzungen zwischen den beiden Zweigen des Ordens zu entschärfen.

Viele seiner Briefe sind bis heute erhalten. Sie verraten einen Menschen, der anders als in seinen jungen Jahren ein nüchternes Urteil besaß. Doch zeigt er sich in ihnen auch als ein Meister der Ironie – auch der Selbstironie. Je älter er wurde, umso skurriler erscheint seine vom österreichischen Umgangsdeutsch geprägte Sprache. So redete er die „Ehrwürdige Mutter Schwester Celestina“ aus dem Orden der Redemptoristinnen mit dem Titel „Hochzuverehrendste himmlische Maria“ an und gab ihr Anweisungen, wie sie sich zu ihren Schwestern, diesen „armen Schneckerln“, verhalten solle.

Auch Hofbauer erwähnte er bisweilen in seinen Briefen, jedoch ohne Gram und Verbitterung. In alten Tagen nannte er sich Hofbauers „missratenen Sohn“. Als erster hat er bereits kurz nach Hofbauers Tod Erinnerungen an ihn aufgezeichnet.

Am bourbonischen Hof

1843 wurde Sabelli an den Hof Ferdinands II., des Königs von Neapel und Sizilien, berufen. Er wurde Beichtvater der zweiten Frau des Königs, Maria Theresia Isabella, Erzherzogin von Österreich. Fortan lebte er meist am königlichen Hof, womit freilich keine besondere Vorrangstellung verbunden war. So musste er gewöhnlich mit den Kutschern und Dienstboten essen. Bisweilen aber geschah es, dass der abergläubische König ihn völlig überraschend an seine Tafel berief. Er hatte wieder einmal festgestellt, dass dreizehn Personen am Tisch saßen. Da musste Sabelli als Vierzehnter Abhilfe schaffen.

Nach dem Tode König Ferdinands im Jahre 1859 blieb Sabelli am Königshof. Er war nun auch Beichtvater einer extravaganten Dame, der Frau des jungen Königs Franz I., Maria Sophie Amalie, einer Tochter des Herzogs Max Joseph in Bayern und Schwester der österreichischen Kaiserin Elisabeth.

1860 zog Garibaldi in Neapel ein. Die Königsfamilie floh in die Festung Gaeta. Nach langer Belagerung kapitulierte König Franz I. im Februar 1861 und begab sich mit seiner Familie auf Einladung Pius' IX. nach Rom. Auch Sabelli, der die Belagerung Gaetas miterlebt hatte, musste im Quirinalpalast wohnen. Schon lange bemüht, sich vom Hof des Königs zu befreien, machte sich der über 80-jährige am Himmelfahrtstag 1861 heimlich auf den Weg in das römische Generalat des – inzwischen vereinigten – Redemptoristenordens, wo er fortan lebte und am 24. Februar 1863 starb.

VII. Joseph Wolff

An Joseph Wolff ist zu erinnern, der von den Biographen Hofbauers wegen seines späteren Lebensweges recht stiefmütterlich behandelt wurde. Aus zwei Gründen vor allem sei er vorgestellt. Zum einen, weil ihm Hofbauer trotz mancher Vorbehalte eine ungewöhnliche Sympathie entgegenbrachte. Zum andern, weil er selbst – trotz seines späteren Lebensweges – seine Hochachtung für Hofbauer nie verlor.

Jugend und Konversion

Joseph Wolff wurde 1795 in Weilersbach bei Forchheim (Oberfranken) in einer jüdischen Familie geboren. Er war sechs Jahre alt, als ihm ein christlicher Nachbar erzählte, dass der Messias schon gekommen sei. Er fragte seinen Vater, ob das stimme, doch dessen Antwort war Schweigen. Seither ließ ihm diese Frage keine Ruhe.

1806 schickte ihn sein Vater, inzwischen Rabbiner in Württemberg, auf ein protestantisches Gymnasium in Stuttgart. Anschließend studierte er Latein, Griechisch und Hebräisch in Halle und Weimar. Durch die Lektüre von Werken Johann Michael Sailers, Fénelons und Bossuets wurde er mit einer Art von Katholizismus vertraut, der ihm zusagte. Schließlich kam er nach Prag, wo ihn die Predigt eines Franziskaners begeisterte. Er beschloss, sich taufen zu lassen und bereitete sich durch sechs Monate auf die Konversion vor. Am 13. September 1812 wurde er vom Abt des Benediktinerklosters Emaus bei Prag getauft. Einer seiner beiden Taufpaten war Joseph Veith aus Klattau, ein naher Verwandter Johann Emanuel Veiths.

Wolff und Hofbauer

Mit Empfehlungen an führende Orientalisten, so an den Freiherrn Joseph von Hammer-Purgstall und an Hofbauers Cousin Martin Jahn, kam Wolff bald darauf nach Wien.

Später erinnerte er sich:

„Bei diesen Männern ging ich ein und aus, noch mehr aber bei Friedrich von Schlegel, nebst seiner Gattin Dorothea, der Tochter von Moses Mendelssohn, wie auch beim Baron Penkler. Sie begünstigten mich sehr und bahnten mein Bekanntwerden mit ihrem Beichtvater Clemens Maria Hoffbauer an" (SENGELMANN, 9).

Zwischen Hofbauer und Wolff entstand bald ein Vertrauensverhältnis. Wolff gab sich alle Mühe, den Anforderungen Hofbauers gerecht zu werden. Hofbauer seinerseits behandelte den jungen Gelehrten ziemlich streng. „Wolff, Wolff", sagte er einmal zu ihm, „du bist ein Spitzbub und kommst noch an den Galgen!". Wenn man weiß, dass Hofbauer auch die jungen Leute, die bei ihm ein- und ausgingen „Schlingel" nannte, wird man in diesem Satz mehr ein Zeichen der Vertrautheit als einen Tadel sehen dürfen.

Eine gewisse Kritik dürfte dennoch mitschwingen. Wolff übertrieb offenbar seine Frömmigkeit. Gern sprach er von seiner Schwachheit, um in der Umgebung Hofbauers einen guten Eindruck zu machen. Dorothea Schlegel durchschaute das Manöver. Sie bemerkte:

„Es ist eine Art von Demut in diesen unaufgeforderten Selbstbekenntnissen, die sehr an Hochmut und Eitelkeit erinnert" (SCHLEGEL, Bd. 29, 311).

Von solcher Exaltiertheit halte sie nichts. Ähnlich äußerte sich Hofbauer. Hinter Wolffs Frömmigkeit vermutete er „ein unruhiges Gemüt".

Trotzdem war Hofbauer – zunächst wenigstens – angetan von dem jungen Mann, den er bei Freunden wegen seiner guten Sitten, seinen seltenen Talenten, seinem Fleiß und seiner „Kenntnis der heiligen Sprachen" empfahl. Er glaubte, aus ihm könne „etwas Großes" werden. Wolff seinerseits hat die Zeit, die er in der Nähe Hofbauers verbrachte, als „die glücklichste Zeit" seines Lebens betrachtet.

Die „religiösen Parteien" in Wien

In seinen Lebenserinnerungen spricht Wolff von den verschiedenen religiösen Parteien, die er in Wien vorfand. Seine Schilderung zeigt, welche Bedeutung er Hofbauer zumaß. Er schreibt:

„Obenan stand die Hoftheologie, vertreten durch den Erzbischof von Hohenwarth, und die höhere mit Orden und Ehren geschmückte Clerisei. Sie erkannte allerdings den Supremat des Römischen Hofes an, doch nur soweit derselbe die Rechte der Nationalkirche anerkannte".

Als typischen Vertreter dieser Gruppe nennt Wolff den Burgpfarrer Jacob Frint.

„Eine zweite Partei war die Universitätspartei, bestehend aus Johannes Jahn und seinen Anhängern".

Es habe sich vorwiegend um Exegeten gehandelt, die der protestantischen Aufklärungstheologie folgten, ohne jedoch grundlegende Glaubenslehren aufzugeben.

„Eine dritte Partei hielt es mit Johann Michael Sailer, dem deutschen Fénelon, und mit Friedrich Leopold von Stolberg. Hier war allerdings strenge Orthodoxie, Ergebenheit an das Papsttum, Bewunderung des Altertums und der Väter – dennoch wurde Unfehlbarkeit nur für die Kirche, nicht für den Papst in Anspruch genommen".

Die vierte „mystische Partei" habe aus religiösen Schwärmern bestanden.

Zuletzt kommt Wolff auf die „Partei" Hofbauers zu sprechen. Sie sei bei weiten die bedeutendste und werde „von der Elite der Gebildeten Deutschlands" unterstützt. Gemeint sind Friedrich Schlegel, seine Frau Dorothea, Zacharias Werner und Adam Müller. An Hofbauer habe sich der polnische Hochadel wie die österreichische Landgeistlichkeit, schließlich sogar der päpstliche Nuntius angeschlossen. Wolff fährt fort:

„Sein großes Verlangen war es, den Geist des Mittelalters wieder zurückzubringen. Fest war er überzeugt von der päpstlichen Gewalt. Eine

glühende Liebe zur Jungfrau Maria und den Heiligen und die Überzeugung, dass die Macht des Wunders für immer in der römischen Kirche fortdauere, waren Lehren, die er machtvoll von der Kanzel verkündete" (WOLFF I, 23–25).

Nach Rom und zurück zu Hofbauer

Im Jahre 1814 verließ Wolff Wien wieder. Er wollte ein weiteres Zentrum der katholischen Reform kennen lernen. So begab er sich zum Grafen Friedrich Leopold zu Stolberg nach Münster. Er war von ihm tief beeindruckt. Überrascht war er, dass der Graf voll Achtung von Martin Luther sprach und Jan Hus wie einen Heiligen verehrte. Doch er blieb nicht lange. Er besuchte den deutschen Primas Carl von Dalberg, der ihm das Studium der orientalischen Sprachen in Tübingen ermöglichte. Auf Reisen in die Schweiz lernte er Pestalozzi und Madame de Staël persönlich kennen.

Von Tübingen aus bewarb er sich in Rom um einen Studienplatz am Collegio Urbino, dem Kolleg der Kongregation für die Verbreitung des Glaubens. Hofbauer, den er um ein Gutachten gebeten hatte, empfahl ihn aufs Wärmste. In Rom scheint es dann wegen seiner Herkunft Schwierigkeiten gegeben zu haben. Doch nachdem ihn der preußische Gesandte beim Heiligen Stuhl, Professor Barthold Georg Niebuhr, bei Papst Pius VII. vorgestellt hatte, erhielt er im September 1816 einen Studienplatz.

Keine zwei Jahre später jedoch wurde er aus dem Kolleg entlassen, weil er mit Nichtkatholiken in der Schweiz in Kontakt stand und Kritik an der Kirche übte, wobei er sich auf den Grafen Stolberg berief. Es handelte sich vor allem um die Rolle des Papstes und um dessen Universalepiskopat und Unfehlbarkeit – also um die späteren Dogmen des Ersten Vatikanischen Konzils. Obwohl der Präfekt der Glaubenkongregation, Kardinal Litta, ein Vertrauter Hofbauers, wie auch Professor Ostini, ihn persönlich in aller Güte umzustimmen suchten, blieb er bei seiner Ansicht, man müsse zwischen der unfehlbaren Kirche und dem fehlbaren Papst unterscheiden.

Da sich Hofbauer bereit erklärte hatte, ihn wieder in den Kreis seiner Schüler aufzunehmen, begab sich Wolff erneut zu ihm nach Wien, mit der Absicht, Redemptorist zu werden. Hofbauer empfing ihn zunächst recht freundlich, ergriff seine Partei und schimpfte mit ihm zusammen auf die römische Kurie. Nach drei Tagen jedoch ließ er ihn zu sich kommen und erklärte ihm:

„Rom ist die wahre Herrin der katholischen Kirche und der Papst der wahre Nachfolger des heiligen Petrus. Du hast nicht gut daran getan, die Fehler unserer gemeinsamen Mutter aufzudecken“ (Wolff I, 24).

Erfreut war Wolff über den Zuwachs im Hofbauerkreis. Er schreibt:

„Hofbauer hatte eine große Zahl Neubekehrter um sich gesammelt, unter ihnen den Mathematiker Madlener, den Philosophen Günther, und Dr. Emanuel Veith, einen Genius, so mächtig, dass er dem Philosophen Mendelssohn zur Seite gestellt werden kann. Ich bemerkte mit Erstaunen, welch ungeheueren Einfluss Hofbauer, der doch ein aus dem Mittelalter zurückgekehrter Mann schien, inzwischen unter dem Klerus und dem Adel von Wien erlangt hatte. Denn die meisten Gelehrten der Universität waren durch ihn Ultramontane geworden und die adligen Damen küssten ihm die Hand“ (Wolff I, 24 f.).

Nachdem Wolff einige Zeit bei Hofbauer verbracht hatte, schickte ihn dieser ins Noviziat in die Valsainte in der Schweiz. Doch Wolff erkannte schon bald, dass er nicht zum Ordensleben berufen sei. Mit den Bußübungen, die der „sanfte und höfliche“ Novizenmeister Passerat verordnete, wusste er nichts anzufangen. Er verstand es, allerlei Unfug zu machen, sodass die ernstesten Übungen im allgemeinen Gelächter der Mitnovizen endeten. Als er schließlich die Füße seiner Mitnovizen küssen sollte, biss er sie in die Zehen. So gab ihm Passerat sieben Monate nach seinem Eintritt den Rat, das Noviziat wieder zu verlassen, was er bereitwillig tat.

Unstetes Wanderleben

Wolff verließ nicht nur den Redemptoristenorden, sondern auch die römisch-katholische Kirche und das europäische Festland. Er ging nach London und trat dort in die anglikanische Kirche ein. In Cambridge vollendete er seine Studien der Theologie und der orientalischen Sprachen.

1821 begann er seine „Missionsreisen“, bei denen er „nach dem Vorbild des Apostels Paulus“ in feurigen Predigten bei Juden und Mohammedanern für das Christentum warb. Über Ägypten, die Sinai-Halbinsel, Palästina, Mesopotamien gelangte er bis nach Persien und kehrte schließlich über die Türkei, Georgien und die Halbinsel Krim 1826 nach England zurück.

Nach seiner Rückkehr begeisterte er sich in London für Edward Irving, der als Wegbereiter der „katholisch-apostolischen Bewegung“ in England gilt. Irving war es auch, der ihn in die Familie des zweiten Earl of Orford Horatio Walpole einführte, dessen Tochter Lady Georgina Mary er 1827 heiratete. Sie gebar ihm einen Sohn, der später ein bedeutender Politiker wurde.

1828 unternahm er seine zweite Missionsreise, die ihn dieses Mal nach Indien und Afghanistan und bis an die Grenzen Tibets führte. 1836 predigte er in Abessinien, im Jemen und in Indien. Anschließend reiste er in die Vereinigten Staaten von Amerika, wo er auch ein Redemptoristenkloster besuchte. 1837 wurde er in Newark (New Jersey) zum Diakon geweiht.

Nach seiner Rückkehr nach Europa verlieh ihm die Universität Dublin die Ehrendoktorwürde. 1839 empfing er die Priesterweihe und wurde mit der Pfarrei Linthwaite in Yorkshire betraut. Offensichtlich sprach er noch immer begeistert von Hofbauer als von seinem großen Vorbild. Seine Freunde verglichen nun seine Tätigkeit mit dem karitativen und seelsorgerischen Engagement Hofbauers.

Doch auch seiner Missionstätigkeit kam er weiterhin nach. So finden wir ihn 1839 im Jemen, später bei den Tataren, dann wieder in Indien. Seine Reiseerzählungen erlangten zahlreiche Auflagen.

1845 wurde er Pfarrer in Isle Brewers (Somerset). 1860 veröffentlichte er seine Erinnerungen, in denen er auch seine Erlebnisse im Kreise Hofbauers schilderte. Kurz vor seinem Tod besuchte er das Redemptoristenkloster in Clapham bei London, sprach begeistert von Hofbauer und erkundigte sich nach dessen Mitarbeitern, die er in Wien kennen gelernt hatte. Tief gerührt bat er die Patres um ihr Gebet. Wolff starb, mit den Plänen einer neuen Missionsreise beschäftigt, am 2. Mai 1862.

VIII. Zacharias Werner

Zweifellos die merkwürdigste Gestalt in der Umgebung Hofbauers stellte der Dichter Zacharias Werner dar, der in den Protokollen der Wiener Polizei in einem Atemzug mit Hofbauer genannt wird, auch wenn die geheimen Aufpasser Hofbauer zugestanden, er sei nicht so ein „italienischer Schreier“ wie Werner. Doch wer war dieser bizarre, hagere Mann mit den langen wallenden schwarzen Haaren, von dem Johann Emanuel Veith sagte, er habe sich von Hofbauer führen lassen „wie ein empfindsames hilfloses Kind von seinem Vater“?

Eine unstete Jugend

Friedrich Ludwig Zacharias Werner wurde am 19. November 1768 als Sohn eines protestantischen Professors der Beredsamkeit und Geschichtskunde in Königsberg geboren. Im Alter von 13 Jahren verlor er seinen Vater, wodurch die starke Bindung des übersensiblen Jungen an seine hochgradig neurotische Mutter noch verstärkt wurde. 1784 begann er das Studium der Rechte. Er hörte Vorlesungen bei Kant und begeisterte sich für Rousseau, der ihm zum Leitstern seines Lebens wurde. 1789 veröffentlichte er seinen ersten Gedichtband.

Nach Abschluss der Studien folgte ein Jahrzehnt unsteten Lebens, geprägt von zahlreichen Liebesabenteuern, aber auch von der Suche nach Lebenssinn, die sich in seiner Hinwendung zur Freimaurerei wie in katholisierenden Tendenzen (Gedicht an Maria 1798) zeigte. 1792 verließ er Königsberg mit einer Dirne, mit der er sich in Warschau trauen ließ, von der er sich jedoch schon zwei Jahre später wieder trennte. Er wurde Kammersekretär in Preußisch Polen und erhielt 1796 endlich eine besoldete Stelle als Sekretär an der königlich-preußischen Domänenkammer in Warschau.

Wenig später mag es gewesen sein, dass Werner zum ersten Mal von Hofbauer und den Redemptoristen von St. Benno in Warschau erfuhr, die ihn damals allerdings keineswegs begeisterten. Ganz im Gegenteil. Damals äußerte er, am liebsten würde er das Kreuz „mit diesem Judenbengel" auf dem Rücken der Patres zerschlagen.

Die Begegnung mit Johann Jacob Mnioch führte zu einer ersten Wende in seinem Leben. Mnioch führte ihn in die Freimaurerloge „Zum goldenen Leuchter" ein, in der Werner schon bald den Meistergrad erlangte. Nachdem er bei einem Heimataufenthalt 1799 seine zweite Frau, „die eine Legion Liebhaber gehabt", geheiratet hatte, lernte er, nach Warschau zurückgekehrt, Julius Eduard Hitzig kennen, der ursprünglich Isaac Elias Itzig hieß. Er war gerade zum Christentum konvertiert und hatte dabei auch seinen Namen geändert. Hitzig wurde Werners bester Freund und später sein Biograph. Ein halbes Jahr nach der Trennung von der zweiten Frau heiratete er ein drittes Mal, diesmal eine 18-jährige Polin, von der er sich ebenfalls einige Jahre später trennte.

1804 erlebte Werner in Königsberg eine tiefe seelische Erschütterung. Seine Mutter erkrankte schwer, körperlich und seelisch. Schließlich hielt sie sich für die Jungfrau Maria und ihren Sohn für Jesus Christus. Er betreute sie bis zu ihrem Tod am 24. Februar. Am gleichen Tag – so wenigstens glaubte Werner – starb sein Freund Mnioch. Tatsächlich war er schon zwei Tage zuvor gestorben. Nach Warschau zurückgekehrt, schloss Werner eine Freundschaft mit E. T. A. Hoffmann und verfasste den ersten Teil seines zweiten Dramas „Das Kreuz an der Ostsee", zu dem Hoffmann die Musik komponierte.

Ein neuer Orden?

Schon zuvor hatte Werner sein erstes großes Drama „Söhne des Thales" vollendet. Während dessen erster Teil den Untergang des Templerordens schildert, wird im zweiten Teil „Die Kreuzesbrüder" in romantischer Verklärung ein zukünftiger – halb freimaurerischer, halb katholischer – Orden vorgestellt, der als eine neue Kirche durch Liebe, Kunst und Religion die Menschheit vergöttlichen werde. Werner selbst sammelte einen Kreis von

Jüngern, die dieses Ideal verwirklichen sollten. Er behielt seine Ordensidee durch sein ganzes Leben, nur dass er später an einen katholischen Orden für Künstler, Gelehrte und Priester dachte, einen Orden, der sich – wie der Dichter Peter Silbert in seinem Nachruf auf Werner in den „Oelzweigen“ schreibt – „verdeutschen lasse“ und „in dem ein grandioser Ideenverkehr und kein ganz blinder Gehorsam“ herrsche.

Leider gelang es ihm jedoch zunächst nicht, seine Stücke zur Aufführung zu bringen. Dies wurde anders, als sich im Herbst 1805 sein sehnlichster Wunsch erfüllte und er nach Berlin versetzt wurde, wo er mit berühmten Zeitgenossen wie Johann Gottlieb Fichte, Johannes von Müller, Alexander von Humboldt und August Wilhelm Schlegel in Verbindung trat. Anfang 1806 begann er mit der Niederschrift seines bekanntesten Dramas „Martin Luther oder die Weihe der Kraft“, das er in wenigen Monaten vollendete und das der berühmte Regisseur und Schauspieler August Wilhelm Iffland, der selbst die Hauptrolle spielte, im Juni 1806 am preußischen Nationaltheater in Berlin mit großem Erfolg zur Aufführung brachte.

Eine unruhige Wanderschaft

1807 begann Werner eine bis 1814 dauernde unruhige Wanderschaft, während welcher er sich, ständig literarisch schaffend, an verschiedenen Orten niederließ, mit führenden Frauen und Männern des Geisteslebens Kontakte knüpfte, überall seine idealisierte Religion der Liebe predigte und zugleich der irdischen Liebe in all ihren Formen verbunden blieb, bis er schließlich zum Katholizismus übertrat und Priester wurde.

Zunächst begab er sich nach Wien, wo er sich wegen des katholischen Milieus wie wegen der hübschen Wienerinnen besonders wohl fühlte. Er freundete sich mit dem jungen romantischen Dichter Anton Passy an, dem er viel später, 1822, die Primizpredigt halten sollte.

In München lernte er Friedrich Jacobi und Friedrich Wilhelm Joseph Schelling kennen. In Jena begegnete er im Dezember 1807 zum ersten Mal Goethe, der sein Drama „Wanda, Königin der Sarmaten“ aufführen ließ. Seine zwielichtigen Liebesabenteuer brachten jedoch den Minister von Goethe in Verlegenheit, sodass er ihm nahe legte, Weimar zu verlassen

Über Berlin und Köln reiste er nun in die Schweiz. Dort traf er sich mit dem bayerischen Kronprinzen Ludwig und wanderte mit ihm durch die Schweizer Berge. Er zog weiter nach Oberitalien und zurück in die Schweiz zu Johann Heinrich Pestalozzi und von dort zu Frau von Staël, die ihn für den größten deutschen Dichter hielt. Bei ihr traf er ihren Lebensgefährten August Wilhelm Schlegel, den er zu seinen Idealen zu bekehren suchte.

Über Paris ging es wieder nach Weimar. Dort dichtete er auf Anregung Goethes den Einakter „Der 24. Februar", der als das erste „Schicksalsdrama" gilt. Im April 1809 verlieh ihm der deutsche Fürstprimas von Dalberg auf Lebenszeit ein Jahresgehalt von 1000 Reichsgulden. Ihn suchte er in Mainz auf, von wo aus er erneut in die Schweiz zu Madame de Staël reiste, in deren Salon sein Stück „Der 24. Februar" aufgeführt wurde. Er selbst und August Wilhelm Schlegel übernahmen eine Rolle

Werner wird katholisch

Am 2. November 1809 begann Werner eine Italienreise, die sein Leben von Grund auf verändern sollte. Am 9. Dezember kam er in Rom an und war sogleich überwältigt von der Peterskirche, in deren Schönheit und Größe er das Wesen des Christentums dargestellt sah.

Er trat mit den in Rom lebenden deutschen Künstlern in Kontakt und lernte deren Protektor, den römischen Professor und späteren Kardinal Pietro Ostini kennen. In Neapel erlebte er das „Blutwunder" des heiligen Januarius. Während Franz Grillparzer wenige Jahre später schockiert war von dem faulen Zauber, den er zu sehen glaubte, war Werner tief erschüttert von dem Wunder. Am Gründonnerstag, den 19. April 1810, konvertierte er bei Ostini zum Katholizismus. So sehr dieser Schritt, wie es hieß, mit seinem schwärmerischen Wesen zu tun hatte, so kann er doch im Kern als eine echte „Bekehrung" und als bewusste Abkehr von dem bisherigen „liederlichen Leben" verstanden werden.

Viele seiner früheren Freunde freilich waren entsetzt. Goethe dichtete die Verse:

Herr Werner, ein abstruser Dichter,
Dazu von sinnlichstem Gelichter,
Verleugnete sein schändlich Lieben,
Die Unzucht, die er stets getrieben.
Nun sucht er neue Lasterspur;
Ihn treibt die sündige Natur
Nach Rom zur Babylon'schen Hur ...
(Johann Wolfgang von Goethe, *Gesammelte Werke*, Weimarer Ausgabe, Neudruck 1987, Bd. I/51, 195).

Mit dem Übereifer des Konvertiten suchte Werner nun andere in Rom lebende Deutsche zu bekehren, und so ist etwa der Übertritt des Malers Friedrich Overbeck zur römischen Kirche auch auf seine Bemühungen zurückzuführen. Sein Ziel war nun, katholischer Priester zu werden und, wenn möglich, den von ihm erträumten religiösen Orden zu gründen. So verließ er Rom im Juni 1813 und bewarb sich bei seinem Gönner Dalberg um das Priestertum. Nachdem er durch die Dichtung „Die Weihe der Unkraft" auch in der Öffentlichkeit seiner Vergangenheit abgeschworen hatte, trat er Ende Januar 1814 in das Priesterseminar zu Aschaffenburg ein und empfing dort – ohne wirklich Theologie studiert zu haben – am 16. Juni 1814 die Priesterweihe.

Ein Sensationsprediger

Im August 1814 begab er sich nach Wien, wo er als Prediger für die gebildeten Schichten wirken wollte. Anknüpfungspunkte gab es genug, so die Bekanntschaft mit Anton Passy, aber auch die Nähe zu Friedrich Schlegel. Dessen Bruder August Wilhelm war ihm seit Langem bekannt. Und da war Dorothea Schlegel, die Mutter des Malers Johannes Veit, den er in Rom kennen gelernt hatte. Dass er seine erste Wohnung bei den Serviten nahm, deren Kloster ähnlich wie Hofbauers Wohnung ein Zentrum der katholischen Reformer darstellte, beweist, dass er sofort zu diesen Kreisen Zugang fand.

Als Prediger während des Wiener Kongresses übte er durch die „Neuheit und Seltsamkeit, Originalität selbst seiner Erscheinung“, wie er in seiner Selbstbiographie schreibt, wie ein wieder erstandener Abraham a Sancta Clara eine gewaltige Wirkung aus, auch wenn seine exzentrische Art und seine populäre, manchmal ans Ordinäre grenzende Darstellung, verbunden mit seiner betont preußischen Aussprache, nicht jedermanns Sache war. „Er tobt wie ein Narr und spricht wie ein Fiaker“, äußerte ein Kritiker.

Ein Polizeibericht schildert seine Predigtweise:

„Sein Anstand auf der Kanzel und seine Gesticula sind von sonderbarer Art und oft komisch, er legt sich mit den Händen und dem Gesicht auf den Rand derselben, oft mit dem ganzen Leib über dieselbe hinaus, er fährt mit den Händen fürchterlich umher und schlägt zuweilen so derb auf, dass die Kirche widerhallt“ (Wiegler, 109).

Freilich wird man Werner nicht gerecht, wenn man nur die Polizeiakten liest. Seine im Druck erschienenen Predigten zeichnen sich durch viel Verständnis für menschliche Schwächen aus. Und es geht ihm immer um das Wesentliche, etwa wenn er über „die Pharisäer von heute“ redet. Er meine damit, so sagt er, so manche Wiener, die jeden Sonntag zur Kirche gehen und jedes Jahr zur Beichte, die alle Kirchengebote sorgfältig erfüllen und sich an die äußeren Formen halten. Aber sie vergessen, was viel wichtiger ist: die selbstlose Liebe zu Gott und dem Nächsten.

Wenn er seine eigene Person einfließen lässt, so vor allem, um zu bekennen, dass auch er ein großer Sünder sei, dem Gott Barmherzigkeit erwiesen hat. Ein fast wahllos herausgegriffenes Beispiel:

„Also ich bin stolz. Die Leute beschuldigen mich, dass ich von der Kanzel beichte, das ist aber gar nicht der Fall, wenn ich beichten will, so gehe ich zum Beichtvater. Aber wenn ich sage: ich bin stolz … Nu, warum soll ich denn nicht stolz seyn? Ich bin ja nach Gottes Ebenbild erschaffen, durch Jesum Christum erlöset, ich kann stolz seyn auf die Vaterschaft Gottes, auf die Mutterschaft Mariä und auf die Bruderschaft Jesu Christi“ (Werner, *Ausgewählte Predigten*, Bd. 1, 15).

Man versteht, wenn einer seiner Hörer – Pfarrer Johann Michael Korn von Brunn am Gebirge – äußerte, Werner predige keine „philosophische, deistische, abgedroschene Moral" wie manche aufgeklärte Prediger, sondern „biblische, christliche Religionswahrheiten, positive Offenbarung, welche des Menschen Sinn nach oben leitet".

Werner und Hofbauer

Wir wissen nicht, wann Werner und Hofbauer sich zum ersten Mal begegnet sind. Mag sein, dass Friedrich Schlegel Werner zu Hofbauer führte.

Man kann sich kaum einen größeren Gegensatz vorstellen als Werner und Hofbauer. Nicht nur im Äußeren, auch in Werdegang, Bildung und Charakter: hier der lange, hagere, lungenkranke Werner mit seinem schmalen Gesicht, der gebildete Literat, der zerrissene, labile Exzentriker, dort der eher gedrungene, weitaus kleinere Hofbauer mit seinem runden Schädel, der Praktiker, der keine Zeit zum Lesen hoher Literatur aufbrachte, der bäuerische, fest auf dem Boden stehende Organisator.

Doch vom ersten Augenblick an verstanden sie sich. Den Ton gab Hofbauer an. Er durfte dem Dichter alles sagen, durfte ihn vor anderen kritisieren und seinen „preußischen Stolz" demütigen. Von niemandem hätte er sich dies gefallen lassen, sagte er einmal, von Hofbauer, „dessen Schuhriemen aufzulösen" er nicht wert sei und den er in seinem Nachruf mit einem Adler verglich, nahm er jede Kritik entgegen, auch wenn sie schmerzte. So als Hofbauer einmal wenig Verständnis zeigte, als er ihm seine Verse vortrug.

Hofbauer schätzte Werner als Prediger, ja er nannte ihn eine „Posaune Gottes" – trotz seines „preußischen Dialekts". Dennoch war er nicht mit allem einverstanden, was Werner auf der Kanzel veranstaltete. „Hör auf mit den Versen!", sagte er ihm, „lass dich nicht auslachen und predige fleißig!"

Werner hatte die Angewohnheit, einen Stoß Bücher auf die Kanzel mitzunehmen. Hofbauer versuchte es ihm abzugewöhnen. „Jetzt wird nicht gebeichtet! Geh sofort auf die Kanzel!", sagte er einmal, als Werner in der Sakristei bei ihm beichten wollte. „Ich habe nicht einmal das Evangelienbuch bei mir“, antwortete Werner. Darauf Hofbauer: „Das ist keine Entschuldigung. Du gehst auf die Kanzel!“

Werner verliebt sich

Werner verlor nie völlig die Unruhe seines früheren Lebens. Bald finden wir ihn in Pinkafeld bei Pfarrer Weinhofer, bald in Maria Enzersdorf bei Wien im Hause des Gerichtsadvokaten Kaspar Wagner, wo er sich ein Zimmer einrichten ließ. In Wien wohnte er meist bei den Augustinern, zeitweilig auch im Palais des Erzbischofs Sigismund von Hohenwart, dem er nach dessen Tod wie seinem geistlichen Leiter Hofbauer ein Gedicht in den „Oelzweigen“ widmete.

Neben seiner Tätigkeit als Priester und Prediger widmete sich Werner nach wie vor der Schriftstellerei. 1815 erschien in Wien das schon früher entstandene romantische Schauspiel „Cunegunde die Heilige, römisch-deutsche Kaiserin“, 1816 das Drama „Die Mutter der Makkabäer“. Ferner gab er religiöse Gedichte und einen Gedichtzyklus „Geistliche Uebungen für drei Tage“ heraus.

Vom 1816 bis zum Herbst 1817 weilte Werner im gräflichen Schloss der Familie Choloniewski zu Janow in Podolien, dem damaligen Russisch-Polen. Hofbauer hatte ihn hingeschickt, damit er die Möglichkeit einer Klostergründung überprüfe. Der Plan dazu war während des Wiener Kongresses gereift. Der zum Kongress in Wien weilende Gouverneur von Podolien hatte Werner darauf hingewiesen, dass die Familie Choloniewski den Redemptoristen eine Niederlassung ermöglichen wolle.

Drei Monate sollte Werner in Janow bleiben. Er blieb über ein Jahr, während dessen er sich zum Ehrendomherrn des Kathedralkapitels in Kamieniec ernennen ließ und – sich in die kaum der Kindheit entwachsene Tochter der gräflichen Familie verliebte. Sie brachte ihm unendliche Verehrung entgegen. Und er? Er liebe sie über alles, schrieb er seinem Freund Hitzig. Sie „ist mein zweiter Gedanke morgens, mein vorletzter Nachts, erfüllt den Tag über mein Sehnen“. Immerhin, der erste und letzte Gedanke gehörte Gott.

Wiederholt, so schrieb er, habe er seinen väterlichen Freund Hofbauer um Rat gefragt. Der scheint ihn nicht getadelt, sondern nur beruhigt zu haben. Als Werner dann 1818 ein zweites Mal nach Janow reisen sollte, sagte ihm Hofbauer, er werde ihn begleiten, er brauche sich keine Sorgen zu machen: „Ich bin dabei, bin zwischen euch beiden!" – Es kam zu keiner zweiten Reise. Die junge Gräfin aber trat in ein Kloster ein.

Werner wird Redemptorist

Bereits 1818 äußerte Werner den Wunsch, Redemptorist zu werden. Doch Hofbauer und seine Berater hielten das damalige Noviziatshaus in der abgelegenen Kartause Valsainte mit seinem rauen Klima nicht geeignet für den kränklichen Mann. Als jedoch nach Hofbauers Tod das Noviziat nach Wien verlegt worden war, bedrängte Werner seinen Nachfolger Passerat, ihn doch aufzunehmen. Passerat, der auch das Amt des Novizenmeisters versah, zögerte. Er wusste, dass ein Individualist wie Werner kaum in eine klösterliche Gemeinschaft passte. Schließlich gab er dem Drängen Werners nach und nahm ihn am 8. Dezember 1821 ins Noviziat auf. Es war ein Schritt, der über Wien hinaus Aufsehen erregte, zumal Werner zahlreiche Gäste aus der feinen Gesellschaft zur Einkleidungszeremonie eingeladen hatte. Selbst Goethe erfuhr davon und spottete nicht wenig über Werners „Liguorismus".

Schon die Einkleidung Werners ließ ahnen, dass das Klosterleben dem Dichter Probleme bereiten würde. Wie bei einer solchen Zeremonie üblich, lag er hingestreckt am Boden der Kirche, während Passerat ihn ermahnte, ein guter Ordensmann zu werden und seinen Oberen mit Respekt zu begegnen. Doch der Franzose Passerat, der nie ein gutes Deutsch sprechen lernte, sagte nicht „der Respekt", sondern „das Respekt", was den am Boden Liegenden so sehr störte, dass er aufsprang und ihn verbesserte: „Das heißt der Respekt". Passerat darauf: „Das Respekt". Soweit die Chronik des Wiener Redemptoristenklosters „Maria am Gestade". Mündlich wird überliefert, Werner habe auf seiner Ansicht bestanden. Es habe eine geraume Zeit gedauert, bis er endlich nachgab und liegen blieb.

Ungeeignet für die Heiligenfabrik

Im Noviziat zeigten sich schon bald weitere Probleme, auch solche, die nichts mit dem Kloster zu tun hatten. Werner, dem die einfachsten Dinge des praktischen Lebens häufig misslangen, behielt auch im Kloster seinen Diener, der ihm beim Ankleiden helfen musste. Beide hatten dennoch große Schwierigkeiten mit dem mehrmals um den Leib zu schlingenden, leinenen Gürtel. Schließlich fand Werner die Lösung. Er machte ein Ende des Gürtels an der Türklinke fest, begab sich mit dem anderen Ende in die entgegengesetzte Zimmerecke und begann sich langsam einzurollen.

Die eigentlichen Schwierigkeiten waren anderer Art. Werner musste erkennen, dass er für die Redemptoristen, die er gleichwohl eine „durch sittliche Reinheit, redliches Streben und unermüdlichen Eifer für das Gute gewiss höchst ausgezeichnete geistliche Versammlung" nannte, nicht geschaffen war. Das von ihm erträumte Ideal eines Ordens, in dem ein grandioser Verkehr der Ideen und ein nicht ganz blinder Gehorsam herrschte, eines Ordens, der Kunst, Wissenschaft und Religion auf ideale Weise verband, konnte er nicht finden. Vielmehr war er, wie er an Hitzig schrieb, erschreckt über „das Übermaß der Askese und der Unterdrückung der Individualität in geistlichen Ordenshäusern". Für diese „Heiligenfabriken" fühlte er sich nicht geeignet.

Nach 10 Monaten trat er im Oktober 1822 aus dem Orden aus, sicher nicht nur wegen seines Novizenmeisters Passerat, wie Joseph Wolff in seinen Erinnerungen feststellt. Er selbst soll geäußert haben, er habe in seinem Leben schon viele dumme Streiche gemacht, der dümmste sei sein Eintritt ins Kloster gewesen.

Dennoch blieb er auch nach seinem Austritt aus der Kongregation, deren Oblate er wurde, eng verbunden. Erneut predigte er in der Wiener Ursulinenkirche. Am 1. Adventsonntag 1822 begann er mit den Worten: „Ich werde nicht mehr lange leben". Pater Hofbauer sei ihm in strahlendem Licht erschienen und habe ihm zugerufen: „Komm, Zacharias!"

Er starb am 17. Januar 1823 und wurde, seinem Wunsche gemäß, im „Romantikerfriedhof" in Maria Enzersdorf neben seinem „Vater" Hofbauer begraben. Die Kongregation der Redemptoristen hatte er zu seinem Universalerben bestimmt. Sein im Wiener Kloster bei Maria am Gestade befindlicher Nachlass ging bei der Verwüstung des Konvents während der Revolution von 1848 verloren.

IX. Johann Emanuel Veith

1864 begann in Wien der Seligsprechungsprozess Hofbauers. Vom Februar bis zum November wurden Zeitzeugen zu seinem Leben und Wirken befragt. Bei fast allen stand fest, dass sie nur Gutes zu berichten wüssten. Nicht so bei Johann Emanuel Veith. Der „Postulator“ beim Prozess P. Adam Pfab fürchtete seine Kritik. Doch es kam anders. Veith wurde für Hofbauer zum „Kronzeugen“. „Keiner der Zeugen hat ein so scharf umrissenes Bild von demselben gezeichnet wie er“ (Johannes HOFER).

Wer war Johann Emanuel Veith?

Ausbruch aus dem „Korsett der Scholastik“

Geboren wurde er am 10. Juli 1787 in Kuttenplan (Chodová Planá) in Nordböhmen in einer jüdischen Familie. Sechs Jahre war er alt, als der Vater ihn zum Rabbi machen wollte und ihn deswegen zum Studium des Talmuds verdonnerte. Zwar lernte der quicklebendige Junge schon bald die hebräische Sprache, doch schien ihm der vom Vater erwählte Beruf wenig verlockend. Dass er in der Wohnung über einen Bretterzaun stieg und die jenseits lagernden Bücher, darunter Werke Goethes und Voltaires, eifrig las, wusste der Vater nicht. Der Sohn setzte sich durch. Damals beschloss er, sich nie mehr in seinem Leben in eine „Scholastik“ zwängen zu lassen, wie immer sie aussah.

Veith besuchte das Gymnasium, später die Prager Karls-Universität, wo er von 1803 bis 1806 die philosophischen Vorbereitungskurse belegte und sich für seinen Lehrer Bernard Bolzano begeisterte. Hier lernte er auch Anton Günther kennen, mit dem er durch sein ganzes Leben in Freundschaft verbunden blieb. Ein Besuch bei Goethe in Karlsbad während der Semesterferien hinterließ einen tiefen und bleibenden Eindruck.

In Wien studierte Veith Botanik, Medizin und Tiermedizin. 1812 promovierte er. Er wurde Assistent, Universitätsprofessor und 1816 provisorischer, 1819 wirklicher Direktor des Wiener Tierarznei-Instituts. 1813 veröffentlichte er zwei botanische Werke, 1815 einen „Grundriss der allgemeinen Pathologie und Therapie", 1817 ein „Handbuch der Veterinärkunde".

Daneben gab er, der sein erstes Gedicht im Alter von 16 Jahren veröffentlicht hatte, Gedichte und Novellen in den Druck und schrieb Textbücher zu Opern und Festspielen. 1814 wurde sein Singspiel „Die Rückkehr des Kaisers" am Theater an der Wien aufgeführt. Er selbst spielte Geige und versuchte sich nicht ohne Talent im Zeichnen.

Hofbauer und Veith

1816 konvertierte Veith zum Katholizismus. Die Gründe, die ihn bewegten, so betonte er, seien persönlicher Natur gewesen und gingen niemanden etwas an. Wenig später lernte er durch die Vermittlung von Professor Roman Zängerle, sowie von Georg Passy und Johannes Madlener, Pater Hofbauer kennen.

1817 begann er unter dessen Einfluss das Studium der Theologie. Auch bei der von Hofbauer angeregten Zeitschrift „Oelzweige" war er maßgeblich beteiligt. Erhebliches Aufsehen bis hin in höchste Regierungskreise erregten – neben zahlreichen Erzählungen in seinem typischen bizarren und humoristischen Stil – die von ihm und seinem Freund Johannes Madlener 1819 in der Zeitschrift veröffentlichten „Briefe zweyer Freunde" über philosophische und theologische Zeitfragen.

Nur kurze Zeit dauerte der Kontakt Veiths mit Hofbauer. Dafür war er äußerst intensiv. Fast täglich kam Veith in Hofbauers Wohnung und blieb nicht selten über Nacht. Er wurde Hofbauers Arzt. So wurde er es, der ihn in seiner schmerzhaften Todeskrankheit begleitete.

Veith selbst beschreibt das Verhältnis Hofbauers zu ihm als das eines Vaters zu seinem Sohn. Stets habe er großes Verständnis für ihn aufgebracht. So habe er ihm nicht erlaubt, früh aufzustehen, da dies seiner Gesundheit schade. Hofbauer sagte ihm jedoch auch: „Sie sind schlau, aber mich betrügen Sie nicht". Er glaubte, dass er Außerordentliches leisten würde, vorausgesetzt, dass seine Oberen ihn „richtig zu nehmen" wüssten.

Ein berühmter Prediger – und immer noch Arzt

Am 21. Juni 1821 trat Johann Emanuel Veith in das Noviziat der Redemptoristen ein, am 28. September 1821 wurde er zum Priester geweiht, am 8. März 1822 legte er die Gelübde ab. Seine Stelle als Institutsdirektor mit einem hohen Jahresgehalt von 2000 Gulden nahm fortan sein Bruder Johann Elias ein, mit dem er stets eng verbunden blieb, auch wenn Elias anders als er nicht konvertierte.

Bereits im Sommer 1824 schlug der Generalvikar P. Passerat Veith zu einem seiner Berater (Konsultor) vor. Am 29. August 1824 wurde seine Ernennung vom Generaloberen bestätigt.

Veith wurde schon bald der bekannteste Prediger Wiens. Die Leute verglichen ihn mit Zacharias Werner. Doch wenn Werner beim Predigen damit geglänzt habe, „wie er es sagte", sei für Veith entscheidend, „was er sage": der Inhalt, die klare und logische Darlegung schwieriger theologischer Sachverhalte. Dazu kam seine plastische, mit Beispielen und Anekdoten, oft auch mit Humor und Sarkasmus illustrierte Darstellung.

Es hieß, er habe seine Zuhörer „in der Hand". So brachte er einmal durch die Schilderung eines Geizhalses die Zuhörer zu lautem Lachen, wenig später waren sie bis zu Tränen erschüttert. Veiths Fastenpredigten in den Jahren 1826 bis 1830 in der Kirche Maria am Gestade waren Stadtereignisse. Schon nach den ersten Predigten stellte Passerat fest:

„Die Kirche kann die Leute gar nicht fassen. Man sah unter den Zuhörern auch unseren Erzbischof, Leute vom kaiserlichen Hof und sogar Erzherzöge" (Hosp 1953, 99).

Doch derselbe Mann, der abends auf der Kanzel stand, führte tagsüber im Kloster eine Praxis als homöopathischer Arzt. Er glaubte, beide Berufungen, die des Priesters und die des Arztes, mit einander verbinden zu können. Als er einmal in die Steiermark zum Predigen geschickt wurde, nützte er die Zeit zwischen den Predigten, um auf den nahen Bergen Heilpflanzen zu sammeln.

Austritt aus dem Orden – Der Plan Gottes?

Wie hatte doch Hofbauer gesagt? „Veith wird ein guter Ordensmann, doch nur, wenn man ihn richtig zu nehmen versteht".

Das freilich war nicht einfach, vor allem nicht für P. Passerat. Er wollte aus den Redemptoristen von der Welt abgeschiedene Mönche machen. Wissenschaft bedeutete ihm eine Gefahr für das religiöse Leben. Veith aber holte möglichst viel „Welt" in sein Leben und Wirken als Ordensmann hinein. Vielleicht zu viel. Er wirkte nach wie vor als Arzt, gab literarische Zeitschriften heraus und veröffentlichte Erzählungen (auch über Hofbauer). Passte so ein Mann ins Kloster?

Doch das war nicht alles. Joseph Wolff schreibt in seinen Erinnerungen:

„Bei all seiner Grobheit hatte Hofbauer eine viel größere geistige Weite und konnte weit besser mit Menschen umgehen als Passerat. Und es besteht nicht der leiseste Zweifel, dass der Dichter Werner, Emanuel Veith und andere sich nicht den entwürdigenden Methoden Passerats unterwerfen wollten und von ihm hinausgedrängt wurden (Wolff I, 115).

Worum ging es? Passerat wollte – wie wir sahen – anders als Hofbauer den Orden auch in Österreich ganz nach dem Vorbild der Neapolitaner gestalten. P. Franz Springer wurde nach Neapel geschickt, damit er genau auskundschafte, wie im Süden die Observanz gepflegt wurde. Passerat suchte nun die süditalienischen „Bußübungen" auch in Wien einzuführen – wie die so genannte „prostratio", bei der sich ein Pater auf den Boden warf, sodass die anderen über ihn hinweg schreiten mussten. Veith empfand dies als eine „Kinderei", was Passerat veranlasste, erst recht darauf zu bestehen. Er erklärte, „dass es auch ‚Gebildeten' wohl anstehe, solche Demutsübungen nicht für kleinlich zu halten".

Zunächst glaubte Veith, wie er seinem Bruder Johann Elias schrieb, „Hyperorthodoxie" und „vermeintliche Heterodoxie" würden schon eine Mittellinie finden. Doch schon bald fühlte er sich behandelt wie ein Tanzbär. Am meisten störte ihn jedoch, dass ausgerechnet sein Jugendfreund Johannes Madlener zum treuesten Gefolgsmann Passerats wurde und dessen Supranaturalismus noch zu überbieten suchte. Für Veith war dies der Beweis, dass er ein „Feigling" sei, der „schwachsinnig" geworden war.

Zum Eklat kam es, als Veith Passerat vorhielt, er würde den Orden romanisieren. Passerat erwiderte, er müsse sich eben an die Tradition halten. Er sei kein Ordensstifter. Veith darauf: „Sie müssen es sein!" Wenig später schien der Bruch besiegelt. Passerat warf Veith eine zu weitherzige Beichtpraxis vor und bezeichnete ihn deswegen indirekt als Häretiker. Dies steigerte sich noch, als Veith seinen Fastenpredigten die „Vorschule der speculativen Theologie" von Anton Günther zugrunde legte, ein Werk, das man in der Kongregation für häretisch hielt.

Den Ausschlag gab ein Erlebnis Veiths, als er krank und scheinbar geistesabwesend in seinem Zimmer lag. Er hörte wie ein Pater sagte: „Jetzt fällt er uns auch noch zur Last". Dies wollte Veith auf keinen Fall. Er verließ den Orden. Am 16. April 1830 wurde er von den Gelübden dispensiert.

Pater Johannes Kral schrieb in der Chronik von Maria am Gestade:

„Gewiss ist, dass die meisten Kongregierten seinen Austritt sehr bedauert haben, weil sie ihn wirklich liebten. Aber es scheint auch wirklich nicht im Plane Gottes zu liegen, dass die Kongregation berühmte und gelehrte Männer haben solle" (Kral, Chronik I, 35).

Domprediger bei St. Stephan

Veith wurde 1831 Domprediger bei St. Stephan. Nach dem Zeugnis von Kardinal Melchior von Diepenbrock galt er als der bedeutendste Kanzelredner Österreichs, der auch bei Protestanten Anerkennung fand. Leitmotiv seiner Reden war Hofbauers Wort: „Das Evangelium muss ganz neu gepredigt werden". Als 1831 die Cholera in Wien wütete, hielt er nicht nur eine berühmt gewordene Predigt, sondern leistete auch ärztliche Hilfe. Frucht seiner Erfahrungen war eine Abhandlung über Heilung und Prophylaxe der Cholera.

Veith galt als weltfremder Gelehrter. Von ihm sagte man: „Mit Veith ist nichts anzufangen. Er ist ja ein Genie". Kardinal Schwarzenberg meinte:

„Er ist ein Baumeister im Großen, dem aber die alltäglichen Handgriffe mangeln. Große Männer sind nicht für den Alltagsgebrauch" (WOLFSGRUBER I, 232).

Veith blieb stets ein tieffrommer Mann. Unter seinen Veröffentlichungen finden sich viele erbauliche Schriften, besonders solche, die von der Gottesmutter Maria handeln, ferner Gebetbücher und geistliche Novellen. Auch seine Predigten, die fast alle im Druck erschienen, geben Zeugnis von Veiths tiefer Frömmigkeit.

Dazu kommt, dass er sich immer mehr um „Popularität" bemühte. Er wollte so reden, dass ihn auch „ein einfacher Hausmeister" verstehen konnte. Jede Polemik, sei es gegen Juden oder Protestanten, war ihm fremd.

In seinen Predigten bemühte er sich auch, die Gedanken seines Freundes Anton Günther für das praktische christliche Leben fruchtbar zu machen. Er wurde neben diesem der geistige Mittelpunkt der Güntherschule und ihrer „christlichen Philosophie". Mit Anton Günther gab er das später indizierte philosophische Taschenbuch „Lydia" gegen den Hegelianismus heraus. Mit Günther und Laurenz Greif gehörte er zum Freundeskreis von Kardinal Friedrich Fürst zu Schwarzenberg, dem er die Primizpredigt hielt und der ihn zum Ehrenkanoniker von Salzburg und Prag ernannte.

1834 erhielt er auf Anregung des Katholikenführers Joseph von Görres einen Ruf an die Universität München. Er schlug ihn ebenso aus wie 1846 eine ihm angebotene Stelle im Freiburger Domkapitel.

Das Sturmjahr 1848

Es kam das Sturmjahr 1848. Da trat der weltfremde Gelehrte in die Arena des politischen Tageskampfes. Zu einer Zeit, wo überall der Freiheitsruf erscholl, wollte er nicht zurückstehen. Ließen schon seine Fastenpredigten während der Frühjahrsrevolution aufhorchen, so wurde er von einem Tag auf den andern über Wien hinaus bekannt, als er mit Freunden aus dem Güntherkreis und mit großbürgerlichen, judenchristlichen Kreisen am 15. Mai 1848 nach dem Vorbild des Mainzer „Pius-Vereins" den „Wiener Katholikenverein" ins Leben rief. Zugleich gab er die kurzlebige Zeitschrift „Aufwärts" heraus, die den Untertitel „Volksblatt für Glauben, Freiheit und Gesittung" trug. Großes Aufsehen erregten im Frühjahr 1849 seine „politischen Passionspredigten".

Veith sympathisierte auch mit den Vorschlägen des damals noch protestantischen württembergischen Abgeordneten der Paulskirche August Friedrich Gfrörer zum Wiederaufbau einer deutschen Kirche in Vereinigung mit den Protestanten. Die von Gfrörer verlangten Zugeständnisse – neben der Zurückdrängung der Volksfrömmigkeit, der Wallfahrten und des Reliquienkults auch das Niederlassungsverbot für Jesuiten und Redemptoristen auf deutschem Boden – fanden seine Zustimmung. Lediglich die von Gfrörer vorgeschlagene Freistellung der Ohrenbeicht lehnte er ab.

Als Ziele des „Katholikenvereins" nannte Veith, der sich selbst als „gemäßigt ultramontan" bezeichnete, Freiheit für die Kirche gegenüber dem Staat, aber auch größere Freiheit in der Kirche, Mitbestimmung des niederen Klerus und der Laien und Abkehr von einem blinden, „jesuitischen" Gehorsamsprinzip.

Ihren Höhepunkt erreichten Veiths Aktivitäten im „Katholikenverein" bei einer Ansprache am 1. August 1848, die der Redner selbst eine „harmlose Exhorte" nannte, auch wenn sie kaum so harmlos war. Er wies auf die Stellung des Tages zwischen dem Fest des Ignatius von Loyola, des Gründers der Jesuiten, und dem des Alfons Liguori, des Gründers der Redemptoristen, hin, zweier Orden, die den blinden Gehorsam zu ihrem Grundsatz gemacht hätten und die deswegen vom Verein ferngehalten werden müssten.

Er führte aus, das Prinzip des blinden Gehorsams im Glauben, Denken und Handeln widerspreche dem „ewigen Gesetze und Willen Gottes" und versetze die Menschen in einen Zustand der Abhängigkeit. Und wörtlich:

„Ihre Religion wird mehr eine äußerliche bleiben, die um so inniger an einer recht großen Zahl brennender Altarkerzen sich erfreut, je tiefer

etwa das mystische Dunkel ist, das der völlig gedankenlose Köhlerglaube in ihrem Kopf und Herzen unterhält, und sie werden keiner ernstlichen Glaubensprüfung widerstehen, da sie denjenigen, der nicht die Finsternis der Welt, sondern das Licht der Welt ist, nicht hinlänglich kennen" (*Aufwärts 1* (1848), Nr. 11, S. 93–96).

Verständlich, dass dieser Vortrag wie die sonstigen Initiativen Veiths weder bei den Jesuiten und Redemptoristen noch bei dem Wiener Fürstbischof Eduard von Milde und bei dessen Nachfolger Othmar von Rauscher Begeisterung auslösten. Wie anderswo in deutschen Städten versuchten die Bischöfe den demokratischen, vom katholischen liberalen Großbürgertum getragenen Katholikenverein zu verkirchlichen und zu einer frommen Verbrüderung umzufunktionieren. Dies gelang schließlich und führte zum Austritt des Gründers Veith aus dem Verein.

Reform der Volksmission?

1850 bat Kardinal Schwarzenberg Veith, er möge nach Prag kommen. Veith wirkte dort als Prediger und Exerzitienmeister für Priester und war die Seele des Prager Katholikenvereins. Noch immer sah er in den Jesuiten, aber auch in seinem ehemaligen Freund Madlener, den es im Zuge der Revolutionswirren ebenfalls nach Prag verschlagen hatte, die Gegner eines von der Vernunft erleuchteten Glaubens.

In Prag knüpfte Veith an seine ersten Priesterjahre an. Die Idee eines modernen Ordens, von dem schon Zacharias Werner geträumt hatte, trat erneut in sein Blickfeld. Hatte doch Günther kurz zuvor in seiner Schrift „Peregrins Gastmahl" diese Idee neu aufleben lassen. Veith und Günther dachten an ein deutsches „Port-Royal" auf der Rheininsel Nonnenwerth am Fuße des Rothaargebirges. „Ein Kloster für die Kultur der deutschen katholischen Wissenschaft" sollte erstehen, wie ihr Schüler und Freund, der Dogmatiker Franz Peter Knoodt formulierte, – ein Gedanke, der lange weiterlebte. Mehr als zwanzig Jahre später plante ein anderer ihrer Schüler, Joseph Hubert Reinkens, ein „Kloster" katholischer Gelehrter auf einer Rheininsel bei Bingen.

Zusammen mit Pater Anton Schöfl, der nach Veiths Austritt als der bedeutendste Prediger der Redemptoristen galt, aber jetzt selbst den Orden verlassen wollte, plante er, wenn schon nicht einen neuen Orden, so doch eine Reform der Volksmission. An die Stelle eines einseitigen Appells an die Gefühle und den Willen sollte eine gründliche Glaubensunterweisung treten. Nur so könne der Glaube in der Gegenwart fruchtbar werden und die Mission würde kein Strohfeuer bleiben.

Die Hörer sollten sich klar darüber werden, dass der Glaube keineswegs blind sei, dass Glaube und Vernunft sich nicht widersprechen, dass es im Gegenteil vernünftig sei zu glauben. Dies entsprach einer Grundüberzeugung in der Philosophie Günthers, die Veith stets bei seinen Predigten geleitet hatte. Er litt darunter, dass es im 19. Jahrhundert immer mehr zu einer Trennung von Glaube und Vernunft gekommen war. Er drückte dies einmal so aus:

„Die Wissenschaft war einst zufrieden,
Dass ihr Gemahl der Glaube;
Nun ist sie von Tisch und Bett geschieden,
Will nimmer unter die Haube"
(an Knoodt, Fronleichnam 1875, Archiv des altkatholischen Bistums, Bonn).

Geplagt von mancherlei Mühsal

1855 kehrte Veith nach Wien zurück. Seit längerem war er an Gicht erkrankt. Nun führte ein Gehörleiden fast zur völligen Taubheit. In Wien hoffte er ein wenig zur Ruhe zu kommen. Eifrig arbeitete er, umgeben von zahlreichen mannshohen Zimmerpflanzen, meist in den Qualm seiner Pfeife gehüllt, an seinen religiösen Schriften.

Da trat ein Ereignis ein, dass für ihn nicht völlig unerwartet kam, ihn aber dann doch tief erschütterte. Bereits 1852 hatte er geschrieben, es könnte sein, dass, entzündet durch „die lieblosen Wissenschaftsfeinde, die jetzt allein in der Kirche herrschen", der „Blitzstrahl aus dem Vatikan die Günthersche Methode, wenn schon nicht tilgt, doch sengend streift". Zusammen mit Kardinal Schwarzenberg suchte er in Briefen nach Rom und an die deutschen Bischöfe das Schlimmste zu verhindern. Vergebens. Die Werke seines Freundes Günther wurden am 8. Januar 1857 von Rom als häretisch verurteilt und auf den Index der verbotenen Bücher gesetzt – und Veith wusste, dass einige Mitglieder seines ehemaligen Ordens nicht ganz unschuldig an dieser Entwicklung waren.

Günther war seelisch gebrochen. Kardinal Schwarzenberg suchte zu retten, was zu retten war. Er bat Günther, sich zu unterwerfen. Erst nach langem Drängen gab dieser nach. Doch er war unfähig zu schreiben. Daraufhin ersuchte Kardinal Schwarzenberg Veith, er möge das Unterwerfungsschreiben Günthers verfassen. Veith entsprach der Bitte. Er verfasste das Schreiben, doch so, dass es im Grunde eine Rechtfertigung der Philosophie Günthers darstellte. Er selbst konnte nur durch Schwarzenbergs Eingreifen vor einer Verurteilung seiner eigenen Werke gerettet werden. Günther starb 1863. Kurz darauf erblindete Veith.

Versöhnung mit den Redemptoristen

Im Juli 1860 schrieb Kardinal Schwarzenberg an den Kurienkardinal Girolamo D'Andrea über Veith: „Dass er die Kongregation der Redemptoristen verlassen hat – das kann ihm diese nimmer vergeben".

Und dennoch kam es zur Versöhnung – und das war ein spätes Verdienst Hofbauers. Veith legte beim Seligsprechungsprozess Hofbauers 1865 ein glänzendes Urteil über Hofbauer ab, das allerdings auch eine Korrektur der üblichen Aussagen der Zeugen darstellt. Das Hofbauerbild Veiths ist das eines „Freundes der Jugend", eines gütigen Menschen, der „dem Frohsinn nichts weniger als abgeneigt" war, eines eifrigen Seelsorgers und Helfers der Armen, eines Priesters von geistiger Weite.

Der Dank der Kongregation für sein Zeugnis war die Aufnahme Veiths unter die Oblaten der Kongregation durch den Generaloberen P. Nikolaus Mauron am 25. Dezember 1865 in „Berücksichtigung der besonderen und eifrigen Liebe, die er der Congregation erweist".

Auch später lebte in der Kongregation im Gedenken an Veith nicht nur der Kampf des Jahres 1848 weiter. Adolf Innerkofler hat Veith bereits um 1900 in „Wetzer und Weltes Kirchenlexikon" sowie in einer Kurzbiographie als bedeutenden Hofbauerschüler und Erneuerer der Predigt gewürdigt. Erst recht haben spätere Autoren aus der Redemptoristenkongregation seine Nähe zu Hofbauer hervorgehoben und ihn so in den Orden heimgeholt.

Stürme im Herbst des Lebens

Völlig erblindet und fast taub, von ständigen Krankheiten heimgesucht, arbeitete Veith mit Hilfe opferbereiter Frauen bis zu seinem Tode als religiöser Schriftsteller. Jedoch waren er und seine meist judenchristlichen Freunde durch die Anzeigen in Rom tief verletzt worden. Es schien ihm, als würde jedes wissenschaftliche Streben im Katholizismus unterdrückt.

Dennoch fehlte es nicht an Anerkennung. Die Universitäten Prag und Wien verliehen Veith die theologische Ehrendoktorwürde. Von der Stadt Wien erhielt er 1871 anlässlich seines 50. Priesterjubiläums das Ehrenbürgerrecht. Doch von der kirchlichen Obrigkeit wurde er ignoriert.

Es war die Zeit des Ersten Vatikanischen Konzils. Der Sturm, den das Konzil mit den Dogmen der Unfehlbarkeit und des Universalepiskopats in der deutschen Kirche auslöste, erschütterte den greisen Gelehrten bis in sein innerstes Fühlen, Denken und Glauben. Viele seiner Freunde und Schüler, allen voran die Professoren Joseph Hubert Reinkens und Peter Knoodt, fanden ihre geistige Heimat bei den Altkatholiken und bedrängten ihn, an die Spitze der „alten Kirche" in Österreich zu treten.

Und Veith? Er stand dem Unfehlbarkeitsdogma kritisch gegenüber. Wie sollte der Papst während seines Erdenlebens auch wissen, was die letzte, zweifelsfreie Wahrheit sei? Um ein wirklicher „Pontifex" zwischen der jenseitigen Wahrheit und der diesseitigen Wirklichkeit zu sein, hätte er, so glaubte Veith, bereits auf dem anderen Ufer angekommen sein müssen.

„Die Frommen begnügen sich mit Fetischdienst von Medaillen und Skapulieren und preisen sich selig, daß sie einen Mund verehren, der untrüglich Wahrheit redet. Dieses Oraculum vivum ist über alle Theologie und Moral" (Wenzel, 55 f.).

1871 schrieb der blinde Veith eigenhändig an den Münchener Kirchenhistoriker Johann Joseph Ignaz von Döllinger, der in den vatikanischen Dogmen ein Abweichen von dem alten Glauben der Kirche erblickte:

„*Die ganze ungeheure Last der Arbeit ruht auf Ihren Schultern. Ihnen, hochwürdigster Herr, ist es aufgetragen, der Mittelpfeiler zu seyn … und mich schmerzt nur, daß es mir versagt bleibt, Theil daran zu nehmen*" (Weiss 1991, 17).

Doch wie Döllinger hat auch Veith den Schritt zum Altkatholizismus nicht vollzogen. Zwar blieb er der kleinen altkatholischen „bedrängten Kirche" bis zu seinem Lebensende verbunden, doch schien ihm der Weg, den diese nahm, vom lebendigen Glauben wegzuführen. In einem seiner letzten Briefe warnte er, der immer die Rolle des Verstandes für die Glaubensbegründung betont hatte, seine altkatholischen Freunde vor einem falschen „aufgeklärten" Rationalismus (an Professor Peter Knoodt):

„*Und der Glaube? Er kann freilich zuweilen in der lehrenden Kirche ohne Wissenschaft sich nicht mehr Geltung verschaffen und die Völker erleuchten; aber er darf weder Platonisch oder Aristotelisch, noch Spinozistisch, Kantisch, Schellingisch sein wollen, sondern muß Paulinisch, Petrinisch, Johanneisch bleiben*" (Fronleichnam 1875, Archiv des Altkatholischen Bistums, Bonn).

Und trotzdem bis zum Schluss: Hofbauer

Merkwürdig, dass Veith bis in seine letzten Lebenstage in seinen Briefen – auch in denen an führende Männer der Altkatholischen Kirche – immer wieder auf seinen Lehrmeister Hofbauer zu sprechen kommt. In ständig neuen Variationen wiederholte er dessen Satz, dass jene, die selbstständig zu denken wagen, sich allenthalben Feinde schaffen. Günther habe in seiner Naivität nicht an diese Feststellung Hofbauers geglaubt. Doch leider habe das Denken, wie dies Hofbauer wusste, wenig „Anspruch auf Gunst", „am wenigsten *chez nous* in *Ecclesia militanti* mit ihren rostigen pseudoscholastischen Schwertern".

Mag sein, das Veith sich in hohem Alter nach dem unkomplizierten Hofbauer und seinem tröstenden Wort zurücksehnte. Es war einsam um ihn geworden, und wie viele Konvertiten aus dem Judentum litt er darunter, dass er von Seiten der Juden wie der Christen erfahren musste, dass er eigentlich nicht zu ihnen gehörte. Dennoch widmete er sich weiterhin der Abfassung religiöser Schriften. Bis zu seinem Tode arbeitete an einer Übersetzung und Erklärung des „Hohen Liedes" und des „Kohelet".

Veith starb am 6. November 1876 und wurde unter großer Anteilnahme der Bevölkerung neben Anton Günther bestattet. Das gemeinsame Grabmal der Freunde Veith, Günther und Laurenz Greif befindet sich heute im Waldmüller-Park, dem ehemaligen Matzleinsdorfer Friedhof, in Wien.

1892 schrieb der bekannte Münchener Benediktinerpater Odilo Rottmanner, selbst ein angesehener Prediger, über den „Hofbauerschüler" Veith: „Er war einer der erleuchtetsten, gelehrtesten Theologen und Naturkundigen unserer Zeit und ist jedenfalls kein Beförderer des ‚blinden Glaubens'".

X. Anton Günther

Unter allen Hofbauerschülern hat keiner schon zu Lebzeiten eine solche Berühmtheit erlangt wie Anton Günther, aber auch keiner ist von der Kirche, die er liebte, so enttäuscht worden wie er. Hofbauer selbst hat ihn geschätzt wie kaum einen anderen der jungen Männer, die sich ihm anschlossen, ausgenommen vielleicht Johannes Madlener, der später zum entschiedenen Gegner Günthers wurde.

Als Günther auf Hofbauer traf, war er ein suchender Mensch, dessen Herz keine Ruhe fand. „Mein Augustinus" nannte ihn Hofbauer, wohl deswegen, weil er sich intensiv mit dem philosophischen Denken des großen Kirchenlehrers Augustinus befasste, aber auch wegen seines unruhigen Herzens. Hofbauer schien ihm den festen Punkt zu geben, den er suchte.

Stationen der Suche

Anton Günther wurde am 17. November 1783 im nordböhmischen Lindenau (später ein Teil von Zwickau in Böhmen, heute Cvikov) als Sohn eines verarmten Schmieds geboren. Nach Beendigung der Volksschule im Jahre 1796 zeigte sich der schwächliche Junge für den Beruf seines Vaters wenig geeignet. Er wollte Priester werden, und seine Eltern unterstützten ihn, so gut sie konnten. Er nahm Unterricht bei den Piaristen in Haida und besuchte das renommierte Gymnasium in Leitmeritz. Seine schulische Ausbildung beendete er „mit Auszeichnung".

Allerdings gerieten Berufswunsch und Weltanschauung des jungen Mannes in diesen Jahren in eine Krise. Sie verstärkte sich, nachdem er sich im Herbst 1803 an der Universität Prag eingeschrieben hatte, um zunächst den für alle Studenten vorgeschriebenen dreijährigen Lehrkurs in Philosophie zu besuchen. Aufgeklärte Freunde legten ihm nahe, auf das angestrebte Ziel, Priester zu werden, zu verzichten. Auch er selbst wandte sich immer mehr von diesem Ziel ab.

Sein Lehrer im dritten Jahrgang war der Philosoph Bernard Bolzano, der über Religionsphilosophie las. Mit ihm beriet er sich über seinen weiteren Lebensweg. Bolzano kam ihm, wie Günther in seinen Erinnerungen schildert, mit größter Freundlichkeit entgegen. Auf sein Hauptproblem, er verstehe nicht, warum eine übernatürliche Offenbarung nötig sei, ging Bolzano jedoch nicht ein. Er riet ihm schließlich, zunächst Rechtswissenschaft zu studieren, bis er Klarheit gefunden habe. Auch als Jurist könne er später immer noch Theologie studieren.

Günther begann das Studium der Rechte, verdiente sein Brot als Lehrer und Erzieher in adligen Häusern und vertiefte sich in die Werke Kants, Fichtes und Schellings.

Begegnung mit Johann Michael Korn

Fast zufällig kam er 1810 nach Wien. Er übersiedelte mit der gräflichen Familie, bei der er als Hauslehrer tätig war. In Wien angekommen erfuhr er jedoch, dass er nicht mehr benötigt würde. Er fand eine neue Anstellung als Erzieher in einem fürstlichen

Hause, reiste im Sommer 1811 mit dem ihm anvertrauten jungen Prinzen in die Ferien nach Brunn am Gebirge und begegnete dort dem Pfarrer Johann Michael Korn, eine Begegnung, die seinem Leben eine unerwartete Wendung gab.

Pfarrer Korn lebte ihm vor, dass es möglich sei, wissenschaftliche Bildung und Frömmigkeit zu verbinden. Er regte ihn zum Lesen der Heiligen Schrift an. Günther ging darauf ein. Über die kritische wissenschaftliche Beschäftigung mit dem Text hinaus fand er zu einem tieferen Verständnis der Bibel. Die Frage, die ihm Bolzano nicht zu beantworten vermochte, schien ihm gelöst. Er kam zu der Erkenntnis, dass eine „natürliche Religion", so vollkommen sie auch sein mochte, nicht ausreiche, den Menschen wirklich glücklich zu machen, da sie auf der Ebene des Erkennens und des Wissens haften bleibe. Die christliche Offenbarungsreligion aber blieb nicht auf dieser Ebene stehen. Sie machte deutlich, dass der Mensch nicht durch ein noch so großes Wissen, sondern nur durch die Tat – die Erlösungstat Gottes – sein Heil finden könne. Das Wissen war nicht verkehrt, aber zum Wissen musste der Glaube an die Tat Gottes treten.

Günther hatte damit im Grunde bereits einen Ansatz zu seinem späteren philosophisch-theologischen Entwurf gefunden, der der gegenseitigen Zuordnung von Glaube und Wissen das Wort sprach, – des Wissens, das des Glaubens bedarf, um das Übernatürliche zu erkennen, und des Glaubens, der kein blinder Vertrauensglaube bleiben darf, sondern ein von der Vernunft erleuchteter Glaube werden soll.

Begegnung mit Hofbauer

Dem ersten Schritt folgte der zweite. Im Sommer 1813 ging die fürstliche Familie, bei der Günther angestellt war, wieder in die Ferien, dieses Mal nach Baden bei Wien. Hier nun traf er einen alten Bekannten, Leopold Horny, der ihn mit literarischen Werken, darunter einem Band mit geistlichen Liedern, versah. Angeregt durch diese Lektüre kam er zu dem Entschluss, seinem Leben eine Wende zu geben und sich einem Priester in der Beichte anzuvertrauen. Doch zu wem sollte er gehen?

Er sprach mit seinem Freund Horny, der ihm von den Studenten und Dozenten erzählte, die sich um Hofbauer sammelten. Dann nahm er ihn zu Hofbauer mit.

Günther berichtet:

„Mein Freund Leopold Horny führte mich bei Hoffbauer ein … und sofort setzte sich der Gedanke bei mir fest: der ist es und kein anderer, dem du Einsicht verschaffen willst in dein bisheriges Leben. Und ich hatte mich nicht geirrt …

Ich erkannte bald, was Zacharias Werner unter Hoffbauers Großartigkeit verstanden haben mochte. Es war die eines Beichtvaters für die verlorenen Söhne, denen die Scham das Wort auf der Zunge ins Stocken bringt. In solchen Fällen sprach er kein anderes Wort als dieses: ‚Nur weiter, ich weiß schon was Sie sagen wollen!' …

Von nun an blieb Hoffbauer mein Ratgeber in allen Angelegenheiten meines inneren Lebens bis zu seinem Tode …" (Knoodt, I, 113–115).

Endlich Priester

Günther beschloss, jetzt endlich Priester zu werden. Da seine Stellung als Erzieher ihm nicht erlaubte, Vorlesungen zu besuchen, riet ihm Hofbauer, privat Theologie zu studieren. Dies tat er unter der kundigen Leitung von zwei Freunden Hofbauers, den Professoren Ziegler und Zängerle.

Doch auch sein Horizont als Philosoph weitete sich in der Umgebung Hofbauers. Er lernte Adam Müller und Friedrich Schlegel kennen. Machte ihn der eine vertraut mit dem Organismusgedanken in Staat und Gesellschaft, bestärkte ihn der andere in der Erkenntnis, dass zum Licht des Verstandes der Glaube an den sich und seine Liebe offenbarenden Gott treten müsse.

Bei Hofbauer traf er auch einen alten Freund aus den Studientagen in Prag wieder: Johann Emanuel Veith. Eine enge Freundschaft schlossen beide mit einem anderen Beichtkind Hofbauers, dem aus Biberach in Württemberg stammenden Laurenz Greif, Erzieher im Haus der Fürsten Schwarzenberg. Alle drei blieben von da an in guten wie in schlimmen Tagen eng verbunden.

Wie die meisten der um Hofbauer versammelten Studenten, die, angeführt von dem Mathematikdozenten Johannes Madlener, Theologie studierten, meldete sich Günther ins Noviziat der Redemptoristen, das eröffnet werden sollte, sobald der Orden in Österreich genehmigt war. Da starb Hofbauer und Passerat trat an seine Stelle. Daraufhin trat Günther von seinem Entschluss zurück. „Der Magnet war hinweg genommen, der ihn zur Kongregation zog" (Loewe, 142).

Günther wurde 1821 im Alter von 37 Jahren in Stuhlweißenburg zum Priester geweiht, 1822 trat er mit Horny in Galizien in das Noviziat der Jesuiten ein, das beide jedoch bald wieder verließen. Günther zog sich nach Wien zurück, um fortan als Privatgelehrter ganz für die Philosophie zu leben.

„Der größte jetzt lebende deutsche Denker"

Nach seiner Rückkehr nach Wien schlug sich Günther mühsam durchs Leben. Um sein tägliches Brot zu verdienen, wurde er staatlicher Zensor für philosophische und juridische Schriften. Nach wie vor war er als Erzieher tätig. All seine übrige Zeit widmete er seinem neuen philosophischen Entwurf. Als er ihn in den Jahren 1828 und 1829 in dem zweibändigen Werk „Vorschule zur speculativen Theologie des positiven Christenthums" vorlegte, war darin im Grunde bereits sein ganzes philosophisch-theologisches System in Umrissen enthalten. Seine späteren Veröffentlichungen dienten dann dazu, das System zu vertiefen und auszubauen.

Das Werk in der Form eines fiktiven Briefwechsels zwischen dem Onkel Pfarrer Peregrinus Niger (Johann Michael Korn) und seinem Neffen Thomas Wendeling (Anton Günther) erregte in Österreich und ganz Deutschland großes Aufsehen. Allenthalben glaubten die katholischen Akademiker, da sei endlich einer gekommen, der es mit den großen protestantischen Philosophen des deutschen Idealismus aufnehmen könne, ja sie überbiete und widerlege.

Günther wurde zum Hoffnungsträger des deutschen Katholizismus. Sein Gefolgsmann Sebastian Brunner nannte ihn den „größten jetzt lebenden deutschen Denker". Der Katholikenführer und Münchener Professor Joseph von Görres bemühte sich gleich drei Mal – 1831, 1832 und 1838 – ihn an die Universität München zu bringen. Günther lehnte es ab, wie er auch den Ruf an die Universitäten Bonn, Breslau und Gießen ausschlug. Einer geplanten Berufung an die Wiener Universität wäre er weniger abgeneigt gewesen. Doch da begannen bereits die Gegner im eigenen Lager so mächtig zu werden, dass die Berufung scheiterte.

Glauben und Wissen

Es ist hier nicht der Ort, das philosophische System Günthers, das als Gespräch mit Hegel verstanden werden kann, im Einzelnen darzulegen. Nur einige Gedanken seien angesprochen, soweit diese im Gegensatz zu der Ideologie standen, die sich nach dem Tod Hofbauers unter der Leitung Passerats bei den österreichischen Redemptoristen ausgeformt hatte.

Zunächst die Beziehung von Glauben und Wissen. Für Günther gilt: Glaube verlangt das Wissen, das Wissen sucht den Glauben.

Dies besagt zum Einen, dass für Günther ein blinder Vertrauensglaube zu wenig ist, aber auch, dass kein „katholisches Autoritätsprinzip" oder „Glaubensprinzip" an der Spitze der Theologie steht, sondern dass Theologie als Wissenschaft allein den Prinzipien der Wissenschaft verpflichtet ist, gemäß dem Grundsatz „Fides quaerit intellectum" (der Glaube verlangt nach dem vernünftigen Erfassen). Günther stellte sich damit in Gegensatz zu manchen seiner Bekannten aus dem Hofbauerkreis, ganz besonders zu dem Redemptoristen Johannes Madlener, der aus einem Mathematiker und Anhänger Fichtes zu einem „Fideisten" und Supranaturalisten geworden war.

Er stellte sich damit aber auch in Gegensatz zu seinem Lehrer Bolzano, der im Gefolge der Aufklärung überzeugt war, allein mit Hilfe der Vernunft erweisen zu können, dass die katholische Religion die vollkommenste und damit die richtige sei, weil sie wie keine andere die Tugend fördere und damit zur Glückseligkeit führe.

Der „Mathematiker" Bolzano galt daher für Günther als Vertreter eines überholten „Rationalismus". Günther warf ihm vor, er vertrete die Ansicht: „Mathesis allein hat Gewißheit, Philosophie ist bloßes Meinen, Geschichte bloße Wahrscheinlichkeit" (Knoodt, II, 111 f.)

Bolzano seinerseits, der in der Tat einen vorkantischen metaphysischen Objektivismus vertrat, sah im „romantischen" System Günthers wie im deutschen Idealismus lediglich Phantastereien. Günthers „Vorschule der spekulativen Theologie" nannte er ein „schlimmes Zeichen der Zeit", da es die„retrograde Bewegung" Hegels weiterführe.

Dualismus gegen Monismus und Pantheismus

Als ein Hauptmerkmal des neuen philosophischen Entwurfes Günthers dürfte sein philosophischer Dualismus von Natur und Geist im Rückgriff auf Augustinus und Descartes gelten. Dazu in unserem Zusammenhang nur so viel:

Günther und seine Schüler waren überzeugt, dass nicht nur der deutsche Idealismus, aufgipfelnd in Hegel, sondern auch die überkommene katholische scholastische Philosophie einen philosophischen Monismus, mehr noch eine Art Pantheismus darstellten. Der substantielle Gegensatz zwischen Gott und Welt wie zwischen dem immateriellen geistigen Sein und der materiellen Natur schien ihnen in all diesen Systemen nicht gewahrt. Nur wenn dieser Gegensatz klar herausgestellt werde, so glaubten sie, könne die Lehre von der Schöpfung aufrechterhalten werden.

Lassen wir es bei diesen unvollständigen Hinweisen und wenden uns den Folgerungen zu, welche Günther und seine „Wiener Schule" aus ihrem dualistischen System für den Aufbau von Gesellschaft, Staat und Kirche zogen. Denn für sie war jede Art von Monismus verkehrt. Nicht nur in der Philosophie, auch in Staat und Gesellschaft. Darum lehnten sie in gleicher Weise die absolute Monarchie wie die reine Demokratie ab. Nach Auffassung Günthers entsprach allein die konstitutionelle Monarchie der „christlichen Philosophie", die er mit seinem System gleichsetzte. Für diese „doppelte Souveränität", die des Monarchen und die des Volkes in einer konstitutionellen Monarchie, warb er 1848 in der von seinem Freund Emanuel Veith 1848 herausgegebenen Zeitschrift „Aufwärts".

Dualismus, das hieß für Günther und seine Anhänger, dass weder der Staat der Kirche noch die Kirche dem Staat untergeordnet sei. Darum kämpften sie 1848 für die Freiheit der Kirche von jeder staatlichen Bevormundung.

Das Prinzip der „doppelten Souveränität" wandten die Anhänger Günthers aber auch auf die Institution Kirche selbst an. Der einfache Klerus und das Kirchenvolk sollten nicht weiterhin der „Schreiberherrschaft" und dem „papiernen Kirchenregiment" von Funktionären und Würdenträgern ausgeliefert sein. Freilich stießen sie dabei auf erheblichen Widerstand, was den Güntherianer Sebastian Brunner veranlasste zu schreiben:

„Die alte kirchliche Bureaukratie, welche an der Verknüpfung ihrer Spagatnetze über den lebendigen Garten der Kirche mit Sorgfalt und Rührigkeit arbeitet, zieht denunziatorisch ihre Nase hinauf, wenn sie auch nur von Ferne so etwas wie Demokratiewitterung in die ausgedehnten Flügel bekommt" (*Der Katholikenverein*, in: Wiener Kirchenzeitung 3 (1851), Nr. 98, S. 505).

Auch das Papstamt war vom dualistischen Prinzip nicht ausgeschlossen. Nach Günthers „christlicher Philosophie" konnte der Papst nicht „absoluter Monarch" sein, wie dies im Vorfeld der Unfehlbarkeitsdebatte im Gefolge der Ideen Joseph de Maistres vertreten wurde, sondern nur „konstitutioneller Monarch" im Gegenüber zu den Bischöfen und zum Kirchenvolk. Es war dies eine Auffassung, die 1870 dazu führte, dass ein Großteil der Güntherschüler, die inzwischen an deutschen Universitäten lehrten, die Dogmen von der Unfehlbarkeit und vom Universalepiskopat des Papstes ablehnten und die altkatholische Kirche begründeten.

Hofbauerschüler gegen Hofbauerschüler: Madlener und Günther

Hofbauer hatte durch die integrierende Kraft seiner Persönlichkeit die Gruppe junger Männer, die sich um ihn scharten, zusammen gehalten. Bald nach seinem Tod jedoch begannen sich die Spannungen, die innerhalb seiner „Schüler" – ja, man ist versucht zu sagen, auch innerhalb der Persönlichkeit Hofbauers selbst – latent vorhanden waren, bemerkbar zu machen. Auf der einen Seite standen die Redemptoristen, angeführt von den „ultramontanen" Patres Joseph Amand Passerat und Johannes Madlener, auf der anderen Friedrich von Schlegel, dann aber Anton Günther, dessen wissenschaftlich-geselliger Gesprächskreis nach dem Zeugnis des Güntherschülers Freiherrn Johann Baptist von Hoffinger schon bald „die romantischen Flunkereien der vorangegangenen Schlegelgesellschaften" an Ernst und Gehalt weit überflügelte (Hoffinger 1876).

So lange Günthers Freund Veith im Orden lebte, vermochte er jedoch offene Auseinandersetzungen beider Gruppen zu verhindern. Das wurde anders nach seinem Austritt. Ja, schon dieser war mitbedingt durch seine Nähe zu Günther.

Pater Madlener betätigte sich damals bereits als Ketzerjäger, im Verein mit dem Konvertiten Ernst Karl Jarcke, dem Nachfolger von Gentz als Sekretär Metternichs. Beide spielten eine Rolle bei der Verurteilung des rheinischen Priesterphilosophen Georg Hermes durch die römische Inquisition im Jahre 1833. Bereits 1835 bemerkte Günthers Freund Johann Heinrich Pabst in einem Brief an Günther: „Ob die beiden wissenschaftlichen Helden und Sionswächter nun Ruhe geben werden? Wahrscheinlich kommt jetzt unsere Wenigkeit an die Reihe." Tatsächlich arbeitete Madlener seit dem Austritt Veiths auf die Verurteilung Günthers hin.

P. Rudolph von Smetana und Ernst Karl Jarcke gegen Günther

An Madleners Stelle trat später P. Rudolf von Smetana, der im Redemptoristenorden Passerats Nachfolger werden sollte. Seit 1840 war er eng mit Jarcke befreundet. Dieser hatte bereits 1838 Johann Heinrich Pabst als „sehr gefährlichen Alliierten des Hermesianismus" bezeichnet. 1841 verdächtigte er dann in einem Artikel der „Historisch-politischen Blätter" Günther und seine Schule offen der Häresie.

Neben Günthers „Semirationalismus“ lehnte der Sekretär Metternichs vor allem die Folgerungen ab, welche Günther aus seinem System für Staat, Gesellschaft und Kirche zog. Als er 1848 mit Metternich Wien verlassen musste, bekämpfte er in einer anonymen Schrift von seinem Münchener Exil aus den Konstitutionalismus Günthers, der nichts anderes sei als Kommunismus. Im Frühjahr 1850 bemerkte Günther in einem Brief an seinen Schüler Knoodt, dass von Seiten Jarckes gemeinsam mit den Redemptoristen gegen ihn intrigiert werde (Knoodt II, 76).

Seit 1852 setzten dann von verschiedenen Seiten Angriffe auf Günther und seine Philosophie ein. Nach wie vor war auch der Redemptorist Smetana unter den Anklägern. 1853 wurde er offiziell von der römischen Inquisition beauftragt, ein Gutachten gegen Günther zu erstellen. In ihm wird Günther ein häretischer „kartesianischer Rationalismus“ vorgeworfen.

Verurteilung Günthers

Nachdem der Wiener Erzbischof Othmar von Rauscher, der einst als Student zusammen mit Günther bei Hofbauers Leseabenden zu dessen Füßen saß, gedrängt vom Kölner Kardinal Johannes von Geissel und vom päpstlichen Nuntius Michele Viale Prelà 1852 den Startschuss zur offiziellen Jagd auf Günther gegeben hatte, dauerte es fünf Jahre, bis Pius IX. 1857, wie üblich ohne Angabe einzelner Irrtümer, die Lehren Günthers als häretisch verurteilte. Friedrich Kardinal Schwarzenberg, der stets seine schützende Hand über seine Erzieher Laurenz Greif und Anton Günther wie seinen Primizprediger Johann Emanuel Veith gehalten hatte, war es nicht gelungen, die Verurteilung abzuwenden. Wohl aber erreichte er mit Hilfe Veiths, dass Rom eine milde Form der Verurteilung wählte. Auf Drängen Schwarzenbergs und Veiths unterwarf sich Günther dem römischen Urteilsspruch. Doch er stand vor dem Ruin seines Lebenswerks und war seelisch gebrochen. Günther starb am 24. Februar 1863 in Wien.

Seine Schüler, allen voran Johann Emanuel Veith, hatten ihn nicht vergessen. Seine Grundgedanken gaben sie weiter, auch wenn Neuscholastik und österreichischer Neoabsolutismus sie zu verdrängen suchten. Vor allem Veith scheint überzeugt gewesen zu sein, dass die Verurteilung Günthers nicht das letzte Wort war. Nach dem Tode Kardinal Rauschers schrieb der 88-Jährige an Professor Peter Knoodt:

„Nunmehr ist das hypergottselige Triumvirat, Viale Prelà, Geissel und Rauscher wieder beisammen und kann für uns Ehrbare Pläne besprechen, sofern ihnen diese Begegnung erlaubt ist von der jenseitigen Polizei" (Archiv des altkatholischen Bistums, Bonn).

Die Theologie ist sich heute darin einig, dass es sich bei dem Urteil gegen Günther um ein Fehlurteil handelte. Weder Pater Smetana noch die anderen Gutachter waren in der Lage, Günther wirklich zu verstehen, da ihnen seine moderne Begrifflichkeit fremd war. Mit Recht gilt er heute als der bedeutendste katholische Philosoph des 19. Jahrhunderts. Worum es ihm vor allem ging, war Theologie als Wissenschaft zu begründen, die es mit jeder anderen Wissenschaft aufnehmen kann. Wenn er darauf hinwies, dass Glaube und Vernunft zusammen gehören, dann entsprach dies der katholischen Tradition, wie sie auch vom jetzigen Papst Benedikt XVI. immer wieder bekräftigt wurde.

XI. Franz Seraph Schmid und andere Wiener Seelsorger

Nicht wenige Biographien erwecken den Eindruck, Hofbauer habe von 1808 bis 1820 ganz allein in der völlig verkommenen und gottlosen Stadt Wien den Kampf gegen Aufklärung, Unglauben und Sittenlosigkeit geführt.

„Nach Jahrzehnte langer Abhängigkeit der Kirche von einem absolutistischen Herrschaftsapparat" und nach der „Verfremdung der religiösen Lebensformen" habe er, wie sein Biograph Fleischmann 1988 feststellte, seine Zeitgenossen wieder zu den „Fundamenten des katholischen Glaubens" geführt und damit bewirkt, „dass wir Heutigen über die unverfälschte Glaubenslehre, Liturgie und Gebetstradition der katholischen Kirche verfügen dürfen".

Schon 1916 hat Hermann Bahr Ähnliches geschrieben. Für ihn kam Hofbauer nach Wien als ein neuer Jona in ein neues Ninive, und verwandelte „durch die gewaltige Wahrheit seines Wesens" die Menschen. Die Polizei aber, die hinter ihm her war, atmete auf, als er starb. Doch von diesem Toten aus sei Österreich wieder katholisch geworden (Bahr, 17).

Wunderschöne Sätze, die von vielen Bewunderern Hofbauers wiederholt wurden. Dennoch, sie sagen höchstens die halbe Wahrheit. Denn die Stadt Wien war, als Hofbauer 1808 in „seine Stadt" kam, alles andere als ein gottverlassenes Ninive, und selbst, wenn sie es gewesen wäre, dann war Hofbauer vielleicht der bedeutendste Jona in dieser Stadt, doch nicht der einzige. Und Hofbauer wusste davon und war froh darüber. Ja, man kann durchaus von einem Seelsorge-Netzwerk sprechen, zu dem Hofbauer gehörte.

Der Beichtvater Hofbauers

Genannt werden muss an erster Stelle Hofbauers Freund und Beichtvater, der Direktor des Priesterseminars und Domkurat zu St. Stephan, Dr. Franz Seraph Schmid, ein enger Verwandter von Hofbauers einstigem Meister, dem Bäcker Weyrig. Hofbauer dürfte ihn bereits während seiner Studien in Wien kennen gelernt haben. Damals wurde Schmid, noch nicht zwanzig Jahre alt, Novize bei den Franziskanern. Während der schweren Anfangsjahre Hofbauers in Warschau unterstützte ihn Schmid, der 1788 zum Priester geweiht worden war und 1794 die geistliche Leitung des Wiener Priesterseminars übernommen hatte.

Schmid spendete Hofbauer die Sterbesakramente, er leitete zusammen mit Zacharias Werner Hofbauers Leichenbegängnis. Schmid war sozusagen die sanftere Ausgabe von Hofbauer. Das Volk nannte ihn „den heiligen Pater Schmid". Wie Hofbauer sorgte er sich um die Armen und Kranken. Durch viele Jahre war er Gefängnisseelsorger und musste die zum Tod Verurteilten zum Richtplatz begleiten. Wie Hofbauer war er unermüdlich im Beichtstuhl. Zu seinen Beichtkindern gehörte genau so die Kaiserin Karoline Augusta wie zahlreiche unbekannte einfache Gläubige.

Wegen seiner schwachen Stimme und seiner stets angegriffenen Gesundheit hat Schmid – anders als Hofbauer – nur selten gepredigt. Dafür hat er aber durch seine Schriften seelsorgerisch gewirkt: durch von ihm verfasste Gebetbücher und Lesebücher für Kranke und Gefangene und für alle Stände und Klassen wie durch ein Buch für seine Seminaristen, in dem er sie zu einem guten priesterlichen Leben und zu fruchtbarer Tätigkeit in der Seelsorge anleitete.

Hofbauer sagte über ihn: „Wenn Wien nur drei Schmid hätte, so würden sie hinreichen, die ganze Stadt zu bekehren". Dabei war Schmid – ähnlich wie Hofbauer – alles andere als ein unaufgeklärter Finsterling. Von liberaler Seite wurde ihm höchstes Lob zuteil:

„Da war kein jesuitischer Hintergedanke, keine Absicht, das Volk in Dummheit und Unwissenheit zu erhalten, sondern die reinste Erhebung des Herzens zu Gott, begleitet von einer Schlichtheit des Wesens, die Hoch und Nieder anzog" (Wurzbach, Bd. 30, 242).

Die Serviten in der Roßau

Doch Schmid war nicht der einzige stadtbekannte Seelsorger, der zusammen mit Hofbauer in Wien wirkte. Zu nennen sind die Patres Bernardin Hoffmann und Maximus Thalhammer, „positive Prediger" und beliebte Beichtväter aus dem Servitenkloster in der Roßau im 9. Wiener Bezirk. Schon vor Hofbauers Ankunft in Wien bildete das Kloster mit seiner Kirche, in der der junge Franz Schubert Orgel spielte, ein religiöses Zentrum. Hofbauers alter Freund Penkler ging dort ein und aus. Adam Müller konvertierte dort 1805.

Als sich nun Hofbauer 1808 in der Alservorstadt, also im 9. Wiener Bezirk, niederließ, knüpfte er sofort mit Hilfe Baron Penklers Kontakte zu den Serviten, oder, was wahrscheinlicher ist, er frischte alte Kontakte aus seinen Wiener Jahren als Bäckergeselle und Theologiestudent wieder auf. Den Redemptoristenbruder Matthias Widhalm, der mit ihm aus Warschau vertrieben worden war, brachte er für sieben Jahre im Servitenkloster unter. Mit den Patres Bernardin und Maximus blieb er stets in Verbindung, wie Polizeiprotokolle aus dem Jahre 1818 beweisen.

Ein gelehrter Benediktiner

Auch mit einem anderen bekannten Prediger verstand sich Hofbauer glänzend, mit dem Benediktiner Dr. Adrian Gretsch aus dem Wiener Schottenstift. Gretsch bekämpfte in seinen Predigten, die fast alle im Druck erschienen, aufs Schärfste die Auswüchse der kirchlichen Spätaufklärung und des Spätjosephinismus. Er blieb jedoch nicht bei der Polemik stehen, sondern stellte ähnlich wie Hofbauer die zentralen Glaubenswahrheiten in die Mitte seiner Verkündigung. Gegen die „falsche Aufklärung", die darin bestehe, dass die Menschen „sich nach dem Drang der Leidenschaften eine Religion bilden", stellte er die „wahre Aufklärung", die Jesus Christus gebracht habe. Hofbauer konnte bei seiner Glaubensverkündigung an Gretsch anknüpfen. Mehrmals lud er ihn als Festprediger in die Kirche St. Ursula ein.

Der Beichtvater der Kaiserin

Noch ein Mann muss genannt werden, der ähnlich wie Hofbauer für die „katholische Reform" in Wien steht: Sebastian Franz Job. Der aus der Oberpfalz stammende ehemalige Regensburger Theologieprofessor und nachmalige katholische Hofprediger in Stuttgart war mit seinem Beichtkind Karoline Augusta, der Schwester des bayerischen Kronprinzen, nach deren Heirat mit Kaiser Franz I. nach Wien übergesiedelt, doch genügte ihm die Betreuung der Kaiserin bei weitem nicht, vielmehr machte sich Hofkaplan Job schon bald als Prediger und Seelsorger wie als Fürsorger für die Armen Wiens einen Namen. Durch Hofbauer wurde er in den so genannten Széchényi-Club eingeführt, der sich in der Kaiserstadt im Sinne der *„amicizia cristiana"* um ein lebendiges Christentum mühte.

Schwäbische Professoren in Wien

Schließlich sind die Kontakte Hofbauers zu Professoren der Universität Wien zu erwähnen. Dass es solche gab, erscheint auf den ersten Blick verwunderlich, denn Hofbauer war auf die

Universität nicht gerade gut zu sprechen. Am 8. Mai 1818 schrieb er an Sophie Schlosser: „Es ekelt den guten jungen Leuten an dem, was ihnen hier an der Universität vorgetragen wird".

Hofbauer mag dabei an den jungen Friedrich von Held gedacht haben, der sich bei ihm über seinen Philosophieprofessor Leopold Rembold beschwert hatte. Rembold war ein Schüler des württembergischen Aufklärungstheologen Jakob Salat. Er stand Bolzano nahe und war später der Lehrer des Philosophen und Schulreformers Franz Exner. Für den jungen Friedrich von Held jedoch war Rembold „ein vom modernen Geist durchseuchter Gelehrter, welcher auch öffentlich revolutionäre und unchristliche Ideen zum besten gab". Tatsächlich wurde er 1824 wegen „revolutionärer Äußerungen" ohne Pension entlassen.

Doch die Professoren an der Universität, zumal die Theologen, waren durchaus nicht alle von der gleichen Richtung. Dies beweisen drei schwäbische Exbenediktiner, die nach der Aufhebung ihrer Klöster nach verschlungenen Wanderwegen Professoren in Wien wurden: Augustin Braig aus dem Kloster Weingarten, Roman Zängerle und Gregor Thomas Ziegler aus dem Kloster Wiblingen bei Ulm. Während Braig stets ein Josephiner reinsten Wassers blieb, vertraten der Dogmatiker Ziegler und der Neu-Exeget Zängerle die neue „kirchliche" Richtung. Zu ihnen gesellte sich der Alttestamentler Peter Ackermann, Chorherr aus Klosterneuburg bei Wien. Alle drei gingen bei Hofbauer ein und aus. Als Bischof von Linz hat Ziegler später die Impulse, die er von dem Seelsorger Hofbauer empfing, weiter getragen. Das gleiche gilt für Zängerle, den späteren Reformbischof von Seckau.

Versuch einer Bilanz

Wir stehen am Ende unseres Weges. In immer neuen Annäherungen haben wir versucht, dem Menschen Klemens Maria Hofbauer – so wie er wirklich war – zu begegnen. Nicht immer sind wir den ausgetretenen Pfaden der bis heute erschienenen Biographien gefolgt, wir haben neue Wege gesucht.

Geholfen haben uns Hofbauers Zeitgenossen, bekannte und unbekannte, berühmte und vergessene. Wir haben ihn mit ihren Augen gesehen. Wir haben erlebt, wie sich sein Leben in ihrem Leben spiegelt. Am Ende fügen sich die verschiedenen Perspektiven, die bunten Farben des Prismas, zusammen zu einem Bild: Klemens Hofbauer, ein Mensch mit Ecken und Kanten, ein „pfiffiger" Mann, den keiner zu täuschen vermochte, ein „Menschenkenner von feinster Witterung", ein rastloser Leib- und Seelsorger, der voll Zärtlichkeit und Verständnis den gebrochenen Menschen, den vom Schicksal Gezeichneten, den Unsicheren und Schwankenden Halt und Sicherheit gab, auch wenn nicht alle seinen Ratschlägen folgten.

Gewiss, ein Mensch seiner Zeit, mit den Vorurteilen seiner Zeit, ein Mann, der sich vom Zorn übermannen ließ, der stur sein konnte, der sich – zum Mindesten im Falle Johann Michael Sailers – festbiss in das einmal gefasste Urteil und sich von seinen Freunden nicht belehren ließ. Nicht unbedingt das Idealbild eines kanonisierten Heiligen, aber uns vielleicht gerade dadurch näher als alle jene, die schon in ihrem Erdendasein in den Himmel entrückt scheinen, doch sonst zu nichts zu gebrauchen sind.

Ein „problematischer Heiliger"? Vielleicht. Aber deswegen nicht weniger sympathisch. Sympathischer jedenfalls als so manche schön frisierte Heiligengestalt, so mancher fehlerlose Tugendbold, der erhaben über allem Irdischen schwebt.

Aber wo bleiben die Wunder in seinem Leben, die doch angeblich zu jedem Heiligen gehören? Wenn man überirdische Erscheinungen, geheime Offenbarungen, mystische Begnadigungen erwartet, sucht man vergebens. So hat man denn Hofbauer den „Heiligen ohne Wunder" genannt. Aber es wurde auch gesagt: „Sein Leben selbst war ein ununterbrochenes Wunder".

Der Satz mag stimmen, falls man ihn richtig versteht, dann nämlich, wenn er bedeutet: Hofbauer ist sich allen Widerständen zum Trotz darin treu geblieben, für seine Mitmenschen da zu sein. Er konnte dies, weil er tief verwurzelt blieb im Glauben und im Vertrauen auf Gott.

Überzeugt davon, dass Gott jedes Leben lenkt, dass er das geknickte Rohr nicht bricht und den glimmenden Docht nicht löscht und dass er am Ende auch die Scherben eines zerbrochenen Lebens zusammen fügen kann, hat er die schweren Stunden seines eigenen Lebens gemeistert und zugleich anderen aus der Not geholfen. Weil er selbst auf Gott vertraute, konnte er ihrem Leben eine neue Richtung geben: einem Anton Günther, einem Zacharias Werner, einem Johann Emanuel Veith – und vielen Ungenannten.

Das vor allem scheint sein Leben zu lehren, das mit seinen Unvollkommenheiten unserem Leben in vielem so ähnlich ist.

Blitzlichter wollten wir auf Hofbauer werfen, um ihn besser zu begreifen. Mag sein, dass das eine oder andere in seinem wechselvollen Leben unterbelichtet blieb. Wer schon von ihm gehört hat, mag eine ihm lieb gewordene Episode – oder sollen wir sagen Anekdote – vermissen. Etwa die Erzählung, dass Hofbauer eines Tages, als das Brot und die Nahrung für die vielen ihm anvertrauten hungrigen Mäuler in Warschau ausging, an den Tabernakel klopfte und betete: „Herr hilf, es ist Zeit!“ Und der Herr half. Oder die andere Erzählung, die davon berichtet, wie Hofbauer einst in einem Wirtshaus für seine Waisenkinder bettelte. Einer der Gäste habe ihm ins Gesicht gespuckt, worauf er sagte: „Das war für mich. Nun gebt mir noch was für meine Waisenkinder!“ Und der andere gab ihm tief beschämt überreichlich.

Es sind Erzählungen, die zu den ältesten Überlieferungen vom Leben Hofbauers gehören, wenngleich schon sein erster Biograph sich genötigt sah festzustellen, dass solches „indessen in ähnlicher Form“ auch von anderen großen Männern erzählt wird. Mit anderen Worten, es liegt bereits eine Überhöhung ins Typische vor. Hofbauer wird so gezeichnet, wie große Männer, wie Heilige zu sein haben. Deswegen sind solche Erzählungen nicht falsch. Selbst wenn sie erfunden wurden, sind sie wahr, sie drücken eine Wahrheit aus, die jenseits der bloßen Faktizität liegt. Sie sagen: Das war ein ungewöhnlicher, ja ein heiliger Mensch.

Das aufzuzeigen, war letztlich auch das Ziel dieses Buches, auch wenn wir uns an die schlichten Fakten hielten.

Manche Berichte aus Hofbauers Leben haben wir übergangen oder nur am Rande gestreift, weil sie vielleicht für den Historiker von Bedeutung sein mögen – wie die Vertreibung der Redemptoristen aus Warschau –, jedoch kaum neue Farbtupfer zum Bilde Hofbauers hinzufügen.

Anderes hätte eine ausführlichere Darstellung verdient. Etwa seine Reisen auf Europas Straßen, auf denen er nicht selten von den Spitzeln der Staatspolizei verfolgt wurde. Gründungsreisen waren es zumeist. Zu einer Zeit, wo überall Klöster aufgehoben wurden, unternahm er es, neue Klöster, Niederlassungen seines Ordens, zu gründen. So sehr war er von dieser Idee besessen, dass sein Freund Zacharias Werner äußerte, er wäre ja gewiss ein großer Heiliger, wenn er nicht immer an die Ausbreitung seiner Kongregation dächte. Er starb kurz vor der Erfüllung seines großen Wunsches, einer Klostergründung in seinem geliebten Wien. Gleich Moses auf dem Berge Nebo durfte er in eine glückliche Zukunft schauen. Einzutreten in diese Zukunft war ihm nicht vergönnt.

Dem Leser, der mehr über all dies wissen will, sei die Biographie Hofbauers von Joseph Heinzmann empfohlen.

Dem Verfasser dieses Buches aber bleibt am Schluss ein Bekenntnis. Klemens Maria Hofbauer ist für mich mehr als irgendeine Gestalt der Geschichte. Er hat mich durch mein ganzes Leben begleitet.

Ich war zehn Jahre alt, als ich ihm zum ersten Mal begegnete. In einer Pfarrbibliothek fand ich seine Biographie von Matthias Bauchinger. Hängen geblieben ist der eine oder andere Satz. Das Wort der Mutter: „Von nun an soll der dein Vater sein!“ Der angebliche Ausspruch eines schwäbischen Bauern aus der Gegend um Babenhausen: „I han an Soldata-Maga, aber den Ma mag i!“

1961 bekam ich dann den Auftrag, ein Heftchen über Klemens Hofbauer für den Schriftenstand zu verfassen. Seither ist mir Hofbauer bei meinen Studien immer wieder begegnet. Es waren nicht nur wissenschaftlich-sachliche Begegnungen. Ich habe über ihn gestaunt, habe mich über ihn geärgert, habe mit ihm gestritten. Aber er hat mich nicht los gelassen. Und ich denke, dass er in manchen Augenblicken meines Lebens neben mir stand und ernst und gütig die Worte murmelte: „Das ist nichts! Das ist gar nichts!"

Es würde mich freuen, wenn es dem einen oder anderen Leser nach der Lektüre dieses Buches ähnlich ergeht.

Literaturhinweise in Auswahl

1. Quellen (allgemein)

Archive der Redemptoristen in Gars am Inn, Rom und Wien.

Monumenta Hofbaueriana, 15 Bde, hg. von Władisław Wojciech Szołdrski, Krakau-Thorn-Rom 1915–1951; Bd. I, Krakau 1915; Bd. II–XII, Thorn 1929–1939; Bd. III, Krakau 1939, Bd. XIV–XV, Rom 1951; Band XVI, hg. von Hans Schermann und Marian Brudzisz, Innsbruck 1998.

2. Biographien

Pösl, Friedrich, *Clemens Maria Hoffbauer, der erste deutsche Redemtorist in seinem Leben und Wirken. Nebst zwei Gesängen von seinem Freunde F. L. Zacharias Werner*, Regensburg 1844.

Brunner, Sebastian, *Clemens Maria Hoffbauer und seine Zeit. Miniaturen zur Kirchengeschichte von 1780 bis 1820*, Wien 1858.

Haringer, Michael, *Leben des ehrwürdigen Dieners Gottes und vorzüglichsten Verbreiters der Congregation des allerheiligsten Erlösers, Clemens Maria Hofbauer, General-Vicars und vorzüglichsten Verbreiters der Congregation des allerheiligsten Erlösers*, Wien 1877, ²Regensburg 1880.

Bauchinger, Matthias, *Der selige Clemens M. Hofbauer. Ein Lebensbild*, Wien 1889.

Innerkofler, Adolf, *Lebensbild des heiligen P. Klemens Maria Hofbauer, des vorzüglichsten Verbreiters der Redemptoristenkongregation*, Regensburg 1910. – *Zweite Auflage: Der heilige Klemens Maria Hofbauer, ein österreichischer Reformator und der vorzüglichste Verbreiter der Redemptoristenkongregation*, Regensburg 1913.

Hofer, Johannes, *Der heilige Klemens Maria Hofbauer. Ein Lebensbild*, Freiburg 1922; *zweite und dritte vermehrte Auflage*, Freiburg 1923.

Hosp, Eduard, *Der heilige Klemens Maria Hofbauer (1751–1820)*, Wien 1951.

Dudel, Erwin, *Klemens Hofbauer. Ein Zeitbild*, Bonn 1970.

Heinzmann, Josef, *Das Evangelium neu verkünden. Klemens Maria Hofbauer*, Freiburg/Schweiz 1986.

Fleischmann, Kornelius, *Klemens Maria Hofbauer. Sein Leben und seine Zeit*, Graz 1988.

Schermann, Hans (Hg.), *Klemens Maria Hofbauer. Profil eines Heiligen*, Wien 2001.

Weiss, Otto, *Klemens Maria Hofbauer und seine Biographen. Eine Rezeptionsgeschichte*, Rom 2001.

3. Allgemeine Literatur (in Auswahl)

Bahr, Hermann, *Rudigier*, München 1916.

Gatz, Erich (Hg.), *Die Bischöfe* der deutschsprachigen Länder 1785/1803 bis 1945. Ein biographisches Lexikon, Berlin 1983.

Grassl, Hans, *Aufbruch zur Romantik. Bayerns Beitrag zur deutschen Geistesgeschichte 1765–1785*, München 1968.

Hersche, Peter, *Der Spätjansenismus in Österreich*, Wien 1977.

Hosp, Eduard, *Kirche Österreichs im Vormärz, 1815–1850*, Wien-München 1971.

Loewe, Johann Heinrich. *Johann Emanuel Veith. Eine Biographie*, Wien 1879, 74–76.

Nipperdey, Thomas, *Deutsche Geschichte 1800–1866, Bürgerwelt und starker Staat*, München [3]1985.

Pammer, Michael, *Glaubensabfall und Wahre Andacht. Barockreligiosität, Reformkatholizismus und Laizismus in Oberösterreich 1700–1820*, München 1994.

Rumpler, Helmut (Hg.), *Bernard Bolzano und die Politik. Staat, Nation und Religion als Herausforderung für die Philosophie im Kontext von Spätaufklärung, Frühnationalismus und Restauration*, Wien u.a. 2000.

Schlegel, Friedrich, kritische Ausgabe, hg. von Ernst Behler, Paderborn-München-Wien-Zürich 1956 ff.

Schönholz, Friedrich Anton von, *Traditionen zur Charakteristik Österreichs*, hg. von Gustav Gugitz, Bd. 2, München 1914.

Weiss, Otto, *Die Redemptoristen in Bayern (1790–1909). Ein Beitrag zur Geschichte des Ultramontanismus*, St. Ottilien 1984.

Weiss, Otto, *Katholiken in der Auseinandersetzung mit der kirchlichen Autorität. Zur Situation des katholischen Wien und des Wiener Katholikenvereins in den Jahren 1848 bis 1850*, in: *Rottenburger Jahrbuch für Kirchengeschichte* 10 (1991) 23–54.

Weiss, Otto, *Wie ultramontan war Klemens Maria Hofbauer? Überlegungen anlässlich einer neuen Hofbauerbiographie*, in: *Spicilegium Historicum CSSR* 39 (1992) 41–98.

Weiss, Otto, *Zur Religiosität und Mentalität der österreichischen Katholiken im 19. Jahrhundert. Der Beitrag Hofbauers und der Redemptoristen*, in: *Spicilegium Historicum CSSR* 43 (1995) 337–396.

Wenzel, Paul, *Das wissenschaftliche Anliegen des Güntherianismus. Ein Beitrag zur Theologiegeschichte des 19. Jahrhunderts*, Essen 1961.

Winter, Eduard, *Der Josefinismus. Die Geschichte des österreichischen Reformkatholizismus*, [2]Berlin 1962.

Winter, Eduard und Maria, *Domprediger Johann Emanuel Veith und Kardinal. Friedrich Schwarzenberg. Der Güntherprozeß in unveröffentlichten Briefen und Akten*, Wien 1972.

Literaturhinweise zu den einzelnen Abschnitten (alphabethisch)

Im allgemeinen Literaturverzeichnis aufgeführte Werke werden im Folgenden nur mit Kurztiteln genannt. Grundlegend für alle Abschnitte sind die Monumenta Hofbaueriana sowie die verschiedenen Biographien Hofbauers, die nicht mehr eigens aufgeführt werden.

Einleitung

Bahr, Hermann, *Rudigier*, 16–20.

Kralik, Richard von, *St. Klemens Maria Hofbauer*, in: *Festschrift und Festbericht der Jahrhundertfeier des heiligen Klemens Maria Hofbauer*, Wien 1920, 10–16.

Schwedt, Herman H., *Michael Haringer C.SS.R. (1817–1887), Theologe auf dem Ersten Vatikanischen Konzil und Konsultor der Index-Kongregation*, in: Hermann Hammans u. a. (Hg.), *Geist und Kirche. Studien zur Theologie im Umfeld der beiden Vatikanischen Konzilien*, Paderborn 1991, 439–489.

Spahn, Martin, *Clemens Maria Hoffbauer. Aus Anlaß seiner Heiligsprechung am 29. Mai 1909*, in: Hochland 6/II (1908/09) 299–333.

Winter, Ernst Karl, *Gotik, Barock, Romantik in Österrreich*, in: *Die Schönere Zukunft* 2 (1926/27) 414–416, 435–437:

I. Zeit und Umwelt

Überwinder der Aufklärung

Brunner, Sebastian, *Die theologische Dienerschaft am Hofe Josephs II.*, Wien 1868.

Brunner, Sebastian, *Die Mysterien der Aufklärung in Österreich*, Wien 1869.

Merkle, Sebastian *Die katholische Beurteilung des Aufklärungszeitalters*, Berlin 1909.

Merkle, Sebastian, *Die kirchliche Aufklärung im katholischen Deutschland. Eine Abwehr und zugleich ein Beitrag zur Charakteristik „kirchlicher" und „unkirchlicher" Geschichtsschreibung*, Berlin 1910.

Das Zeitalter Hofbauers – Anbruch einer neuen Zeit (Literatur in Auswahl)

Allgemein:

Kosseleck, Reinhart *Das 18. Jahrhundert als Beginn der Neuzeit*, in: *Epochenschwelle und Epochenbewußtsein. Politik Hermeneutik XII*, München 1987, 269–283.

Nipperdey, Thomas, *Deutsche Geschichte 1800–1866*

Aufklärung:

AMMERER, Gerhard – HASS, Hans (Hg.), *Ambivalenzen der Aufklärung.* Festschrift für Ernst Wangermann, Wien-München 1997.

CASSIRER, Ernst, *Die Philosophie der Aufklärung,* Tübingen 1932.

SCHNEIDERS, Werner, *Die wahre Aufklärung. Zum Selbstverständnis der deutschen Aufklärung,* Freiburg-München 1974.

VAN DÜLMEN, Richard, *Anfänge einer geistigen Neuorientierung in Bayern zu Beginn des 18. Jahrhunderts. Eusebius Amorts Briefwechsel mit Pierre François Le Courrayer in Paris,* in: *Zeitschrift für Bayerische Landesgeschichte* 26 (1963) 493–559.

Französische Revolution:

GRIFFITHS, Bernard (Hg.), *Révolution française et « vandalisme révolutionaire »,* Paris 1992.

MAIER, Hans, *Revolution und Kirche. Zur Frühgeschichte der christlichen Demokratie,* Freiburg i. B. u. a. [5]1988.

VOVELLE, Michelle, *Die Französische Revolution. Soziale Bewegung und Umbruch der Mentalitäten,* Frankfurt/Main 1982.

VOVELLE, Michelle, *La Révolution contre l'église,* Bruxelles 1998.

Romantik:

DROZ, Jacques, *Le romantisme catholique en Allemagne,* Paris 1963.

FUNK, Philipp, *Von der Aufklärung zur Romantik, Studien zur Vorgeschichte der Münchener Romantik,* München 1925.

GRASSL, Hans, *Aufbruch zur Romantik.*

KORFF, Hermann August, *Geist der Goethezeit.* 4. Teil: *Hochromantik,* Leipzig [2]1958.

SCHREIER, Josef, *Die katholische deutsche Romantik – Gestalten und Probleme,* in: CORETH, Emerich u. a., *Christliche Philosophie im katholischen Denken des 19. und 20. Jahrhunderts.* Bd. I: *Neue Ansätze im 19. Jh.,* Graz-Wien-Köln 1987, 127–147.

Die „Frömmigkeit" der Habsburger

DOLLINAR, France u. a. (Hg.), *Katholische Reform und Gegenreformation in Innerösterreich 1564–1628,* Klagenfurt 1994.

Eine barocke Religion:

ARDAILLOU, Pierre, *Les confréries Viennoises aux XVIIe et XVIIIe siècle,* in: *Revue d'histoire de l'Eglise de France* 87 (1992) 745–758.

CORETH, Anna, *Pietas Austriaca,* Wien [2]1982.

CORETH, Anna, *Liebe ohne Maß. Geschichte der Herz-Jesu-Verehrung in Österreich im 18. Jahrhundert,* Maria Roggendorf 1994.

KAPNER, Gerhardt, *Barocker Heiligenkult in Wien,* Wien 1978.

SCHÜSSEL, Therese, *Kultur des Barock in Österreich,* Graz 1960.

Ruf nach Reformen:
HERSCHE, Peter, *Religiosità popolare e riforme giuseppine*, in: CITERIO, Ferdinando – VACCARO, Luciano, *Storia religiosa dell'Austria* (Europa ricerche 4), Milano 1997, 199–222.
KLINGENSTEIN Grete, *Radici del riformismo asburgico*, in CITERIO – VACCARO, *Storia religiosa* 143–168.
KLINGENSTEIN Grete, *Staatsverwaltung und kirchliche Autorität. Das Problem der Zensur in der theresianischen Reform*, Wien 1970.
PAMMER, Michael, *Glaubensabfall und Wahre Andacht.*

Josephinismus und kirchliche Aufklärung in Österreich

Allgemein:
MAASS, Ferdinand (Hg.), *Der Josephinismus. Quellen zu seiner Geschichte in Österreich*, 3 Bde, Wien 1951–61.
WINTER, Eduard, *Der Josefinismus.*
KLUETING, Harm (Hg.), *Der Josephinismus*, Darmstadt 1995.

Der Febronianismus:
JANSON, Edmund, *Das Kirchenverständnis des Febronius*, Pirmasens 1979.

Die kirchliche Aufklärung:
GARMS-CORNIDES, Elisabeth, *Ludovico Antonio Muratori und Österreich*, in: Römische Historische Mitteilungen 13 (1971) 333–351.
KLUETING, Harm (Hg.), *Katholische Aufklärung – Aufklärung im katholischen Deutschland*, Hamburg 1993.
KOVÁCS, Elisabeth, *Katholische Aufklärung und Josephinismus*, Wien 1979.
MORSCHER, Edgar – NEUMAIER, Otto (Hg.), *Beiträge zur Bolzano-Forschung*, St. Augustin 1991ff.
REEB, Silvaine, *L'Aufklärung catholique à Salzbourg (1772–1803)*, 2 Bde, Frankfurt u. a. 1995.
RUMPLER, Helmut (Hg.), *Bernard Bolzano und die Politik.*
VAN DÜLMEN, Richard, *Propst Franziskus Töpsl (1711–1796) und das Augustinerchorherrnstift Polling. Ein Beitrag zur Geschichte der katholischen Aufklärung in Bayern*, Kallmünz 1967.

Der Jansenismus:
DEINHARDT, Wilhelm, *Der Jansenismus in deutschen Landen* (Münchener Studien zur Historischen Theologie 8), München 1929.
HERSCHE, Peter, *Der Spätjansenismus.*

Die josephinischen Reformen:
HOLLERWEGER, Hans, *Die Reform des Gottesdienstes zur Zeit des Josephinismus in Österreich* (Studien zur Pastoralliturgie 1), Regensburg 1976.
SCHNEIDER, Christine, *Der niedere Klerus im josephinischen Wien zwischen staatlicher Funktion und seelsorgerischer Aufgabe*, Wien 1999.
WINNER, Gerhard, *Die Klosteraufhebungen Josephs II. in Niederösterreich und Wien,* Forschungen zur Kirchengeschichte, Josephinische Abteilung, Bd. 3, Wien-München 1967.
ZINNHOBLER, Rudolf, *Josephinismus,* in: Lexikon für Theologie und Kirche³ 5 (1996) 1008–1010.

II. Die Wurzeln

Allgemein:

WEISS, Otto, *Wie ultramontan war Klemens Maria Hofbauer?*

Gottes Lob mit Leib und Seele:

OWCZARSKI, Adam, *Die immerwährende Mission in der Kirche von St. Benno in Warschau,* in: SCHERMANN, Hans (Hg.), *Klemens Maria Hofbauer,* 66–75.
BRUDZISZ, Marian, *Le „devozioni" nella chiesa di San Bennone e le costituzioni dei novizi Redentoristi a Varsavia, 1787–1808,* in: *Spicilegium Historicum CSSR* 49 (2001) 87–136.

Vetter Jahn:

BRUNNER, Sebastian, *Clemens Hoffbauer,* 16.
HERSCHE, Peter, *Der Spätjansenismus,* 300, 303f.
WURZBACH, Constant von, *Jahn, Johann Martin,* in: *Biographisches Lexikon des Kaiserthums Österreich,* Bd. 10, Wien 1864, 42–47.

Pilger und Einsiedler:

FERRERO, Fabriciano, *San Clemente María Hofbauer CSsR y el eremitismo romano del siglo XVIII y XIX* in: *Spicilegium Historicum CSSR* 17 (1969) 225–353; 18 (1970) 129–209; 330–370.
FERRERO, Fabriciano, *Significado del eremitismo en la vida y en la espiritualidad de San Clemente,* in: *Ser Redentorista según san Clemente Hofbauer* (Espiritualidad Redentorista, 4), Comisión de Espiritualidad CSsR, Santafé de Bogotá 1994, 97–108.
HEINZMANN, Josef, *Das Evangelium neu verkünden,* 37–41.
HOSP, Eduard, *Der heilige Klemens,* 16–18.

Jansenistische und sonstige Professoren:

BRUNNER, Sebastian, *Der Prediger-Orden in Wien und Oesterreich,* Wien 1867, 13.
KOVÁCS, Elisabeth, *Ultramontanismus und Staatskirchentum im Theresianisch-Josephinischen Staat. Der Kampf der Kardinäle Miggazzi und Franckenberg*

gegen den Wiener Professor der Kirchengeschichte Ferdinand Stöger, Wien 1975.
HERSCHE, Peter, *Spätjansenismus.*
HOSP, Eduard, *Der heilige Klemens,* 21–27.
MENZEL, Beda Franz, *Abt Franz Stephan Rautenstrauch von Brevnow-Braunau. Herkunft, Umwelt und Wirkungskreis,* Königstein/Ts. 1969.
WINTER, Eduard, *Josefinismus.*

Beim ersten Glockenklang:

Monumenta Hofbaueriana XI, 158, 267.
LÖW, Joseph – SAMPERS, Andreas, *De S. Clemente testimonia nondum edita,* Dominus Kaufmann, *Testimonium de S.o Clemente Hofbauer* in: *Spicilegium Historicum CSSR* 7 (1959) 188–200.
WERNER, F. L. Zacharias, *Clemens Maria Hoffbauer, General-Vicar des Ordens zum heiligsten Erlöser. In zwey Gesängen,* in: *Oelzweige* 2 (1820) 273–292.

Zwei „Nordländer" werden Redemptoristen:

Biographien Hofbauers.
ORLANDI, Giuseppe, *Gli anni 1784–1787 nella vita di S. Clemente Maria Hofbauer. Suggerimenti per una rilettura,* in: *Spicilegium Historicum CSSR* 34 (1986) 177–281.

III. Der Mensch und Priester Hofbauer

Ein Kraftgenie:

Das Tagebuch von Ignaz Speckle, Abt von St. Peter im Schwarzwald. Zweiter Teil 1803–1819, bearbeitet von Ursmar ENGELMANN, Stuttgart 1966, 99 f.

Der Ökumeniker:

Verliebt in die katholische Kirche:

KRALIK, Richard von, *Der hl. Klemens und die Rekatholisierung der Welt,* in: *Das Neue Reich* 3 (1921) 794–796.
LOEWE, Johann Heinrich. *Johann Emanuel Veith,* 74–76.
VEREECKE, Louis, *La spiritualité de Saint Clément Marie Hofbauer,* in: *Spicilegium Historicum CSSR* 31 (1983) 103–123.

Gottes Heilswillen reicht weit über die Kirchenmauern hinaus:

PERTHES, Clemens Theodor, *Friedrich Perthes Leben. Nach dessen schriftlichen und mündlichen Mittheilungen aufgezeichnet,* 3 Bde., Gotha 1855–1856.
PAJALICH, Bartholomäus, *Erinnerungen aus dem Leben des E. D. G. Johann Clemens Maria Hofbauer,* gedruckt in: *Monumenta Hofbaueriana* XII, 134–233.

Die Juden, die Freidenker:
GÖRRES, Ida Friederike, *Aus der Welt der Heiligen*, Frankfurt 1955, 78–83.

Der „Aufklärer":
DÖKER, Thomas, *Klemens Maria Hofbauer im pastoralen Zeichen.* Diplomarbeit an der Rheinischen Friedrichs-Wilhelms-Universität, Bonn 1995.

Lehrer und Katechet:
STANZEL, Josef, *Die Schulaufsicht im Reformwerk des J. I. von Felbiger (1724–1788). Schule, Kirche und Staat in Recht und Praxis des aufgeklärten Absolutismus*, Paderborn 1976.
PAMMER, Michael, *Glaubensabfall und Wahre Andacht.*
OWCZARSKI, ADAM, *Die Redemptoristengemeinde von St. Benno in Warschau (1788–1808)*, in: *Spicilegium Historicum CSSR* 42 (1994) 249–290.
ZINNHOBLER, Rudolf, *Gall, Joseph Anton*, in: GATZ, *Die Bischöfe*, 228 f.

Die Deutschen lesen gern:
HOSP, Eduard, *Kirche Österreichs im Vormärz*, 277–281.
SCHÖNHOLZ, Friedrich Anton von (1801–1845), *Traditionen.*
SCHWEITZER, Walburga (Maria Baptista), *Kirchliche Romantik. Die Einwirkung des heiligen Klemens Maria Hofbauer auf das Geistesleben in Wien*, Dissertation, Wien 1926.
WEISS, Otto, *Klemens Hofbauer – Ordensmann und Redemptorist – auch in seinen Wiener Jahren 1808–1820*, in: *Spicilegium Historicum CSSR* 46 (1998) 341–365.

Und dennoch: Nicht politisch korrekt:

Hofbauer und die Frauen:
SAMPERS, Andreas, *Der heilige Klemens und die Frauen. Mit einem Brief von Dorothea Schlegel und einem Brief von Philipp Veit*, in: *Spicilegium Historicum CSSR* 7 (1959) 68–86.

Das „getaufte Judenkind":
Monumenta Hofbaueriana XI, 141.
BAUCHINGER, *Der selige Klemens*, 448–451.
KERTZER, David I., *Die Entführung des Edgardo Mortara. Ein Kind in der Gewalt des Vatikans*, München-Wien 1998.
Du wirst dich vielleicht stoßen, lieber Leser, in: *Kirche Intern* 14 (2000), Nr. 3.
NIPPERDEY, *Deutsche Geschichte 1800–1866*, 115–117, 121 f., 127, 141 f., 812.

IV. Auseinandersetzungen

Johann Michael Sailer (Auswahl):

DUSSLER, Hildebrand, *Johann Michael Feneberg und die Allgäuer Erweckungsbewegung. Ein kirchengeschichtlicher Beitrag aus den Quellen zur Heimatkunde des Allgäus,* Kempten-Nürnberg 1959.

GRASSL, *Aufbruch zur Romantik,* 75f., 264–266.

HAUSBERGER, Karl, *Sailers Weg zur Bischofswürde,* in: Georg SCHWAIGER – Paul MAI (Hg.), *Johann Michael Sailer und seine Zeit* (= *Beiträge zur Geschichte des Bistums Regensburg,* Bd. 16), Regensburg 1982, 139–159.

SAILER, Johann Michael, *Aus Fenebergs Leben,* München 1814.

SCHIEL, Hubert, *Johann Michael Sailer, Leben und Briefe,* 2 Bde., Regensburg 1948/52.

WEISS, Otto, *Klemens Maria Hofbauer, Repräsentant des konservativen Katholizismus und Begründer der katholischen Restauration in Österreich. Eine Studie zu seinem 150. Todestag,* in: *Zeitschrift für Bayerische Landesgeschichte* 34 (1971) 211–237.

WEISS, Otto, *Wie ultramontan war Klemens Maria Hofbauer?*

ZAUPSER, Andreas, *Der Jesuit in der Apokalypse oder die Plage der außerordentlichen Gattung der Heuschrecken in der Offenbarung Johannis IX. Kapitel,* München 1775.

Ignaz Heinrich von Wessenberg:

Chronik des Redemptoristenklosters Altötting, Archiv Gars am Inn.

SCHLEGEL, Friedrich, *Die Epoche der Zeitschrift Concordia (6. November 1818 – Mai 1823),* hg. von Eugène SUSINI, (= Kritische Friedrich Schlegel-Ausgabe, Bd. 30, Dritte Abteilung: *Briefe von und an Friedrich und Dorothea Schlegel*), Paderborn-München-Wien-Zürich 1980.

BISCHOF, Franz X., *Das Ende des Bistums Konstanz. Hochstift und Bistum Konstanz im Spannungsfeld von Säkularisation und Suppression (1802/03–1821/27),* Stuttgart 1989.

FÄRBER, Konrad M., *Carl von Dalberg. Erzbischof und Staatsmann (1744–1817),* Regensburg 1994.

HAUSBERGER, Karl (Hg.), *Carl von Dalberg. Der letzte geistliche Reichsfürst,* Regensburg 1995.

SEPP, Johann Nepomuk, *Ludwig Augustus, König von Bayern,* Regensburg [2]1903.

WEIS, Eberhard, *Montgelas 1759 – 1838. Eine Biographie.* Einbändige Sonderausgabe, München 2008.

WEISS, Otto, *Die Redemptoristen in Bayern (1790–1909). Ein Beitrag zur Geschichte des Ultramontanismus,* St. Ottilien 1984.

WEISS, Otto, *Gründungsversuche der Redemptoristen in Deutschland und der Schweiz in den Jahren 1790–1808,* in: *Spicilegium Historicum CSSR* 47 (1999) 279–306.

WEITLAUFF, Manfred, *Zwischen katholischer Aufklärung und kirchlicher Restauration. Ignaz Heinrich von Wessenberg (1774–1860), der letzte Generalvikar und Verweser des Bistums Konstanz*, in: *Rottenburger Jahrbuch für Kirchengeschichte* 8 (1989) 111–132.

Die „Italiener" und die „Römer":

AYRENHOFF, Karl Heinrich von, *Briefe über Italien in Absicht auf dessen sittlichen und politischen Zustand*, Wien 1803.

RAICH, Johann Michael, *Dorothea von Schlegel geb. Mendelsohn und deren Söhne Johannes und Philipp Veit. Briefwechsel*, Mainz 1881.

SCHLEGEL, Friedrich, *Vom Wiener Kongress zum Frankfurter Bundestag (10. September 1814 – 31. Oktober 1818)*, hg. von Jean-Jacques ANSTETT unter Mitarbeit von Ursula BEHLER (= Kritische Friedrich-Schlegel-Ausgabe, Bd. 29, Dritte Abteilung: *Briefe von und an Friedrich und Dorothea Schlegel*), Paderborn-München-Wien-Zürich 1980.

SCHLEGEL, Friedrich, *Die Epoche der Zeitschrift Concordia.*

Die „Neapolitaner":

SABELLI, Johannes Joseph, *Correspondance – Documents (1807–1863)*, 4 Bde., gesammelt und mit Anmerkungen versehen von Jean BECO, Generalatsarchiv der Redemptoristen in Rom.

CHIOVARO, Francesco (Hg.), *Storia della Congregazione del Santissimo Redentore*, I/1, Rom 1993.

WEISS, Otto (Hg.), *Storia della Congregazione del Santissimo Redentore*, II/1, Rom 2009.

HOSP, Eduard, *St. Klemens und das Generalat*, in: *Spicilegium Historicum CSSR* 2 (1954) 83–101.

HOSP, Eduard, *St. Klemens und der heilige Stifter*, in: *Spicilegium Historicum* CSSR 2 (1954) 432–450.

HOSP, Eduard, *Geschichte der Redemptoristen-Regel in Österreich (1819–1848)*, Wien 1939.

VI. Menschen um Hofbauer

Thaddäus Hübl:

Monumenta Hofbaueriana
Biographien Hofbauers

Nikolaus Joseph Albert von Dießbach:

BONA, Candido, *Le „amicizie". Società segrete e rinascita religiosa 1770–1830*, Turin 1962.

CALLIARI, Paolo (Hg), *Carteggio del Venerabile Padre Pio Bruno Lanteri (1759–1830)*, 5 Bde., Turin 1975/76, Bd. I, 187–252.
DE ROSA, Gabriele, *Il movimento cattolico in Italia. Dalla Restaurazione all'età giolittana*, Bari [3]1988, 1–16.
HOFER, Johannes, *P. Joseph Anton von Dießbach*, in: *Klemensblätter* 4 (1932) 40–42, 74–76.
SANTORO, Armando, *Il cammino spirituale del P. Pio Bruno Lanteri (159–1830), Fondatore della Congregazione dei Padri della Maria Vergine*, Rom 2007.
WINTER, Ernst Karl, *P. Nikolaus Joseph Albert von Dieszbach*, in: *Zeitschrift für Schweizerische Kirchengeschichte* 18 (1924) 22–41, 282–304.
WINTER, Eduard, *Der Josefinismus*.

Hofrat Joseph Freiherr von Penkler:

SPILLER, Barbara, *Joseph Freiherr von Penkler (1751–1830)*, Dissertation, Wien 1966.
Der Romantikerfriedhof in Maria Enzersdorf. Klemens Maria Hofbauer und seine Zeit. Ausstellungskatalog der Marktgemeinde Maria Enzersdorf am Gebirge, Maria Enzersdorf 1989.

Friedrich und Dorothea Schlegel:

SCHLEGEL, Friedrich, kritische Ausgabe, hg. von Ernst BEHLER.
BEHLER, Ernst, *Friedrich Schlegel. Mit Selbstzeugnissen und Bilddokumenten*. 7. Aufl. Hamburg 2004.
DECOT, Rolf, *Hofbauer in „Gespräch" und Auseinandersetzung mit seiner Zeit*, in: SCHERMANN, *Hofbauer*, 40–65.
HORN, Gisela, *Frauenaufbruch. Das Leben der Dorothea Mendelssohn-Veit-Schlegel*; in: *Edith-Stein-Jahrbuch* 2 (1996) 124–144.
KAMINSKI, Nicola, *Kreuz-Gänge. Romanexperimente der deutschen Romantik*, Berlin-New York 2001.
ROTTMANNER, Max, *Friedrich Schlegels Briefe an Frau Christine von Stransky*, Wien 1907.
STERN, Carola, *„Ich möchte mir Flügel wünschen". Das Leben der Dorothea Schlegel*, Reinbek 1991.
TILL, Rudolf, *Hofbauer und sein Kreis*, Wien 1951, 59–62.

Joseph Amand Passerat:

BOLAND, Samuel J., *The Passerat Regime: A Watershed in Redemptorist History*, in: *Spicilegium Historicum CSSR* 42 (1994) 291–318.
DEBOGNIE, Pierre, *Un juste proscrit. Joseph-Amand Passerat, Supérieur des rédemptoristes transalpins (1772–1858)*, Paris 1938.
DESURMONT, Achille, *Le R. P. Passerat et sous sa conduite les Rédemptoristes pendant le guerres de l'Empire*, Montreuil-sur-mer 1893.

GIROUILLE, Henri, *Vie du vénérable Père Passerat, premier Rédemptoriste français, 1772–1858*, Paris 1924.
SEGALLEN, Jean-Marie, *Prier 15 jours avec Joseph Passerat*, Montrouge 2002.
SCHERMANN, Hans, *Joseph Amand Passerat, Nachfolger des hl. Klemens M. Hofbauer. Unterwegs auf Europas Straßen (Kurzbiographie)*, Innsbruck-Wien 2008.
SCHÖNHOLZ, Friedrich Anton von, *Traditionen*.
WEISS, Otto, *Die Redemptoristen in Bayern*.
WEISS, Otto, *Die „transalpinen Redemptoristen" und der Zeitgeist*, in: *Rottenburger Jahrbuch für Kirchengeschichte* 6 (1987) 43–55.
WEISS, Otto, *La corrispondenza tra il rettore maggiore Ripoli e il vicario generale Passerat, aprile 1833–gennaio 1834*, in: *Spicilegium Historicum CSSR* 40 (1992) 263–337.

Johannes Sabelli, das „Hauskreuz" Hofbauers:

SABELLI, Johannes Joseph, *Correspondance – Documents (1807–1863)*, 4 Bde., gesammelt und mit Anmerkungen versehen von Jean BECO, Generalatsarchiv der Redemptoristen in Rom.
LÖW, Joseph, (Kurzbiographie Sabellis), in: *Spicilegium Historicum CSSR* 2 (1954) 297–300.

Joseph Wolff:

Monumenta Hofbaueriana XIV, 67–89.
WOLFF, Joseph, *Travels and Adventures*, 2. Bde, London 1860 ([2]1861).
HOPKINS, Hugh Evan, *Sublime vagabond: the life of Joseph Wolf – missionary extraordinary*, Worthing 1984.
PALMER, Felix Henry Price, *Joseph Wolff. His romantic life and travels*, London 1935.
SENGELMANN, Heinrich, *Dr. Joseph Wolff. Ein Wanderleben*, Hamburg 1863, 9f.
WEISS, Otto, *Zur Religiosität und Mentalität*.

Zacharias Werner:

FLOECK, Oswald (Hg.), *Briefe des Dichters Fr. Ludwig. Zacharias Werner*, 2 Bde, München 1914.
KRAL, Johannes, *Chronik von Maria am Gestade*, Manuskript, Prov.-Archiv Wien 9/7/3/1, Bd. I, 190–194.
WERNER, Friedrich Ludwig Zacharias, *Sämmtliche Werke*. Aus seinem schriftlichen Nachlasse hg. von seinen Freunden, 15 Bde, Grimma 1840–1841. – *Zacharias Werner's ausgewählte Predigten*, [von Weihnachten 1820 bis zum IV. Adventsonntag 1821], Bd. 1: *Vom Weihnachtsfeste bis zum fünften Sonntage nach Ostern*, Grimma 1841.
[HITZIG, Julius Eduard], *Lebens-Abriß Friedrich Ludwig Zacharias Werners*. Beilage zu der 3. Ausgabe der Söhne des Thals, Berlin 1823.
KOZIELEK, Gerard, *Friedrich Ludwig Zacharias Werner. Sein Weg zur Romantik*, Wroclaw [Breslau] 1963.

Kozielek, Gerard, *Prediger und Poet. Zacharias Werners Wirken in Wien*, in: *Aurora. Jahrbuch der Eichendorff-Gesellschaft* 41 (1981) 93–134.
Kozielek, Gerard, *Friedrich Ludwig Zacharias Werner*, in: Benno von Wiese (Hg.), *Deutsche Dichter der Romantik. Ihr Leben und Werk*, [2]1983, 485–504.
Kozielek Gerard, *Zacharias Werner und Polen*, in: Ders., *Reformen, Revolutionen und Reisen. Deutsche Polenliteratur im 18. und 19. Jahrhundert*, Wroclaw [Breslau] 1990, 162–187.
Loidl, Franz, *Pfarrer Johann Michael Korn und Hofbauerjünger*, in: *Festschrift zum 100-jährigen Bestehen des Vereins der Landeskunde von Niederösterreich*, Wien 1964, 556 ff.
Pichler, Caroline, *Denkwürdigkeiten aus meinem Leben 1769–1843*, hg. von E. K. Blümml, 2 Bde., 2. Auflage 1914, 320–322.
Weiss, Otto, *Werner, Zacharias*, in: *Biographisch-bibliographisches Kirchenlexikon*, Bd. XIII (1998) 850–864.
Weiss, Otto, *Zur Religiosität und Mentalität.*
Wiegler, Paul, *Geschichte der deutschen Literatur*, Berlin 1930, 104–109.

Johann Emanuel Veith:

Archiv des altkatholischen Bistums, Bonn.
Stadt- und Landesarchiv Wien.
Aufwärts. Ein Volksblatt für Glauben, Freiheit und Gesittung, Wien 1848.
Kral, Johannes, *Chronik von Maria am Gestade*, Manuskript, Prov.-Archiv Wien 9/7/3/1.
Brunner, Sebastian, *Geschichten, Gedanken, Bilder und Leute aus meinem Leben.* Zweiter Theil. Zweite, sehr vermehrte Auflage, Regensburg 1865, 41–43, 239–244.
Hoffinger, Johann Baptist Ritter von, *Dr. Johann Emanuel Veith*, Wien 1876.
Hosp, Eduard, *Erbe des hl. Klemens Maria Hofbauer. Erlösermissionare (Redemptoristen) in Österreich 1820–1951*, Wien 1953.
Innerkofler, Adolf, *Dr. Johannes Emmanuel Veith. Eine biographisch-literarische Studie*, in: Kultur 3 (1902) 471–488
Loewe, Johann Heinrich, *Johann Emanuel Veith.*
Pleyer, Karl, *Johann Emanuel Veith und sein Kreis*, Dissertation, Wien 1934.
Sampers, Andreas, *Quaedam adnotationes et documenta circa discessum P.is Veith e Congr. SS. Redemptoris*, in: *Spicilegium Historicum CSSR* 14 (1966) 155–162.
Schweitzer, *Kirchliche Romantik*, 148–164, 258f., 302–305.
Stanek, Christian – Mache, Christa, *Zur Frühgeschichte der Wiener tierärztlichen Bildungsstätte: die Persönlichkeit von Johann Emanuel Veith (1787–1876) und Johann Elias Veith (1789–1885). Sudetendeutsche Familienforschung*, Bd. 9 (2004) 125–131.

Wenzel, Paul, *Das wissenschaftliche Anliegen*, 54–56.
Weiss, Otto, *Döllinger und die Redemptoristen*, in: *Beiträge zur altbayerischen Kirchengeschichte* 40 (1991) 7–53.

Weiss, Otto, *Veith, Johann Emanuel*, in: *Biographisch-bibliographisches Kirchenlexikon*, Bd. XII (1997) 1194–1204.
Weiss, Otto, *Zur Religiosität und Mentalität.*
Weiss, Otto, *Katholiken in der Auseinandersetzung.*
Weiss, Otto, *Gli eredi di Hofbauer nella Vienna del 1848, l'anno della rivoluzione*, in: *Spicilegium Historicum* 47 (1999), 51–104.
Weiss, Otto, *Die Wiener Katholiken im Revolutionsjahr 1848*, in: *Rottenburger Jahrbuch für Kirchengeschichte* 19 (2000) 107–142.
Vidmar, Constantin Joseph, *Dr. Johann Emanuel Veith. Ein Gedenkblatt zu seinem hundertsten Geburtstag*, Wien 1887.
Winter, Eduard, *Kardinal Friedrich Schwarzenberg und Domprediger Veith*, in: *Zeitschrift für deutsche Geistesgeschichte* 3 (1937) 42–54.
Winter, Eduard und Maria, *Domprediger Johann Emanuel Veith.*
Wolfsgruber, *Friedrich Cardinal Schwarzenberg*, 3 Bde., Wien und Leipzig 1906–1917.
Wurzbach, Constant von, *Veith, Johann Emanuel*, in: *Biographisches Lexikon des Kaiserthums Oesterreich*, Bd. 50 (1884) 81–95.

Anton Günther:

Archiv des altkatholischen Bistums, Bonn.
Günther, Anton, *Die doppelte Souveränetät* in: *Aufwärts* (1848) 54–57, 84–88, 132–134, 233–235, 242–246.
Berlis, Angela, *Frauen im Prozess der Kirchwerdung. Eine historisch-theologische Studie zur Anfangsphase des deutschen Altkatholizismus (1850–1890)*, Frankfurt am Main u. a. 1998.
Flieder, Victor – Kovács, Elisabeth (Hg.), *Festschrift Franz Loidl*, 3 Bde., Wien 1970.
Knoodt, Peter, *Anton Günther. Eine Biographie*, 2 Bde., Wien 1881.
Mann, Erwin, *Das „zweite Ich" Anton Günthers, Johann Heinrich Papst*, Wien 1970.
Loewe, Johann Heinrich, *Johann Emanuel Veith.*
Pritz, Joseph, *Glauben und Wissen bei Anton Günther. Eine Einführung in sein Leben und Werk.* Mit einer Auswahl aus seinen Schriften, Wien 1963.
Pritz, Joseph, *Zur Geschichte der philosophisch-theologischen Schule Anton Günthers*, in: *Sacerdos et Pastor, semper ubique. Franz Loidl – 40 Jahre Priester*, Wien 1972, 105–123.
Reikerstorfer, Johann, *Anton Günther (1783–1863) und seine Schule*, in: Coreth, *Christliche Philosophie* I, 266–284.
Schwedt, Hermann H., *Die Verurteilung der Werke Anton Günthers (1857) und seiner Schüler*, in: *Zeitschrift für Kirchengeschichte* 101 (1990) 303–345.
Weiss, Otto, *Bolzanisten und Güntherianer in Wien 1848–1851*, in: Rumpler (Hg.), *Bernard Bolzano*, 247–280.
Weiss, Otto, *Katholiken in der Auseinandersetzung.*

WEISS, Otto, *Rudolph Ritter von Smetana, der dritte Generalvikar der transalpinen Redemptoristen (1802–1871)*, in: *Spicilegium Historicum CSSR* 54 (2006) 37–150.
WINTER, Eduard, *Die geistige Entwicklung Anton Günthers und seiner Schule*, Paderborn 1931.
WINTER, Eduard, *Differenzierungen in der katholischen Restauration in Österreich*, in: *Historisches Jahrbuch* 52 (1932) 442–450.
WINTER, Eduard und Maria, *Domprediger Johann Emanuel Veith.*
WENZEL, Paul, *Das wissenschaftliche Anliegen.*

Franz Seraph Schmid und andere Wiener Seelsorger:

BAHR, Hermann, *Rudigier.*
DILGSKRON, Carl, *P. Friedrich von Held. Ein Beitrag zur Geschichte der Kongregation des allerheiligsten Erlösers*, Wien 1909.
HOSP, Eduard, *Kirche Österreichs im Vormärz.*
HOSP, Eduard, *Sebastian Franz Job. Ein Karitasapostel des Klemens-Hofbauer-Kreises*, Mödling bei Wien 1952.
HOSP, Eduard, *Bischof Gregorius Ziegler. Ein Vorkämpfer gegen den Josephinismus*, Linz 1956.
LEIPOLD, Ägidius, *Zängerle, Roman Sebastian*, in: GATZ, *Bischöfe* 1983, 829–832.
SENTZER, Bonifacius, *Roman Sebastian Zängerle, Fürstbischof von Seckau und Administrator der Leobener Diöcese 1771–1848*, Graz 1901.
WURZBACH, Constant von, *Schmid, Franz Seraph*, in: *Biographisches Lexikon des Kaiserthums Österreich*, Bd. 30 (1875) 240–242.
ZINNHOBLER, Rudolph, *Ziegler, Gregorius Thomas*, in: GATZ, *Bischöfe* 1983, 834–837.

Zeittafel zum Leben von Klemens Maria Hofbauer

1751	**26. Dezember**: Geburt in Tasswitz bei Znaim
1767	**31. März** : Beginn der Bäckerlehre in Znaim
1769	September: erste Wallfahrt nach Rom
1772–1777	Gymnasium in Klosterbruck
1777–1779	Einsiedler bei Rom und in Mühlfraun bei Tasswitz
1779–1780	Bäckergeselle in Wien, Katechetikkurs bei St. Anna
1780–1784	philosophische und theologische Studien in Wien
1783	Herbst: Einsiedler bei Rom?
1784	**24. Oktober**: Eintritt in das Noviziat der Redemptoristen in Rom
1785	**18. März**: Ordensprofess
	29. März: Priesterweihe in Alatri
1785–1786	Katechetikkurs in Wien bei St. Anna
1787–1808	Oberer (Generalvikar) in Warschau, St. Benno
1797–1807	Gründungsversuche in der Schweiz und in Süddeutschland
1808	**20. Juni:** Aufhebung des Klosters St. Benno
1808	**September:** Ankunft in Wien
1808–1813	Seelsorger an der Wiener Minoritenkirche
1813–1820	Kirchenrektor von St. Ursula und Beichtvater der Ursulinen
1820	**15. März:** Tod in Wien; Begräbnis in Maria-Enzersdorf
1862	**4. November:** Übertragung in die Kirche Maria am Gestade in Wien
1888	**29. Januar:** Seligsprechung durch Papst Leo XIII.
1909	**20. Mai:** Heiligsprechung durch Papst Pius X.
1914	**14. Januar:** Erklärung zum Wiener Stadtpatron

Zeittafel zur allgemeinen Geschichte

1745–1780	Kaiserin Maria Theresia
1749	*Geburt Goethes*
1751	*Geburt J. M. Sailers*
1756–1763	Siebenjähriger Krieg
1772	*Geburt Friedrich Schlegels*
1773	*Aufhebung des Jesuitenordens durch Papst Clemens XIV.*
1765–1790	Kaiser Joseph II: *Aufklärung – Josephinismus – Febronianismus*
1781–1784	Josephinische Reformen, Ordensaufhebungen
1789	Französische Revolution
1792–1835	Kaiser Franz II. (seit 1806 Franz I. von Österreich)
1795	*Anfänge der Romantik*
1803	Reichsdeputationshauptschluss, Säkularisation
1806	Ende des Deutschen Reiches, Mediatisierung
1804–1814	Napoleon und seine Kriege
1804	*Tod Kants*
1808	*Friedrich Schlegel in Wien*
1814	*Wiedereinführung der Jesuiten durch Pius VII.*
1814–1815	Wiener Kongress
1820	*Zulassung der Redemptoristen in Österreich*
1832	*Tod Goethes und Sailers*
1848	Europäische Revolution
1856	*Verurteilung Anton Günthers durch Rom*
1870	Erstes Vatikanisches Konzil

Personenregister